das BVB-Lexikon

Dietrich Schulze-Marmeling,
Jahrgang 1956, lebt als Autor und Lektor in Altenberge bei Münster. Der langjährige BVB-Fan zählt zu den profiliertesten Fußball-Historikern in Deutschland und veröffentlichte u.a. Bücher zur Geschichte der Fußballweltmeisterschaft und der deutschen Nationalmannschaft. Sein Standardwerk „Die Geschichte von Borussia Dortmund" (gemeinsam mit Werner Steffen) erschien erstmals 1994 und wurde seither mehrfach neu aufgelegt, zuletzt im Herbst 2001.

Die Deutsche Bibliothek - CIP-Einheitsaufnahme

Ein Titeldatensatz für diese Publikation ist bei
Der Deutschen Bibliothek erhältlich

Copyright © 2002 by Verlag Die Werkstatt GmbH
D-37083 Göttingen, Lotzestraße 24a
www.werkstatt-verlag.de
Alle Rechte vorbehalten.
Fotos: Agentur Horst Müller, Archiv Gerd Kolbe, Archiv Verlag
Gesamtherstellung: Verlag Die Werkstatt

ISBN 3-89533-362-X

Dietrich Schulze-Marmeling

das Borussia Dortmund Lexikon

VERLAG DIE WERKSTATT

Das Westfalenstadion ist wieder zur Bühne für große Fußballereignisse geworden. Hier gelang Borussia Dortmund Mitte der neunziger Jahre ein im deutschen Fußball einzigartiges Comeback, hier triumphierte der BVB als erster Bundesligaklub 1997 in der Champions League, hier holte er im Mai 2002 seinen sechsten deutschen Meistertitel. Dieses Buch erzählt im Zeitraffer von Highlights und Tragödien der Vereinsgeschichte und erläutert im lexikalischen Teil die wichtigsten Namen und Daten aus 93 Jahren: von A wie Abramczik bis Z wie Zorc. Allerletzte Fragen werden im statistischen Anhang beantwortet.

Die Geschichte des BVB

Gründungsort: Lokal „Zum Wildschütz".

Das erste offizielle Spiel im Januar 1911 gegen den VfB.

1900 bis 1933

Vom Jünglingsverein zur Dortmunder Nr. 1

Am 19. Dezember, dem 4. Adventssonntag des Jahres 1909, wurde in einem Nebenraum der Gaststätte „Zum Wildschütz" der „Ballspielverein Borussia" (BVB) gegründet. Er entstand aus einer Fußballmannschaft des Jünglingsvereins der Dreifaltigkeitsgemeinde, deren zentraler Einzugsbereich das Gebiet um den Borsigplatz im Nordosten der Stadt war.

Viele BVB-Aktive stammten aus Familien von Arbeitsimmigranten. Die gewaltige Industrialisierungswelle hatte in den letzten beiden Jahrzehnten des 19. Jahrhunderts eine beispiellose Völkerwanderung ins Ruhrgebiet ausgelöst. Die Immigranten verdingten sich hauptsächlich im Bergbau und in der Stahlindustrie. Im Dortmunder Norden bedeutete dies Zeche Kaiserstuhl und Hoesch.

Erster Vorsitzender des Vereins wurde Heinrich Unger, dem schon bald Franz Jacobi folgte. Unger, der 1910 nach Delmenhorst zog, und Jacobi waren die hauptsächlichen Motoren der BVB-Gründung. Jacobi war von Beruf Hüttenbeamter und wohnte in der Wambeler Straße unweit des Borsigplatzes.

Die Namensgebung beruhte auf einem Zufall. Als man im Hinterzimmer des „Wildschütz" zusammensaß und über den richtigen Vereinsnamen grübelte, streifte Jacobis Blick die Wand, an der ein Emailleschild der Dortmunder Brauerei „Borussia" angebracht war, die sich in der Nähe des Borsigplatzes (Steigerstraße) befand und deren Bier hier ausgeschenkt wurde. Da keine besseren Vorschläge existierten, wurde der Name der Brauerei übernommen.

Die Fußballabteilung des BVB wurde bereits am 3. Dezember 1910 in den Westdeutschen Spiel-Verband WSV aufgenommen. Das erste in der

Erstmals in gelben Trikots: Borussen-Spieler 1913 mit Vereins-Chef Jacobi (rechts). Meisterschaftsspiel 1921 auf der Weißen Wiese.

BVB-Chronik festgehaltene Spiel fand am 15. Januar 1911 gegen den VfB statt (9:3), auf der „Weißen Wiese" nahe der Wambeler Straße. Das erste reguläre Meisterschaftsspiel erfolgte am 10. September 1911 in Rauxel gegen die Fußballmannschaft der Spielabteilung des Turnerbundes Rauxel (1:0). Zum offiziellen Spielbetrieb wurde der BVB erst mit der Saison 1911/12 zugelassen.

Der BVB begann in der C-Klasse, der dritten und untersten Liga. Der Neuling wurde in seiner ersten Saison (1911/12) gleich Meister und stieg in die B-Klasse auf. Im zweiten Jahr B-Klasse gewann der BVB 1913/14 die Meisterschaft und wurde somit erstmals erstklassig. Wegen des 1. Weltkriegs musste die Meisterschaftsrunde 1914/15 abgebrochen werden. Der Höhenflug der Borussen war zunächst gestoppt. Es folgten Spaltungen, Querelen, Platzprobleme.

Als 1917/18 wieder eine Meisterschaftsrunde gespielt wurde, war der BVB nicht dabei, weil fast alle Spieler noch im Krieg waren. Doch 1918/19 war der BVB wieder in der A-Klasse vertreten. Ebenfalls 1919 erfolgte die Ausarbeitung einer Vereinssatzung und die Eintragung des BVB in das amtliche Vereinsregister, womit der Verein endlich Rechtsfähigkeit erhielt.

In sportlicher Hinsicht gab es indes zunächst einmal Rückschläge, denn 1919/20 bedeutete die A-Klassen-Zugehörigkeit nur noch Zweitklassigkeit. Aufgrund des Booms, den der Fußball nach dem Kriege erfuhr, war das Ligenwesen auf vier Klassen erweitert worden. Die neue Eliteklasse war nun in Westdeutschland die Bezirksklasse.

1923 trat Franz Jacobi vom Vorsitz zurück, um Heinz Schwaben, Direktor der Union-Brauerei, Platz zu machen. Mit Schwaben wurde erstmals ein Mann aus der Dortmunder Industrie BVB-Vorsitzender. Von dem re-

Highlight: Aufstieg in die A-Klasse 1914

1926: Erstmals in der Bezirksklasse.

Kassenhäuschen an der Weißen Wiese.

nommierten Wirtschaftsfachmann erhoffte man sich eine Forcierung des Stadionbaus, denn das ehrgeizige, aber überlebensnotwendige Projekt konnte nur mit entsprechendem gesellschaftlichen und wirtschaftlichen Hintergrund angegangen werden. Schwaben hatte einen Bauunternehmer namens Ignaz Peters an der Hand, der die Stadionpläne in die Tat umsetzte und später Borussias erstes Ehrenmitglied wurde. Zur gleichen Zeit wurde August Busse Betreuer und Obmann der 1. Mannschaft. Im August 1924 konnte die ausgebaute „Weiße Wiese" in Betrieb genommen werden.

An der Zweitklassigkeit des BVB änderte sich bis 1926 nichts. In diesem Jahr jedoch wurde der BVB Vizemeister in der 2. Bezirksklasse bzw. Kreisliga Mark und stieg in die 1. Bezirksklasse (Ruhrbezirksklasse Dortmund-Gelsenkirchen) auf. Um den Klassenerhalt zu sichern, kaufte die Borussia nun erstmals in ihrer Geschichte „groß" ein, u.a. den als Spitzenspieler gehandelten Piotrowicz. Spieler der Lokalrivalen Dorstfeld, Hörde und vom Traditionsklub DSC 95 wechselten nun zu den ambitionierten Schwarz-Gelben, aber der erhoffte Erfolg blieb aus. Im Entscheidungsspiel um den Klassenerhalt verlor der BVB gegen die punktgleiche Mannschaft von Langendreer 04 mit 1:3 n.V. Nach dem Abstieg besann man sich wieder auf die eigenen Kräfte und stärkte die Jugendarbeit – mit Erfolg.

1935/36 gelang dem BVB endlich der Aufstieg in die seit der Saison 1933/34 existierende Gauliga Westfalen, die nun als Eliteklasse den gesamten westfälischen Raum abdeckte.

Highlight: Ausbau der „Weißen Wiese" 1924

Die Geschichte des BVB

Heinrich Czerkus (oben) wurde von den Nazis ermordet.

Der BVB-Vorstand 1939 mit August Busse (Mitte).

1933 bis 1945   Fußball unterm Hakenkreuz

Die nationalsozialistische Sportpolitik brachte auch für den Fußball wesentliche Veränderungen. Die Organisationen der Arbeitersportbewegung wurden aufgelöst und verboten, wodurch der DFB eine Monopolstellung erhielt.

Auch im „roten" Dortmund machten sich die Nazis breit. Begünstigt wurde ihr Aufstieg durch die soziale Not in der Stadt. Die Mehrheit der Arbeiter beteiligte sich weder am Widerstand, noch schloss sie sich begeistert der NS-Bewegung an. Vielmehr bevorzugte man den Rückzug ins Private, und hierzu zählte auch der Fußball.

Auch der Arbeiterverein BVB blieb von der braunen Bewegung nicht unberührt. Anfang 1934 wurde August Busse, Schlosser auf der Zeche „Kaiserstuhl", der den beruflich zu stark belasteten Vereinsvorsitzenden Heinrich Schwaben bereits 1928 beerbt hatte, neuer „Vereinsführer", wie es nun entsprechend dem vom NS-Reichssportführer geforderten „Führerprinzip" in den Sportorganisationen hieß.

Zu den wenigen, die sich dem aktiven Widerstand anschlossen, gehörte der langjährige BVB-Platzwart Heinrich Czerkus, der am Karfreitag 1945 gemeinsam mit anderen Widerständlern, Kriegsgefangenen und ausländischen Zwangsarbeitern ermordet wurde.

Sportlich allerdings ging es in jener Zeit mit dem BVB weiter bergauf. Vor dem Aufstieg 1935/36 hatte der BVB mit dem früheren Schalker Mittelstürmer Fritz Thelen, einem Schwager Ernst Kuzorras, erstmals einen „professionellen" Trainer verpflichtet. Der BVB arbeitete nun zielstrebiger denn je zuvor an seinen Ambitionen. Unter der Regentschaft von August

Highlight: Aufstieg in die Gauliga 1936

Die Geschichte des BVB

Diese Elf schaffte 1936 den Aufstieg in die Gauliga Westfalen.

Busse erfolgten entscheidende Weichenstellungen, weshalb man die Jahre 1934/35 auch als zweite Gründung des BVB bezeichnen kann.

Der Aufstieg des BVB in die Erstklassigkeit, zur Dortmunder Nr. 1 und schließlich zu einer deutschen Spitzenmannschaft ist aber vor allem mit dem Namen August Lenz verknüpft, der am 28. April 1935 Borussias erster Nationalspieler wurde und das Sturmspiel des BVB ungemein belebte.

Ein weiterer Grund für den Aufstieg des BVB war das neue W-M-System, das in England kreiert worden war und dessen qualifiziertester Repräsentant in den 50er Jahren die Borussia werden sollte. Mit dem Aufstieg in die Gauliga 1936 beendeten die Borussen ihr Dasein einer Fahrstuhlmannschaft. 36 Jahre – bis zum Bundesligaabstieg 1972 – sollte der BVB nun ununterbrochen erstklassig bleiben.

1937 musste der BVB die vereinseigene Anlage an der Wambeler Straße aufgeben und zog in das am südlichen Rand der Stadtmitte gelegene städtische Stadion „Rote Erde" um. Dem Schalker Entwicklungshelfer Thelen folgten mit Ferdl Swatosch und Willy Sevzik zwei Österreicher. Die Verpflichtung österreichischer Fußball-Lehrer war in diesen Jahren weit verbreitet, denn der österreichische Fußball mit seiner „Wiener Schule" galt dem deutschen als in technischer und spielerischer Hinsicht überlegen.

In der Saison 1937/38 wurde der BVB Vizemeister und holte mit einem 3:3 im Hinspiel gegen Schalke 04 seinen ersten Punkt gegen die Blau-Weißen. In den folgenden Jahren gab es allerdings nur noch Schalker Siege im Revierderby, die es häufig an Klarheit nicht missen ließen. 1941/42 wurde der BVB zum zweiten Mal Vizemeister. 1943/44, der BVB wurde in dieser Saison Dritter, gab es dann erstmals zaghafte Anzeichen für eine Wachablösung im Revier: 12.000 Zuschauer in der „Roten Erde" wurden

Highlights: Vizemeister der Gauliga 1938 und 1942

Bau der neuen Heimat: Die „Rote Erde", rechts mit der BVB-Elf von 1939.

Zeugen des ersten Borussen-Sieges über Schalke 04. Das Tor zum 1:0-Erfolg schoss August Lenz. Einen Achtungserfolg verbuchte der BVB im Tschammer-Pokal, dem Vorläufer des DFB-Pokals, wo ihm 1937 der Einzug unter die letzten acht Mannschaften gelang. Der BVB machte erstmals auch über die Grenzen Westfalens und des Ruhrgebiets hinaus von sich reden. Im Viertelfinale unterlag der BVB dem SV Waldhof Mannheim mit 3:4.

Seinen größten sportlichen Erfolg verzeichnete der BVB in diesen Jahren im Jugendbereich. 1939 wurde die A-Jugend zunächst Westfalenmeister und anschließend auch noch Westdeutscher Meister. Mit dabei war u.a. ein gewisser Max Michallek, von dem noch später die Rede sein wird. Im Finale besiegte die BVB-Jugend Schalke 04 sensationell mit 4:2. Obwohl eine Reihe von Spielern den Krieg nicht überlebte, war diese Mannschaft ein Vorbote der ruhmreichen 50er Jahre.

Borussias erster Nationalspieler August Lenz

Highlight: BVB-Jugend wird Westdeutscher Meister 1939

1947: Schalkes Torwart Hans Klodt wird dreimal bezwungen. Rechts springt August Lenz.

Die BVB-Elf nach einem „Kalorienspiel".

1945 bis 1963 Wachablösung im Revier

Das Ruhrgebiet blieb auch nach 1945 Fußball-Hochburg, obwohl der FC Schalke 04 nicht mehr länger dominierte. Nach dem 2. Weltkrieg begann der Aufstieg des BVB zu einer deutschen Spitzenmannschaft.

Trotz der erheblichen Zerstörungen, die der Krieg in Dortmund angerichtet hatte, wurde beim BVB bereits ab August 1945 wieder gespielt. Bei Kriegsende hatte der BVB zwar faktisch nicht mehr existiert, aber schon bald traf man sich illegal beim damaligen Vereinswirt Schneider am Borsigplatz. In Zusammenarbeit mit dem noch provisorischen Kreissportverband wurde die Reaktivierung und Wiederzulassung des BVB betrieben.

Am 26. Mai 1946 wählten die Borussen ihren ersten „richtigen" Nachkriegsvorstand, dem Rudi Lückert (Vorsitzender), Egon Pentrup (Stellvertreter), Willi Bietzek (Geschäftsführer) und Fritz Schaaf (Kassierer) angehörten.

Der 18. Mai 1947 geriet zu einem Markstein in der schwarz-gelben Geschichte. Im Endspiel um die Westfalenmeisterschaft schlug der BVB den FC Schalke 04 vor 30.000 Zuschauern am Herner Schloss Strünkede in einem hochklassigen Spiel mit 3:2 und beendete damit eine 21 Jahre währende Ära blau-weißer Dominanz. Beim Abonnementsmeister war die Enttäuschung so groß, dass seine Spieler gar nicht erst zur Siegerehrung erschienen. Der „Sport am Sonntag" resümierte: „Es war ein Triumph des größeren Siegeswillen über die unbestreitbar immer noch reifere Spielkultur." Bezeichnenderweise schrieb die „Rhein-Ruhr-Zeitung" anschließend nicht „Borussia Westfalenmeister!", sondern „Schalke nicht mehr Westfalenmeister!"

Highlight: Finalsieg 1947 gegen Schalke 04

Die Geschichte des BVB

Westmeister 1948; vorne Mannschaftskapitän Lenz.

Koschmieder (links) vor dem Finale gegen VfR Mannheim.

Mit Beendigung der Spielzeit 1946/47 wurde eine eingleisige westdeutsche Eliteklasse geschaffen, die Oberliga West. Der große Geltungsbereich der Oberligen brachte längere Fahrten als bislang und erforderte allein schon deshalb eine gewisse finanzielle Entschädigung. Am 24. Juli 1949 wurde auch im Westen der Vertragsspieler eingeführt. Der Vertragsspieler war zwar noch kein Vollprofi, aber auch nicht mehr Amateur.

1947/48 wurde der BVB erster Meister der neu gegründeten Oberliga West und August Lenz mit 22 Treffern ihr erster Torschützenkönig. Die Oberliga wurde im fußballdichten Westen begeistert aufgenommen. In der Auftaktsaison besuchten über 2,2 Mio. Zuschauer die 156 Spiele, was einem Schnitt von ca. 14.000 pro Spiel entsprach. Die zwölf Heimspiele des BVB mobilisierten fast ein Viertel der Gesamtzuschauerzahl. Im Schnitt fanden sich über 24.000 bei den Heimspielen des BVB ein, mehr als später in der ersten Bundesligasaison.

1948/49 errang der BVB erneut die Westdeutsche Meisterschaft. Unter dem Wiener Trainer Edy Havlicek pflegten die Borussen einen fast heiterverspielten Stil. Im Spiel um die Zonen-Meisterschaft besiegte der BVB den Hamburger SV klar mit 5:2, womit sich das Team für die Spiele zur Deutschen Meisterschaft qualifiziert hatte. Nach Siegen gegen den Berliner SV 92 und den 1. FC Kaiserslautern stand der BVB zum ersten Mal in seiner Vereinsgeschichte im Endspiel um die Deutsche Meisterschaft. Zum Finale gegen den VfR Mannheim pilgerten 93.000 ins Stuttgarter Neckarstadion. Kartenvorbestellungen gab es fast eine Million. In jener „Hitzeschlacht" behielten die Mannheimer gegenüber den leicht favorisierten Borussen mit 3:2 n.V. die Oberhand. Max Michallek ging verletzt ins Finale und musste dies deshalb zum Schluss mit nur einem Schuh bestreiten.

Highlight: Deutscher Vizemeister 1949

Die Geschichte des BVB

Die erste Meisterelf des BVB 1956.

Peters (links) in einem der packenden Ober-

In der Saison 1949/50 gewann der BVB die dritte Westmeisterschaft in Folge. In der Endrunde zur Deutschen Meisterschaft kam es im Achtelfinale zur Neuauflage des Finales von 1949. Die Chance zur Revanche blieb ungenutzt. Im Gladbecker Stadion unterlagen die Borussen dem VfR Mannheim mit 1:3.

In der Saison 1952/53 hieß der Westmeister wieder Borussia Dortmund. Es war die Saison, in der Borussias Torjäger besonders erfolgreich waren. In 30 Spielen trafen die Schwarz-Gelben 87-mal. Seit 1951 wurde der BVB mal wieder von einem Ex-Schalker trainiert: Hans „Bumbes" Schmidt. Die Gruppenspiele der Endrunde beendete der BVB mit 10:2 Punkten. Die einzige Niederlage erlitt der BVB gegen den VfB Stuttgart, der in der Endabrechnung ebenfalls 10:2 Punkte aufwies. Auch die Tordifferenz war mit 17:7 (BVB) bzw. 16:6 (VfB) identisch. Obwohl der BVB ein Tor mehr erzielt hatte, bedeutete das damals übliche Divisionsverfahren, dass sich der VfB für das Finale qualifizierte. Der BVB wartete weiterhin auf seine erste Deutsche Meisterschaft, während das Team immer älter wurde.

1955/56 war es dann endlich so weit. Zunächst gewannen die nun vom Mannheimer Helmut Schneider trainierten Borussen ihre fünfte Westmeisterschaft. Von den 78 Treffern, die der BVB erzielte, gingen nicht weniger als 63 auf das Konto des Innensturmtrios Alfred Niepieklo, Alfred Kelbassa und Alfred Preißler, auch die „drei Alfredos" genannt.

Im Finale traf die Elf vor 75.000 Zuschauern im Berliner Olympiastadion auf den Karlsruher SC. Der „meisterschaftsüberreife" BVB spielte streckenweise mit geradezu provozierender Arroganz und gewann durch Tore von Niepieklo, Kelbassa, Preißler und Peters mit 4:2. 22 Jahre nach dem FC Schalke 04 und ein Jahr nach Rot-Weiß Essen durfte sich nun auch Borussia Dortmund Deutscher Meister nennen.

Highlight: Deutscher Meister 1956

liga-Duelle gegen den 1.FC Köln.   Die „drei Alfredos" Preißler, Kelbassa und Niepieklo.

Die erste schwarz-gelbe Meisterelf:
► Kwiatkowski – Burgsmüller, Sandmann – Schlebrowski, Michallek, Bracht – Peters, Preißler, Kelbassa, Niepieklo, Kapitulski.

Während die Dortmunder anschließend auf europäischer Bühne wenig ausrichten konnten – man schied in der zweiten Runde gegen Manchester United aus dem Europapokal der Landesmeister aus – zeigte man sich in der nationalen Meisterschaft 1956/57 wieder top. Nach dem sechsten Westmeister-Titel gelangte die Elf ins Finale gegen den Hamburger SV. 82.000 kamen ins Hannoveraner Niedersachsenstadion, davon 40.000 aus dem Ruhrgebiet. Zehn Minuten Fußball vom Feinsten reichten dem BVB, um die Meisterschaft zu seinen Gunsten zu entscheiden. Borussia gewann durch je zwei Tore von Kelbassa und Niepieklo souverän mit 4:1. Zurück in Dortmund, wurde die Mannschaft erneut von 250.000 begeisterten Menschen empfangen, die den Weg vom Hauptbahnhof zum Borsigplatz säumten. Da Borussen-Trainer Helmut Schneider die Mannschaft gegenüber dem Vorjahr partout nicht ändern wollte, musste der frisch gebackene Nationalspieler Alfred „Aki" Schmidt mit einem Platz auf der Tribüne vorlieb nehmen. Es war das erste und einzige Mal in der Geschichte des deutschen Fußballs, dass einem Klub mit der gleichen Aufstellung die Titelverteidigung gelang.

Mit den Titelgewinnen von 1956 und 1957 ergriff eine große Mannschaft ihre allerletzte Chance, denn die Meisterelf „litt" unter ihrem hohen Alter. Die folgenden Jahre waren von Umbrüchen geprägt und brachten keine nennenswerten sportlichen Erfolge. 1960/61 konnten sich die Borussen nach vierjähriger Abstinenz wieder für die Endrunde zur Deutschen Meisterschaft qualifizieren, doch die vierte Endspielteilnahme endete gegen den 1. FC Nürnberg mit einer klaren 0:3-Niederlage.

Highlight: Deutscher Meister 1957

DM-Endspiel gegen den 1. FC Köln: Hoppy Kurrat beobachtet eine Glanzparade seines Torhüters Wessel, Willi Burgsmüller jubelt mit der Meisterschale.

Diese Schlappe war nicht zuletzt der schlechten Vorbereitung geschuldet. So hieß es, Mannschaft und Trainer Max Merkel hätten fröhliche Vorbereitungstage verbracht, dabei aber wenig über Taktik und Konzept nachgedacht. Die Dortmunder Mannschaft war eine „Übergangself" aus Routiniers und aufstrebenden Talenten. Nach dem Finale verließ Max Merkel den BVB.

1962/63 war die letzte Saison der Oberligen im Bundesgebiet, denn am 28. Juli 1962 hatte der DFB-Bundestag im Goldsaal der Dortmunder Westfalenhalle die Einführung der Bundesliga und des Lizenzspielertums beschlossen. Der BVB wurde hinter dem 1. FC Köln erneut Oberliga-Zweiter, doch in der Endrunde zur Deutschen Meisterschaft drehten die Borussen den Spieß um. Beim Finale gegen den Rivalen vom Rhein konnten die von Hermann Eppenhoff trainierten Borussen in Bestbesetzung auflaufen, wozu auch Wilhelm Burgsmüller und Helmut Bracht zählten, die bereits bei den Titelgewinnen 1956 und 1957 dabei gewesen waren. Der BVB gewann sein sechstes Meisterschaftsfinale durch Tore von Hoppy Kurrat, Reinhold Wosab und Aki Schmidt mit 3:1. Der „Kicker" konstatierte einen „Triumph der westfälischen Art": „Konzentriert, kaltblütig, mit Köpfchen spielend." Der BVB gewann seinen dritten deutschen Meistertitel mit folgender Aufstellung:

▶ Bernhard Wessel – Wilhelm Burgsmüller, Lothar Geisler – Helmut Bracht, Wolfgang Paul, Dieter Kurrat – Reinhold Wosab, Alfred Schmidt, Jürgen Schütz, Friedhelm Konietzka, Gerd Cyliax.

Highlight: Deutscher Meister 1963

Die Geschichte des BVB

Mit diesem Meister-Kader qualifizierte sich Borussia Dortmund souverän für die neue Bundesliga.

1963 bis 1972 Europapokal und Abstieg

Sportlich schien der BVB gut gerüstet für die neue Bundesliga. Der nach 1957 notwendige Umbau wurde erfolgreich bewerkstelligt, dennoch begann der BVB in der neuen Liga mit einem Fehlstart. Zwar erzielte „Timo" Konietzka am 24. August 1963 in Bremen nach weniger als einer Minute das erste Bundesliga-Tor überhaupt, aber am Ende siegte Werder gegen den amtierenden Meister mit 3:2. Für den BVB sollten Fehlstarts zu einem Charakteristikum in der neuen Liga werden. Am Ende der Saison 1963/64 belegte der amtierende Deutsche Meister nur den 4. Platz. Nach Abschluss der ersten Bundesligasaison beendeten die dreifachen Deutschen Meister Helmut Bracht und Willi Burgsmüller ihre aktive Karriere beim BVB.

Während die Bundesliga für die Borussen eher enttäuschend verlief, landeten sie im Europapokal der Landesmeister ihren bis dahin größten internationalen Erfolg. In der zweiten Runde bekam der BVB Benfica Lissabon zugelost. Die Portugiesen mit dem Wunderstürmer Eusebio hatten den Wettbewerb 1961 und 1962 gewonnen und damit die Ära des fünffachen Cup-Siegers Real Madrid beendet. Dem hohen Favoriten unterlag der krasse Außenseiter BVB nach einer Abwehrschlacht lediglich mit 1:2. Das Rückspiel in der mit 43.000 Zuschauern überfüllten „Roten Erde" geriet zu einer der besten und denkwürdigsten Vorstellungen, die ein deutsches Team in den europäischen Wettbewerben jemals abgeliefert hat. Die Borussen machten an diesem Abend ihren edlen goldenen Satintrikots alle Ehre. Es war vor allem der große Auftritt von „Goldköpfchen" Franz Brungs, der drei Treffer zum sensationellen 5:0-Sieg des BVB beisteuerte. Das „Aus" kam erst im Halbfinale, wo der BVB an Inter Mailand scheiterte. Da-

Highlight: 5:0-Gala gegen Benfica Lissabon

Die Geschichte des BVB

BVB goes Europe: Einmarsch beim Spiel gegen Inter Mailand.

1965 jubelt Aki Schmidt über den BVB-Pokalsieg.

heim spielte der BVB gegen die Defensivkünstler von Helenio Herrera 2:2, im Rückspiel unterlag man gegen den späteren Sieger des Wettbewerbs mit 0:2. Unrühmlicher Höhepunkt des Spiels war ein brutaler Tritt von Luis Suarez in den Unterleib von „Hoppy" Kurrat.

In der Saison 1964/65 verbesserte sich die Borussia auf den 3. Platz, fünf Punkte hinter Meister Werder Bremen. Das denkwürdigste Spiel dieser Saison war aus Sicht des BVB der 6:2-Sieg in Schalke, nachdem man zur Halbzeit bereits mit 6:0 geführt hatte. Ganze 26 Minuten benötigte der BVB für seine sechs Tore. Im DFB-Pokal erreichte der BVB zum zweiten Mal in seiner Geschichte das DFB-Pokalfinale. Gegner war mit der Aachener Alemannia ein lediglich zweitklassiger Verein. Der BVB gewann ein mäßiges Finale mit 2:0, wobei der Endstand bereits nach 19 Minuten erzielt war. Vor 68.000 Zuschauern in Hannover hemmte die Borussen die Furcht vor einer Blamage. Das Pokalsiegerteam des BVB:

▶ Tilkowski – Cyliax, Redder, Kurrat, Paul, Straschitz, Wosab, Sturm, Schmidt, Konietzka, Emmerich.

Die BVB-Mannschaft dieser Saison bestand noch immer zum ganz überwiegenden Teil aus Akteuren, die das Fußballspielen in Dortmund oder der näheren Umgebung gelernt hatten. Mit Hans Tilkowski wurde 1965 zum ersten Male ein Borusse zum „Fußballspieler des Jahres" gewählt.

Zur Saison 1965/66 verpflichtete der BVB als Nachfolger für den beliebten Hermann Eppenhoff einen frisch gebackenen Meistermacher als Trainer: Willi „Fischken" Multhaup, der mit Werder Bremen zweiter Bundesligameister geworden war. Multhaup konnte auf ein eingespieltes und selbstbewusstes Team zurückgreifen, wenngleich Konietzka von seinem Ziehvater Max Merkel zu 1860 München geholt wurde und Brungs zum 1.

Highlight: DFB-Pokal 1965

Sigi Held beim Europapokal-Finale gegen den FC Liverpool. Die Elf kam mit dem Pokal zurück, und Dortmund feierte.

FC Nürnberg wechselte. Mit den finanziellen Offerten der Südklubs konnte der BVB nicht konkurrieren. Die Lücken wurden mit der Verpflichtung von Reinhard „Stan" Libuda (Schalke 04) und Siegfried „Sigi" Held (Kickers Offenbach) geschlossen. Trotz der zusätzlichen Belastung durch den Europapokal legte die Mannschaft in der Rückrunde eine Serie von 19:5 Punkten hin. Schalke 04 wurde in der „Roten Erde" mit 7:0 abgekanzelt, der bis heute höchste Derby-Sieg der Borussen. Fünf der Dortmunder Treffer wurden per Kopf erzielt. Doch am Ende reichte es nur zur Vizemeisterschaft. Mit 31 Treffern gewann Lothar Emmerich die Torjäger-Kanone.

Im Europapokal der Pokalsieger zog der BVB über die Stationen Floriana La Valetta, CSKA Sofia, Atletico Madrid und West Ham United ins Finale ein. Im anderen Halbfinale hatte sich der FC Liverpool durchgesetzt. Liverpools Trainer Bill Shankly verkündete selbstbewusst: „Wir holen den Cup!" Am 5. Mai 1966 galt der FC Liverpool im Glasgower Hampden Park als Favorit. Im bis dahin wichtigsten Spiel der BVB-Geschichte vermochte die Mannschaft nicht zu brillieren. Doch mit Kampfgeist, Kollektivität, kühlem Kopf und einer gehörigen Portion Glück gelang dem BVB nach Verlängerung ein 2:1-Sieg. Die Torschützen hießen Held und Libuda. Der BVB war damit das erste deutsche Team, das eine europäische Trophäe gewann. Folgende elf Spieler gingen als die „Helden von Glasgow" in die BVB-Annalen ein:

▶ Tilkowski – Paul, Redder, Cyliax, Kurrat, Assauer, Libuda, Schmidt, Held, Sturm, Emmerich.

Die Saison 1965/66 war das große Jahr des Sturmduos Emmerich-Held, von der britischen Presse „the terrible twins" („die schrecklichen Zwillinge") getauft. Mit 14 Treffern schoss Emmerich die Hälfte aller Dortmunder

Highlight: Europapokal der Pokalsieger 1966

Legendäre Leistungsträger jener Jahre: Lothar Emmerich (linkes Foto) und Reinhard Libuda.

Europacup-Tore. In der Bundesliga gewann „Emma" mit 31 Treffern die Torjäger-Kanone. Der Triumph von Glasgow bedeutete die endgültige Befreiung aus dem langen Schatten des siebenmaligen Deutschen Meisters und Revierrivalen Schalke 04. Doch anstatt auf dem Europapokalsieg aufzubauen, begann die Borussia zu rasten und zu rosten.

Während sich andere Klubs professionalisierten, namentlich der FC Bayern und Borussia Mönchengladbach, herrschte in der BVB-Vereinsführung Stillstand, der zwangsläufig in den Abstieg münden musste. Die „Helden von Glasgow" gingen nach und nach in Pension oder wurden verkauft. Auf namhafte Verpflichtungen wurde verzichtet. Preiswerte Neuzugänge, die sich viel versprechend entwickelten, konnten nicht gehalten werden. Die „Rote Erde" hatte sich bereits vor dem Start in die Bundesliga als zu klein erwiesen, um für die notwendigen Bareinnahmen zu sorgen. Bald ging es sportlich bergab. Am 27. November 1971 unterlag der BVB beim FC Bayern München mit 1:11. Wenige Monate später war der Abstieg perfekt. Nach 36 Jahren ununterbrochener Erstklassigkeit fand sich der BVB in den Niederungen der Regionalliga West wieder, wo die Gegner u.a. Lüner SV und Mühlheim-Styrum hießen.

Tristesse: Mit Trainer Witzler (links) ging's dem Abstieg entgegen.

Die Geschichte des BVB

Zweitligaspiel im Westfalenstadion: 1974 gegen Bayer Uerdingen.

1979: Duell gegen Eintracht Frankfurt.

1972 bis 1986 Zwischen Himmel und Hölle

Der Wiederaufstieg gelang erst in der Saison 1975/76. Zuvor war der fast bankrotte Verein unter Führung von Heinz Günther, Direktor des Bergwerks Gneisenau, einer radikalen Sanierung unterzogen worden. Günthers Sparkurs und die Unterstützung durch die Stadt sowie durch Industrie und Handel retteten dem BVB die Lizenz und damit die Qualifikation für die neue zweigleisige 2. Bundesliga. Als Goldgrube erwies sich das neue Westfalenstadion, das zur WM 1974 errichtet worden war.

Der über Erwarten große Zuschauerandrang ermöglichte es dem BVB, noch während der Saison 1974/75 einen Star zu verpflichten. Von der Reservebank Ajax Amsterdams wurde der ehemalige Bundesligaskandalsünder Zoltan Varga geholt, der das Dortmunder Kampfspiel um Spielkultur bereicherte. Der Kauf des ehemaligen ungarischen Nationalspielers, der 1968 aus seiner Heimat geflohen war, trug weiter zur Sanierung bei. Zu Vargas Premiere gegen die nicht gerade attraktive DJK Gütersloh kamen 42.000 ins Westfalenstadion.

In der Saison 1974/75 wurde der BVB wieder „dortmundiger". Erstmals tauchte auf dem Rücken der Trikots die Aufschrift „Dortmund" auf. Die Brust zierte ein Emblem, das die Stadt schon während der Weltmeisterschaft verwendet hatte: ein Kreis mit dem Fernsehturm, Blumen und Fußball. Diese Maßnahme war ein Dankeschön des Vereins an die Stadt für das Westfalenstadion und die finanzielle Hilfe in der Not. Borussia und Dortmund bildeten nun wieder eine Einheit.

Als zweiter der Nordgruppe musste der BVB am Ende der Saison 1975/76 zwei Entscheidungsspiele gegen den Südzweiten 1. FC Nürnberg

Highlight: Wiederaufstieg 1976

Die Geschichte des BVB

Seltener Lichtblick: Im April 1978 gewann der BVB bei Schalke 04 mit 2:0.

bestreiten. Die Moral des BVB schien durch Trainerwechsel angeknackst, weshalb die Nürnberger als favorisiert galten. Otto Rehhagel war bereits der dritte Übungsleiter in dieser Spielzeit. Doch eine defensiv eingestellte Borussia siegte in Nürnberg mit 1:0. Das Rückspiel geriet zu einem offenen Schlagabtausch, den Lothar Huber erst in der vorletzten Minute für die Borussen entscheiden konnte. Der BVB siegte mit 3:2 und war nach einer schweren und kostspieligen Zeit wieder erstklassig. Mit einem Schnitt von über 26.000 durfte der BVB in dieser Saison mehr Zuschauer begrüßen als der neue Deutsche Fußballmeister Borussia Mönchengladbach.

Obwohl gerade erst wieder aufgestiegen, zählte der BVB bereits vor dem Anpfiff zur Saison 1976/77 zu den reichsten Klubs der 1. Bundesliga. So hatte der BVB auch keine Mühe, sich personell zu verstärken. Von den Offenbacher Kickers holte der Bundesliganeuling den Torjäger Erwin Kostedde, von Rot-Weiß Essen kam das Original Willi „Ente" Lippens. Noch während der Saison 1976/77 wurde aus Uerdingen Manfred „Manni" Burgsmüller geholt, der zum erfolgreichsten Torjäger der Bundesligageschichte des BVB avancierte.

Am Ende erreichte der Neuling mit einem ausgeglichenen Punktekonto einen ausgezeichneten 8. Platz. Mit 43.187 Zuschauern verzeichnete der BVB überdies den höchsten Zuschauerschnitt der Bundesliga.

In der Saison 1977/78 konnte der BVB den gewachsenen Ansprüchen nicht gerecht werden. Überraschend kehrte Sigi Held an seine alte Wirkungsstätte zurück. Am Ende reichte es nur zum 11. Platz. Beim letzten Spiel in Düsseldorf gegen Mönchengladbach verloren die Borussen mit 0:12, bis heute die höchste Niederlage in ihrer Bundesligageschichte. Rehhagel wurde tags darauf gefeuert.

Highlight: Der große Zuschauerboom

Mirko Votava (Mitte) zählte Ende der 70er Jahre zu den Leistungsträgern im Dortmunder Team.

Nachfolger von Rehhagel wurde Karl-Heinz Rühl. Zum Auftakt der Saison 1978/79 schlug der BVB Bayern München mit 1:0. Im Tor stand erstmals der erst 17-jährige Eike Immel, der ein tolles Debüt lieferte. Nach einigen herben Niederlagen in der Rückrunde wurde Rühl abgelöst, nicht zuletzt auf Betreiben einiger Spieler. Zuvor war es an der Spitze des Klubs zu einem Wechsel gekommen. Dem Sanierer Heinz Günther folgte der erst 32-jährige Rechtsanwalt Dr. Reinhard Rauball. Der BVB stellte damit den jüngsten Präsidenten der Liga. Vier BVB-Spieler waren älter als ihr „Arbeitgeber".

Der BVB hatte es nicht verstanden, eine schlagkräftige und zukunftsträchtige Mannschaft aufzubauen und Kontinuität zu entwickeln. Aufgrund ausbleibender Erfolge, Trainerwechsel, Fehlinvestitionen und sinkender Zuschauerzahlen drohte erneut Ebbe in der BVB-Kasse. Nur zwei Jahre, nachdem der BVB als Krösus bezeichnet wurde, befand sich der Klub mal wieder in einer Krise. Der junge Reinhard Rauball erwies sich in dieser Situation als Glücksgriff. Mit Rauball erhielt der BVB endlich einen Präsidenten, der zukunftsorientiert dachte und handelte.

Anstatt den Gürtel enger zu schnallen, entschied sich Rauball fürs Investieren mit Konzept. Mit Udo Lattek engagierte der BVB erstmals in seiner Bundesligageschichte einen ausgewiesenen Toptrainer, „der innerhalb von Stunden dafür sorgte, dass die Mannschaft unter Strom stand" (Burgsmüller) und Flair ins Westfalenstadion brachte.

Auch auf den Rängen war die Euphorie in Dortmund wieder riesengroß. Am Ende der Saison 1980/81 verpassten die Borussen die UEFA-Cup-Qualifikation nur um Haaresbreite, als man im letzten Saisonspiel im eigenen Stadion gegen den direkten Konkurrenten Mönchengladbach in

Highlight: Trainer Udo Lattek

Die BVB-Elf im November 1979 im Westfalenstadion.

eine 0:3-Niederlage stürmte. Der BVB musste sich mit dem 7. Platz begnügen.

Lattek hatte den Klub noch während der Saison in Richtung Barcelona verlassen. Nach dem tragischen Tod seines Sohnes, an dem der Erfolgstrainer schwer litt, zog es ihn ins Ausland.

In der Saison 1981/82 begann die Profikarriere des Michael Zorc, ein lokales Eigengewächs, das noch einige Jahre zuvor den BVB von der Südtribüne aus angefeuert hatte. Unter dem neuen Trainer Branko Zebec spielten die Borussen forsch, aggressiv und kraftvoll, zugleich aber auch – und dies war neu – taktisch diszipliniert. Die Mannschaft bestand aus einer guten Mischung von Jung und Alt. Am Ende der Saison 1981/82 konnte der BVB mit einem 6. Platz nach 16 Jahren Abstinenz endlich die Rückkehr auf die europäische Bühne feiern. Trotz dieses Erfolgs musste Zebec nach dem Saisonende gehen, da seine Alkoholprobleme eskaliert waren.

Im September 1982 trat Reinhard Rauball wegen geschäftlicher Überlastungen vom Vorsitz zurück. Die direkten Nachfolger konnten sein qualifiziertes und ambitioniertes Konzept nicht fortsetzen. Die drei folgenden Spielzeiten waren verlorene Jahre, und als Rauball ein zweites Mal als Retter die Bühne betrat, war der Klub so ruiniert wie nie zuvor.

Der 23. Oktober 1984 markierte einen historischen Einschnitt in die Bundesligageschichte des BVB. Das Amtsgericht setzte einen aus Reinhard Rauball (Präsident), einem gewissen Dr. Gerd Niebaum (Vizepräsident) und Jürgen Vogt (Schatzmeister) bestehenden Notvorstand ein. Die Schuldenlast betrug 8,3 Mio. DM, zu diesem Zeitpunkt eine astronomische Summe. Doch von nun an wurden Schritt für Schritt die Grundlagen für den zweiten Aufstieg des BVB zu einer nationalen und internationalen Top-Adresse

Highlights: Reinhard Rauball und Gerd Niebaum

Die Geschichte des BVB

Erdal Keser (rechts) überläuft den Kölner Linßen (1983).

8:0-Schützenfest in der Relegation gegen Fortuna Köln 1986: Hier trifft Raducanu.

geschaffen. Wie schon zehn Jahre zuvor, wurde auch diesmal die Mannschaft zur Kasse gebeten. Die Spieler verhielten sich vorbildlich. Sie verzichteten auf Punkt-Prämien und akzeptierten eine erhebliche Kürzung ihrer Jahresleistungsprämie. Außerdem sprangen die Dortmunder Brauereien und die Stadt in die Bresche.

Unter Trainer Ribbeck konnte sich der BVB in der Saison 1984/85 noch auf den 14. Platz retten. Der Zuschauerschnitt erfuhr trotz des mageren sportlichen Abschneidens wieder einen deutlichen Anstieg. Die Rückkehr von Rauball werteten die Fans als deutliches Signal für Kompetenz und Seriosität. Nach der Saison verließ „Retter" Ribbeck den BVB. Sein Nachfolger wurde Pal Csernai, der Mann mit dem Seidentuch, der noch während der Saison durch Co-Trainer Reinhard Saftig ersetzt wurde.

Aufgrund der katastrophalen finanziellen Situation war an große Sprünge überhaupt nicht zu denken. In der Saison 1985/86 konnte das Ziel der Borussia deshalb nur Klassenerhalt lauten – und der wurde erst in der Relegation gegen Fortuna Köln erreicht. Zunächst verlor der BVB in Köln mit 0:2. Im Rückspiel gelang dem BVB das erlösende 3:1, das ein drittes Spiel garantierte, erst 20 Sekunden vor dem Schlusspfiff. Jürgen Wegmann schoss das wichtigste Tor in seiner Karriere. Die dritte Begegnung auf neutralem Boden in Düsseldorf gewann der BVB gegen eine arg grippegeschwächte Kölner Mannschaft mit 8:0.

Obwohl dem Abstieg nur knapp entkommen, eröffneten sich dem BVB plötzlich glänzende Perspektiven. Mit der Relegationsrunde hatte sich der BVB auch finanziell wieder nach oben gearbeitet. An der Trainerfront war mit Reinhard Saftig Ruhe in den Verein eingekehrt, und die „lautlosen Sanierer" Rauball/Niebaum bürgten für Seriosität und Qualität.

Highlight: 8:0-Sieg in der Relegation 1986

Die Geschichte des BVB

Gelungener Start in die neue Ära: Im August 1986 gab's ein 2:2 beim FC Bayern. Hier sind Helmer und Matthäus im Zweikampf. Neu im Kader: Mittelfeld-Star Andreas Möller.

1986 bis 1997 Comeback und Höhenflug

Während der Saison 1986/87 fand an der Spitze des Klubs ein neuerlicher Wechsel statt. Mit der finanziellen und sportlichen Konsolidierung betrachtete Reinhard Rauball seine Aufgabe als erfüllt und übergab den Vorsitz an seinen Kollegen Gerd Niebaum. Niebaum setzte die Politik Rauballs konsequent fort.

Für die Saison 1986/87 hatte der BVB mit Frank Mill (Borussia Mönchengladbach) und Norbert Dickel (1. FC Köln) zwei Stürmer verpflichtet, die voll einschlagen sollten. Des Weiteren stieß zu den Borussen u.a. Thomas Helmer, der von Arminia Bielefeld kam. Die Saison 1986/87 geriet zur sportlich wie finanziell erfolgreichsten Spielzeit der Borussen seit 20 Jahren. Unter Trainer Reinhard Saftig erreichte der BVB den sensationellen 4. Platz und die UEFA-Cup-Teilnahme. Nun waren die Erwartungen für die Saison 1987/88 entsprechend hoch. Dabei wurde vielfach vergessen, dass die Mannschaft im Vorjahr fast durchweg über ihre Verhältnisse gespielt und die Saison enorm an Kraft gekostet hatte. Im Dezember 1987 verpflichtete der BVB das 20-jährige Super-Talent Andreas Möller. Die Borussen mussten für den schmächtigen offensiven Mittelfeldspieler die Rekordsumme von 2,4 Mio. DM an Eintracht Frankfurt überweisen. Trotz dieser Verstärkung gelang der Klassenerhalt erst am vorletzten Spieltag.

Vor der Saison 1988/89 wurde die offensive Investitionspolitik fortgesetzt. Erstmals wechselte mit Michael Rummenigge ein prominenter Bayern-Akteur ins Ruhrgebiet. Noch während der Saisonvorbereitung packte Saftig seine Koffer, nachdem Frank Mill die Kraftprobe um die Kapitänsbinde zu seinen Gunsten entschieden hatte. Sein Nachfolger wurde Horst Köppel.

Highlight: Offensive Strategie

Norbert Dickel war der „Held von Berlin" im DFB-Pokalfinale 1989 gegen Werder Bremen: Trotz Verletzung erzielte er zwei Tore. Kutowski und Helmer stemmten die Trophäe.

Gegen Hannover 96 (4:0) gelang Nobert Dickel der schnellste Hattrick der Bundesligageschichte: Dickels drei Treffer fielen innerhalb von nur sechs Minuten: zwischen der 67. und 73. Minute. Am Ende der Saison belegte der BVB den 7. Platz.

Im DFB-Pokal drang der BVB bis ins Finale vor. Gegner im Berliner Olympiastadion war Werder Bremen. Die Borussen kramten ihre alten Ringelsocken wieder heraus, und die Traditionskluft brachte ihnen Glück: 40.000 Fans mitgereiste BVB-Fans sahen einen 4:1-Sieg ihrer Schwarz-Gelben. Zweifacher Torschütze war Norbert Dickel. Nur sieben Wochen nach einer schweren Knieoperation feierte der Torjäger sein Comeback ausgerechnet in einem Pokalfinale. Das Finale sollte sich später als der Anfang vom Ende der spektakulären, aber viel zu kurzen Karriere des Norbert Dickel erweisen. Dickel ruinierte für den BVB sein Knie. Der BVB gewann seine erste Trophäe seit 23 Jahren mit der Aufstellung:

▶ de Beer – Kroth, Kutowski, Helmer, MacLeod, Breitzke (ab 73. Lusch), Zorc, Möller, Rummenigge, Dickel (ab 76. Storck), Mill.

In Dortmund empfingen fast 200.000 Menschen die siegreiche Mannschaft. „Dickel, Dickel, wir danken dir", skandierte die begeisterte Menge immer wieder.

Im Dezember 1989 übernahm Michael Meier den Job des Managers beim BVB und sorgte somit für eine Entlastung des Präsidenten. Neu waren in der Saison 1989/90 vor allem der Ausrüster und das Gelb der Borussen-Jerseys. Als erster deutscher Profiverein bändelte der BVB mit dem US-Hersteller Nike an. In der Bundesliga belegte der BVB am Ende einen 4. Platz. Aber allen Treuebekundungen zum Trotz verließ der „Andy" den BVB nach der Saison, um nach Frankfurt zurückzukehren.

Highlight: DFB-Pokalsieg 1989

Neue Euphorie auf den Rängen: Das Westfalenstadion wird wieder zur Festung.

BVB-Präsident Niebaum stellte 1991 den damals noch weithin

Vor dem Start in die Saison 1990/91 tätigte der BVB mit Flemming Povlsen (PSV Eindhoven) den bis dahin teuersten Transfer seiner Geschichte. 4,1 Mio. DM kostete der Däne die Borussen. Der BVB belegte in der Endabrechnung mit einem ausgeglichenen Punktekonto nur den 10. Platz. Allerdings gelang dem BVB endlich einmal wieder ein Sieg bei den Bayern (3:2).

Zum Ende der Saison wurde das Verhältnis mit Trainer Köppel „im beiderseitigen Einverständnis" aufgelöst. Als Nachfolger wurde der bis dahin weithin unbekannte Ottmar Hitzfeld von Grasshoppers Zürich verpflichtet. Mit dem Mathematiker Hitzfeld präsentierte der Verein einen für Dortmund, aber auch für die Bundesliga neuen Trainertypus, der den Wandel, das neue Selbstverständnis und die neuen Ansprüche des BVB symbolisierte. Der auch als „Gentleman-Trainer" titulierte Hitzfeld verpflichtete den Instinktfußballer Stephane Chapuisat, der sich als wohl bester Einkauf des BVB seit vielen Jahren erweisen sollte. Im Tor ersetzte Hitzfeld de Beer durch das junge Dortmunder Eigengewächs Stefan Klos.

Die Mannschaft benötigte lange, um zu ihrem Spiel zu finden, aber am Ende der Saison 1991/92 verpasste der BVB den Meistertitel nur aufgrund des gegenüber dem VfB Stuttgart schlechteren Torverhältnisses. In einer aus 38 Spieltagen bestehenden Mammutsaison blieb der BVB vom 12. bis 30. Spieltag ungeschlagen. Vier Minuten fehlten dem BVB zu seinem vierten Meistertitel. In der Zuschauergunst konnte der BVB die Konkurrenz indes klar hinter sich lassen.

Während Leistungsträger Thomas Helmer zu Bayern München wechselte, wurde für die Defensive Stefan Reuter geholt, der von Juventus Turin kam. Reuter war nur der erste in einer Reihe von Italien-Legionären, die

Highlights: Hitzfeld und die „Italiener" kommen

Die Geschichte des BVB

unbekannten Trainer Ottmar Hitzfeld vor.

UEFA-Cup-Finale 1993: Auch ein kampfstarker Knut Reinhard konnte die 1:3-Niederlage nicht verhindern.

der BVB nun in die Bundesliga zurückholte. In der Winterpause stieß mit Matthias Sammer der zweite „Ex-Italiener" zum BVB. Die Ablöse betrug 8,5 Mio. DM, so viel Geld hatte noch kein Bundesligaverein für einen Spieler ausgegeben. Der BVB hatte sich nicht nur zum neuen Großeinkäufer der Liga entwickelt, sondern versammelte bald auch die meisten Großverdiener in seinem Kader. In der Endabrechnung der Saison belegte der BVB den 4. Platz.

Für Furore sorgte der BVB in dieser Saison im UEFA-Cup. Über die Stationen Floriana La Valetta, Glasgow Celtic, AS Rom und AJ Auxerre erreichte der BVB erstmals seit 1966 wieder ein europäisches Finale. In den beiden Finalspielen hieß der Gegner Juventus Turin, der mit 3:1 in Dortmund und 3:0 in Turin jeweils souverän die Oberhand behielt. Von einer europäischen Spitzenmannschaft waren die Borussen noch ein Stück entfernt. Die enormen Einnahmen aus dem UEFA-Cup ermöglichten dem BVB jedoch, gegenüber dem FC Bayern weiter aufzuschließen.

Für die Saison 1993/94 wurde mit Karlheinz Riedle (Lazio Rom) ein weiterer Ex-„Italiener" verpflichtet. Die Transferrechnung von 9,5 Mio. DM bedeutete einen neuen Rekord für die Bundesliga. Dennoch hatte das Team in der neuen Saison Anlaufprobleme. Im März 1994 rangierte der BVB lediglich auf Platz 13 der Tabelle. Am 25. Spieltag besiegten die Borussen den MSV Duisburg mit 2:1. Der A-Jugend-Spieler Lars Ricken, der bereits am 23. Spieltag gegen den VfB Stuttgart sein Debüt gegeben hatte, erzielte in dieser Begegnung sein erstes Bundesligator. Fünf Minuten vor zwölf legte der BVB nun eine Serie hin, die ihn auf den 4. Platz katapultierte. Seit dem Amtsantritt von Ottmar Hitzfeld hatten die Borussen nun einmal den 2. Platz und zweimal den 4. Platz in der Liga errungen.

Highlight: UEFA-Cup-Finale 1993

Die Geschichte des BVB

Grenzenloser Jubel im Westfalenstadion: Der BVB ist Deutscher Meister 1995.

Die spektakulärsten Neuverpflichtungen der Saison 1994/95 waren der Rückkehrer Andreas Möller sowie dessen Turiner Mannschaftskamerad Julio Cesar. Die Verbesserung der spielerischen Substanz war stets Hitzfelds besonderes Anliegen gewesen. Mit den „Millionarios" Sammer, Möller, Cesar und Co. wurde sie möglich. Während des Saisonfinales musste Borussias Sturmduo Chapuisat und Riedle verletzt zusehen, während Möller und Cesar zeitweise gesperrt waren. Povlsen war bereits nach wenigen Spielen aufgrund einer schweren Verletzung aus dem Kader ausgeschieden. Doch in Dortmund verzichtete man aufs Jammern und biss stattdessen die Zähne zusammen. Vor dem letzten Spieltag trennte Spitzenreiter Werder Bremen und Verfolger BVB nur ein Punkt. Bremen musste zum FC Bayern reisen, Dortmund empfing im Westfalenstadion den Hamburger SV. Der BVB gewann sein Spiel mit 2:0, während die Bremer beim FC Bayern mit 1:3 unterlagen. Nach 32 Jahren hieß der Deutsche Meister wieder Borussia Dortmund!

In der 32-jährigen Geschichte der Bundesliga hatte noch kein Meister so viele Rückschläge wegstecken müssen wie der BVB in der Saison 1994/95. Der Meistertrainer über seine Mannschaft: „Sie hat unsere Tugenden Selbstbewusstsein, Ehrgeiz und das Ärmelhochkrempeln voll umgesetzt." Im Stadion und in der Stadt regierte nach dem Schlusspfiff das Chaos. Am folgenden Tag füllten über 500.000 Menschen die Straßen und Plätze der Westfalen- und Reviermetropole, um dem Meister zuzujubeln. Für ihre zwölf Kilometer lange Ehrenrunde, die schließlich auf dem Friedensplatz endete, benötigte die Mannschaft über fünf Stunden. Dortmund wurde zum Schauplatz der größten Meisterschaftsfeier in der Geschichte des deutschen Fußballs.

Highlight: Deutscher Meister 1995

Chapuisat und Freund (v.r.) freuen sich über die Titelverteidigung 1996. Wesentlichen Anteil am Comeback des BVB hatte Matthias Sammer.

Der Titelgewinn veränderte auch das Selbstverständnis der Borussia. Bereits vier Tage vor dem Ende der Saison 1994/95 hatte Hitzfeld gefordert: „Wir müssen erstklassige Spieler holen, dürfen den Saisonstart auf keinen Fall verschlafen." Prominenteste Dortmunder Neuerwerbung war der Mönchengladbacher Bundesligatorschützenkönig Heiko Herrlich. Von Juventus Turin fand Nationalverteidiger Jürgen Kohler zum BVB. Borussia war nun ein abgeklärtes und erfahrenes Starensemble.

Der Weg zum Titel gestaltete sich erneut dornenreich. Das Verletzungspech blieb dem BVB auch in dieser Saison treu. 92-mal mussten Spieler wegen Verletzungen pausieren. Entschieden wurde das Meisterrennen am 33. Spieltag. Ausgerechnet in der Spielstätte des Rivalen FC Bayern baute der BVB mit einem 2:2 gegen 1860 München sein Meisterstück, gefeiert von 15.000 mitgereisten Borussen-Fans. Was der Borussia der Ära Hitzfeld nun noch fehlte, war ein europäischer Triumph.

„Das Ziel ist die Titel-Verteidigung, und in der Champions League darf es etwas mehr sein als im Vorjahr", erklärte Ottmar Hitzfeld vor Saisonbeginn 1996/97. Neu beim BVB waren u.a. der Portugiese Paulo Sousa, der nunmehr fünfte ehemalige „Juve"-Spieler bei Borussia, und der Schotte Paul Lambert. Doch aus dem Titel-Hattrick wurde nichts. Am Ende belegte der BVB nur den 3. Platz, acht Punkte hinter Meister Bayern und sechs hinter „Vize" Leverkusen.

In Europa wurde der BVB indes die „Nummer eins". In den Gruppenspielen der Champions League, die 1992 den Europapokal der Landesmeister abgelöst hatte, wurde der BVB zunächst Zweiter. Im Viertelfinale war der Gegner mit AJ Auxerre ein alter Bekannter. Das Hinspiel in Dortmund wurde vor 47.500 Zuschauern mit 3:1 gewonnen. Im Rückspiel im Stadion

Highlight: Deutscher Meister 1996

Champions-League-Finale 1997: „Fußballgott" Jürgen Kohler feiert den Triumph, den ein Tor von Lars Ricken (rechts im Finale gegen Juventus Turin) sichergestellt hatte.

Abbé Deschamps siegte die Elf durch einen Treffer von Ricken mit 1:0. Im Halbfinale traf der BVB auf Manchester United, neben Juventus Turin Borussias zweites internationales Vorbild. Den Dortmundern fehlten mit Sammer, Cesar, Kohler, Chapuisat und Riedle gleich fünf Leistungsträger, doch das ersatzgeschwächte Team siegte durch ein Tor von René Tretschok mit 1:0. Das Rückspiel in Manchester endete mit dem gleichen Ergebnis. Diesmal hieß der Torschütze Lars Ricken.

Obwohl der BVB nun zum dritten Mal in seiner Geschichte ein europäisches Finale erreicht hatte, schien rund um den Noch-Meister miese Stimmung zu herrschen: Viele befürchteten den baldigen Abschied aus der lukrativen Champions League, für die sich der BVB über die Bundesliga nicht mehr qualifiziert hatte. Doch der enorme äußere Druck, dem sich Offizielle, Mannschaft und Fans ausgesetzt sahen, erwies sich als hilfreich, mobilisierte er doch eine Trotzreaktion und traditionelle Borussia-Tugenden. In bester Laune begaben sich über 30.000 Fans auf die Reise zum Endspielort München, wo den BVB das Team von Juventus Turin erwartete.

Die Borussen galten als krasse Außenseiter. Mit dem Rücken zur Wand boten Sammer und Co. im Olympiastadion eine Vorstellung, wie sie selbst die kühnsten Optimisten nicht für möglich gehalten hatten. Zweimal Riedle und einmal Ricken schossen den BVB zu einem 3:1-Sieg. Marcel Reif kommentierte anschließend:„Das muss man sich selber erstmal klarmachen: Borussia Dortmund Champions-League-Sieger 1997. (…) Gegen alle Widerstände von außen, sicherlich auch von innen."

Der BVB gewann das Finale am 28.5.1997 mit folgender Aufstellung: ▶ Klos – Kohler, Sammer, Kree, Reuter, Lambert, Sousa, Heinrich, Möller (89. Zorc), Riedle (67. Herrlich), Chapuisat (70. Ricken).

Highlight: Champions-League-Sieger 1997

Die Geschichte des BVB

Schrittweise wurden die Tribünen des Westfalenstadions ausgebaut. Unter Trainer Nevio Scala waren die Aufführungen in der „Fußball-Oper" allerdings wenig berauschend.

1997 bis 2000 Borussia im Umbruch

Ottmar Hitzfeld verließ nach dem Triumph von München die Trainerbank, um in die neu geschaffene Position des „Sportdirektors" zu wechseln. Sein relativ altes Team benötigte eine Auffrischung, neue Reizpunkte, ein neues Ringen um die richtige Hierarchie. Doch der Ausbau des teilweise vereinseigenen Stadions und andere Infrastrukturprojekte banden nicht unbeträchtliche finanzielle Mittel, die für spektakulärere Spielereinkäufe fehlten. Eine verständliche Weichenstellung, die zunächst jedoch Probleme brachte: Wie schon 1966 war es ein europäischer Triumph, der das (vorläufige) Ende einer goldenen Ära markierte.

Als Hitzfeld-Nachfolger präsentierte der BVB zur Saison 1997/98 mit dem Italiener Nevio Scala einen Mann von internationalem Renommee. Zugleich begann der Klub mit dem Verkauf eines Teils seines Ensembles: Karlheinz Riedle (FC Liverpool), Paul Lambert (Glasgow Celtic) und Paulo Sousa (Inter Mailand). Matthias Sammer verloren die Borussen während der Saison unfreiwillig. Seine Knieprobleme mündeten schließlich im Karriereende. Vor der Saison hatte Niebaum neue Einkäufe mit Verweis auf das proppevolle vereinseigene Lazarett abgelehnt. Als der BVB dann sportlich und personell ins Trudeln geriet, sah man sich doch noch zum Nachbessern genötigt.

Schon bald wurde deutlich, welch schweres Erbe Scala angetreten hatte. Der Italiener, der mit der Erwartung gekommen war, die beste Mannschaft Europas zu coachen, sah sich stattdessen mit einer überholten Mannschaftsstruktur, divergierenden Spielauffassungen und Kommunikationsproblemen konfrontiert. Außerdem widersprach Scalas Fußballphilo-

Highlight: Ausbau des Westfalen-Stadions

Die Geschichte des BVB

Deprimierende Leistungen: Möller & Co. nach einer Niederlage beim VfL Bochum, Januar 1998.

sophie der Spielgeschichte Borussias und der regionalen Fußballmentalität, weshalb er im Westfalenstadion auf wenig Gegenliebe stieß – zumal bei ausbleibendem Erfolg.

Als der BVB am 33. Spieltag sein letztes Heimspiel absolvierte, gab ein Urgestein seinen Abschied: Beim 0:1 gegen den Hamburger SV trug Michael Zorc, seit 20 Jahren im Verein, ein letztes Mal das BVB-Trikot. Den 34. und letzten Spieltag verbrachten die Dortmunder im Münchner Olympiastadion, dort, wo sie nur ein Jahr zuvor den größten Triumph ihrer Vereinsgeschichte gefeiert hatten. Die Bayern siegten souverän mit 4:0, und die Borussia beendete die Saison nur auf Rang 10, die schlechteste Platzierung seit der Saison 1990/91. Erstmals seit der Saison 1987/88 wurden mehr Spiele verloren (13) als gewonnen (11), und erstmals seit der Saison 1985/86 lag Schalke wieder vor Dortmund. Dass nicht weniger als 31 (!) Spieler für den BVB zum Einsatz kamen, war Ausdruck eines personellen Chaos.

In der Champions League wurde immerhin das Halbfinale erreicht. Der BVB unterlag bei Real Madrid mit 0:2. Das Rückspiel endete torlos. Es blieb die Genugtuung, im Viertelfinale den FC Bayern ausgeschaltet zu haben.

Völlig trophäenlos blieb der BVB aber auch in der Saison 1997/98 nicht: Bereits im Dezember 1997 gewann der BVB das Weltpokalfinale gegen den brasilianischen Südamerikameister Cruzeiro Belo Horizonte. Beim 2:0-Sieg in Tokio hießen die Torschützen Michael Zorc und Heiko Herrlich. Der BVB war nach dem FC Bayern München (1976) erst der zweite deutsche Verein, der diese Trophäe gewann, und zwar mit folgender Aufstellung:

▶ Klos – Feiersinger, Reuter, Cesar Freund, Sousa, Zorc (80. Kirovski), Heinrich, Möller, Herrlich, Chapuisat (75. Decheiver).

Highlight: Weltpokal-Sieger 1997

Teure Neuzugänge mit wenig Wirkung: Thomas Häßler (links) und Bachirou Salou.

Am 12. April 1998, einem Ostersonntag, ging nach 2.478 Tagen die Ära Hitzfeld abrupt und endgültig zu Ende. Hitzfelds Rückkehr ins Trainergeschäft war bereits seit längerem beschlossene Sache gewesen. Schon Ende März hatte er sich mit dem FC Bayern geeinigt. Nach Scalas Scheitern und Hitzfelds Abgang sah Präsident Niebaum die Gelegenheit gekommen, den bis dahin im BVB-Amateurbereich tätigen jungen Michael Skibbe als Cheftrainer zu inthronisieren. Zum neuen Sportdirektor wurde Michael Zorc gekürt. Der neue Trainer war mit gerade mal 33 Lenzen beim Start der Bundesligasaison 1998/99 der jüngste seiner Zunft.

Im Gegensatz zum Vorjahr und dank der hohen Transfereinnahmen wurde im größeren Stile neu verpflichtet. An prominenten Abgängen hatte der BVB neben Michael Zorc und Julio Cesar, den es in die brasilianische Heimat zog, nur noch Jörg Heinrich zu verzeichnen, der für die Summe von 25 Mio. DM zum AC Florenz wechselte. Den Abgängen standen neun Neuzugänge gegenüber. Die prominentesten Namen waren Thomas Häßler (Karlsruher SC), Christian Nerlinger (FC Bayern), Sergej Barbarez (Hansa Rostock) und Bachirou Salou (MSV Duisburg). Wenige Wochen vor dem Saisonstart stieß auch noch ein brasilianischer Rohdiamant namens Leonardo de Deus Santos – kurz: Dede – zum Kader, und während der Winterpause siedelte Miroslav Stevic von 1860 München nach Dortmund über. Eine Gesamtschau ergab jedoch zu viel Masse bei zu wenig Qualität.

Der Trainer-Neuling und der stark aufgefrischte Kader sorgten dennoch zunächst für eine neue Aufbruchstimmung in Dortmund. Die Politik des Vorstands wurde von der Öffentlichkeit angenommen. Mit 45.000 verkauften Dauerkarten – mehr als ein Sechstel des gesamten Saisonticketverkaufs der Liga – wurde ein neuer Bundesligarekord erzielt. „Kaum ein deut-

Highlight: Leonardo de Deus Santos

Mit Hängen und Würgen durch die Durststrecke 1998 bis 2000: Dede und Kohler gegen Schalkes Max (linkes Foto)...

scher Verein hat vor der laufenden Saison so viel verändert wie Borussia Dortmund", schrieb der „Spiegel" in einem Bericht über den Dortmunder Neuanlauf. Nicht nur die halbe Mannschaft war erneuert worden. Die Vereinsführung bereitete den Börsengang vor, und während der Sommerpause war das Westfalenstadion im Eiltempo zu einer Arena mit einem Fassungsvermögen von 69.000 Zuschauern ausgebaut worden.

Nach einem miserablen Start von nur vier Punkten aus fünf Spielen blieb der BVB in den folgenden zehn Spielen ungeschlagen und arbeitete sich in die Spitzengruppe vor. Die Serie riss erst, als das Team am 16. Spieltag bei den Münchener „Löwen" mit 0:2 unterlag.

In die Rückrunde startete der BVB wenige Tage vor dem Weihnachtsfest mit einem 3:0-Heimsieg über den VfB Stuttgart. Für Stefan Klos und Steffen Freund war es ihr letzter Auftritt im BVB-Trikot. Klos, dessen Verhältnis zum Klub bereits seit Anfang der Saison 1997/98 zerrüttet war, durfte vorzeitig zu den Glasgow Rangers wechseln. Auch Freund zog es auf die britische Insel, wo er den Londoner Klub Tottenham Hotspur verstärkte. Mit dem Ex-Schalker Jens Lehmann, der vom AC Mailand kam, hatte der Klub mittlerweile Ersatz für seinen langjährigen Stammkeeper besorgt.

Am 33. Spieltag sicherte sich der BVB durch einen 3:1-Heimsieg über den TSV 1860 die Rückkehr auf die internationale Bühne. Und am letzten Spieltag erreichte der BVB durch einen 2:0-Sieg beim Tabellenletzten und Absteiger Borussia Mönchengladbach auch noch die Qualifikation zur Champions League. Zweifacher Torschütze war Stephane Chapuisat, der den Klub zum Saisonende nach acht Jahren in Richtung Schweizer Heimat verließ. Auch Thomas Häßler und Bachirou Salou kehrten dem BVB nach nur einem Jahr wieder den Rücken.

Highlight: Rückkehr nach Europa

Die Geschichte des BVB

…Heiko Herrlich gegen Bayerns Babbel (mittleres Foto) und Miroslav Stevic gegen den Berliner Wosz (rechtes Foto).

Dank der Millionen, die der Verkauf der Vermarktungsrechte an die UFA in die BVB-Kasse gespült hatte, dank der Aussicht auf Einnahmen aus der Champions League sowie erklecklichen Transfer-Erlösen konnte der BVB vor Saisonbeginn 1999/2000 auf dem Transfermarkt kräftig zulangen. Als Neuzugänge durften u.a. Nationalspieler Christian Wörns (für 12,5 Mio. DM von Paris St. Germain), Victor Ikpeba (für 12 Mio. DM von AS Monaco), Fredi Bobic (für 11,5 Mio. DM vom VfB Stuttgart) und der Brasilianer Evanilson (für 8 Mio. DM von Cruzeiro Belo Horizonte) begrüßt werden.

Mit 49,5 Mio. DM verzeichnete der BVB nicht nur die bis dahin höchsten Ausgaben in seiner Vereinsgeschichte, sondern in der Geschichte der Bundesliga überhaupt. Nach acht Spieltagen zierte der BVB die Tabellenspitze. Doch fortan ging es nur noch bergab. Auch in der Champions League, wo der BVB bereits in der Gruppenrunde ausschied, da man von sechs Begegnungen nur eine gewinnen konnte. Als der BVB am 1. Spieltag der Rückrunde daheim gegen den 1. FC Kaiserslautern mit 0:1 unterlag, bedeutete dies das „Aus" für Skibbe. Der Unmut der Fans hatte sich seit dem Herbst immer stärker gegen den jungen Trainer gerichtet.

Erstmals in der bereits 14 Jahre währenden Ära Niebaum kam es nun zum Austausch des Sportlichen Leiters während der Saison. Der Trainer war an einem Fußballsystem gescheitert, in dem Spieler und Medien mehr Macht besaßen als jemals zuvor. Skibbes Nachfolger wurde Bernd Krauss, ein gebürtiger Dortmunder. Doch auch er wusste den zusammengewürfelten Haufen schwarz-gelber Profis nicht auf die Erfolgsspur zurückzuführen. Nur ein „Motivator" konnte diese Mannschaft ohne Teamgeist, ohne stabilisierende Korsettstangen, ja ohne Zukunft noch über die Ziellinie treiben.

Highlight: Gut gefüllte Vereinskasse

Die Geschichte des BVB

Im UEFA-Cup 1999/2000 setzte sich der BVB erst im Elfmeterschießen gegen Glasgow Rangers durch. Hier pariert Lehmann einen Schuss von Reina.

Unter der Regie von Bernd Krauss holte das Team aus elf Bundesligaspielen lediglich vier Punkte. Nach einer peinlichen 1:3-Niederlage am 29. Spieltag gegen den Aufsteiger SpVgg. Unterhaching betätigte der Vorstand ein weiteres Mal die Reißleine. Nur 67 Tage hatte das Engagement von Krauss in seiner Heimatstadt gedauert. Als bereits dritten Trainer der laufenden Saison präsentierte die Vereinsführung einen längst in Pension gegangenen alten Bekannten: Udo Lattek.

Lattek gelang es binnen kürzester Zeit und für einen begrenzten Zeitraum, aus einem Haufen ohne Teamgeist eine schlagkräftige Zweckgemeinschaft zu bilden. Da Latteks Mission auf den Klassenerhalt beschränkt war, konnte der BVB parallel den Neuanfang planen. Mit dem seit nunmehr fast zweieinhalb Jahren berufsunfähigen Europameister Matthias Sammer, der die Hoffnung auf die Fortsetzung seiner Spielerkarriere endgültig begraben hatte, wurde dem erfahrenen Fuchs die Zukunft zur Seite gestellt.

Am vorletzten Spieltag erwartete der BVB ausgerechnet die ebenfalls noch abstiegsbedrohten Schalker. Es blieb dem Routinier Alfred Nijhuis vorbehalten, mit seinem Ausgleichstor in der 82. Minute für den Klassenerhalt zu sorgen. Anstatt um die Meisterschaft mitzuspielen, war das schwarz-gelbe Millionärsensemble knapp am Abstieg vorbeigeschrammt. Es war Borussias schlechteste Saison seit dem Beinahe-Abstieg von 1986.

Ein alter Fuchs als Retter: Udo Lattek.

Highlight: Klassenerhalt

Bayer Leverkusen (hier Ballack und Ramelow, die Ricken in die Zange nehmen) konnte im März 2001 noch im Westfalenstadion gewinnen – viel Arbeit für den neuen Trainer Sammer.

2000 bis 2002 Mit Sammer zu alten Zielen

In sportlicher Hinsicht war mit dem Ende der Ära Hitzfeld ein scharfer Einschnitt erfolgt. Mit Hitzfelds Wechsel zum FC Bayern München (1998) war die Führung im deutschen Fußball wieder an den Rekordmeister zurückgegangen. Während bei den Münchnern, jahrelang als „FC Hollywood" verspottet, auf der Trainerbank und dem Spielfeld Kontinuität eingekehrt war, litt man in Dortmund am Gegenteil. Als der BVB im Sommer 2000 Matthias Sammer zum neuen Cheftrainer berief, war dieser bereits der fünfte Nachfolger des Erfolgscoaches. Sammer predigte totale Disziplin, gegenseitigen Respekt sowie ein Höchstmaß an Identifikation mit dem Verein.

In den Spielzeiten 1998/99 und 1999/2000 hatte der BVB insgesamt 81,7 Mio. DM für 18 neue Spieler ausgegeben und dabei viel Masse und wenig Klasse eingekauft. Im gleichen Zeitraum hatte man fast ebenso viele Akteure von der Gehaltsliste gestrichen. Das ständige Kommen und Gehen hatte den Aufbau einer Struktur und Hierarchie im Team sowie die Entwicklung von Teamgeist erschwert. Zu Beginn der Saison 2000/01 ließ es der Verein zunächst bescheidener angehen. Sunday Oliseh, kam für 15 Mio. DM von Juventus Turin, Heimkehrer Jörg Heinrich für 8 Mio. DM vom FC Florenz. Des Weiteren wurde u.a. das Nachwuchstalent Christoph Metzelder vom Regionalligisten SC Preußen Münster verpflichtet. In der Winterpause wurde dann allerdings mit dem „Wunderkind" Tomas Rosicky von Sparta Prag spektakulär nachgerüstet. Die Verpflichtung des schmächtigen und an den jungen Cruyff erinnernden Tschechen kostete den BVB ca. 29 Mio. DM. Möglich wurde die zu diesem Zeitpunkt teuerste Verpflichtung der Bundesligageschichte durch den Börsengang. Ende Oktober 2000

Highlight: Trainer Matthias Sammer

Amoroso, der teuerste Bundesligaeinkauf aller Zeiten.

hatte die Borussia Dortmund GmbH & Co. KGaA 13,5 Mio. Borussia-Aktien an der deutschen Wertpapierbörse platziert. Die Emissions-Erlöse betrugen nahezu 165 Mio. Euro.

Der BVB mischte im „Schneckenrennen" („Kicker") um die Meisterschaft lange mit. Doch in den Begegnungen mit den anderen Titelanwärtern wurde deutlich, dass es dem Team noch an Stabilität mangelte. So versäumte es der BVB, die notwendigen „Big Points" zu holen. Gegen Schalke gab es daheim eine 0:4-Niederlage, bei Bayern München ein 2:6-Debakel. Der BVB wurde mit 58 Punkten Dritter, fünf Zähler hinter dem neuen und alten Meister FC Bayern und vier Punkte hinter Schalke. Mit Rosicky war endlich wieder ein Stück Spielkultur ins Westfalenstadion eingekehrt, und mit dem Trainer Sammer eine offensivere Spielweise. Beim Zuschauerzuspruch war der BVB mit einem Schnitt von 59.183 wieder deutlich die Nummer eins.

Vor Beginn der Saison 2001/02 investierte der BVB weiter in seinen Kader und übertraf dabei sämtliche Konkurrenten. Borussias Hauptaugenmerk galt dabei der Sturmreihe. Für den tschechischen Nationalspieler Jan Koller vom RSC Anderlecht blätterten die Borussen 21 Mio. DM hin. Dem 2,02 Meter großen Riesen wurden nicht nur Qualitäten als Torjäger, sondern auch als Vorbereiter nachgesagt. Noch weitaus kostspieliger fiel die Verpflichtung des Brasilianers Marcio Amoroso aus, der vom AC Parma kam und mit dessen Erwerb die Borussen in neue Dimensionen vorstießen. Die 50 Mio. DM, die für den brasilianischen Ex-Internationalen vereinbart wurden, waren nicht nur Vereins- sondern auch Bundesligarekord. Da die Borussen im Gegenzug Evanilson abtraten, mussten sie tatsächlich „nur" 15 Mio. DM überweisen. Hinzu kam eine Leihgebühr von 500.000 DM für Evanilson, der fortan zwar dem AC Parma gehörte, aber weiterhin das

Highlights: Rosicky, Koller, Metzelder, Amoroso, Ewerthon

Die Geschichte des BVB

Jubel um die Meisterschaft 2002: Die Fans holen sich das Tornetz als Souvenir, Rosicky und Koller feiern mit der Schale.

Borussen-Trikot tragen sollte. Später stieß noch der erst 19-jährige Brasilianer Ewerthon Henrique de Souza zur Borussia, der vom Sao Paulo Klub Corinthians kam. Nicht Meisterschaft, sondern die Qualifikation für die Champions League lautete das erklärte Saisonziel.

Der BVB schwebte zunächst „scheinbar schwerelos durch die Stadien der Republik" („Kicker"). Nach vier Spieltagen hatten die Schwarz-Gelben noch keinen Punkt abgegeben und noch kein Tor kassiert. Doch in den so genannten „big-points"-Spielen blieben die Borussen dann erneut sieglos. Weder gegen Leverkusen, noch gegen Bayern oder Schalke sollte ihnen in dieser Saison ein Sieg gelingen. Nach dem 31. Spieltag und einer 0:1-Niederlage auf dem Lauterer Betzenberg erklärte Manager Meier das Meisterschaftsrennen für beendet und gratulierte Bayer Leverkusen zur Deutschen Meisterschaft – sehr zum Unwillen des protestierenden Sammer. Der Vorsprung der Leverkusener betrug bei nur noch drei ausstehenden Spielen immerhin fünf Punkte. Doch aus den folgenden beiden Spielen holte der BVB mit Glück und Können sechs Zähler, während Bayer punktlos blieb. Vor dem letzten Spieltag führte Sammers Elf mit einem Punkt vor Bayer und zwei Punkten vor Bayern. Zum ersten Male seit der Saison 1991/92 gab es am letzten Spieltag wieder einen Dreikampf um den Titel. Bayern und Leverkusen gewannen ihre Spiele. Der BVB empfing den SV Werder Bremen und musste zunächst einen Rückstand hinnehmen. Wenige Minuten vor dem Halbzeitpfiff gelang Koller der Ausgleich, was zu diesem Zeitpunkt jedoch nur Rang 3 in der Tabelle hieß. Um exakt 17.01 Uhr markierte der erst 43 Sekunden zuvor eingewechselte Ewerthon mit seinem zweiten Ballkontakt die viel umjubelte 2:1-Führung, die zugleich den Endstand und die sechste Deutsche Meisterschaft bedeutete.

Highlight: Deutsche Meisterschaft 2002

Die Geschichte des BVB

In der Champions League 2001/02 traf der BVB auf den FC Liverpool. Hier Wörns und Owen im Zweikampf.

Nur zwei Jahre nach seinem Beinahe-Abstieg aus der 1. Bundesliga stand der BVB wieder an der Spitze des deutschen Fußballs, auch für die BVB-Macher schneller als erwartet. So hatte Manager Meier das Team für „von der Altersstruktur her noch nicht reif für den Meistertitel" erklärt.

Die Rückkehr an die Spitze hatte mit dem Börsengang vom 1. November 2000 begonnen. Einen guten Teil des Erlöses von 165 Mio. Euro hatte der BVB in Kickerbeine investiert und dabei zwar teuer, aber auch klug eingekauft. Seit 2000 wurden 70 Mio. Euro für die Erneuerung der Mannschaft ausgegeben. Der BVB hatte die Meisterschaft mit einer gesunden Mischung aus Routiniers, aufstrebenden und selbstbewussten deutschen Akteuren wie Kehl und Metzelder, den tschechischen Genies Koller und Rosicky sowie brasilianischen Samba-Kickern gewonnen. In Anbetracht der relativ großen Zahl junger Spieler mit länger laufenden Verträgen ein Team mit Zukunft, das noch lange nicht sein Limit erreicht hat.

Als Vater des Erfolges wurde aber Matthias Sammer geortet, der mit seinen 34 Jahren als jüngster „Meistermacher" in die Geschichte der Bundesliga einging. Mit dem ehrgeizigen und willensstarken Sammer hatte die Vereinsführung einen Trainer gefunden, der exakt ihrer Philosophie entsprach.

Auch auf der europäischen Bühne machte sich der BVB in dieser Saison wieder bemerkbar, wenngleich er in der Champions League zunächst stolperte. Wie schon beim letzten Auftritt 1998/99 scheiterte man bereits in der ersten Runde der Gruppenspiele, so dass die Borussen erneut mit dem UEFA-Cup vorlieb nehmen mussten. Hier qualifizierte man sich allerdings über die Stationen FC Kopenhagen, OSC Lille, Slovan Liberec und AC Mailand für das Finale.

Einen unvergesslichen Auftritt hatte das Team beim Halbfinalhinspiel ge-

Highlight: UEFA-Cup-Endspiel 2002

BVB-Neuzugang Torsten Frings (Foto links) spielte wie auch die Borussen Metzelder und Kehl eine hervorragende WM 2002. Die BVB-Fans glauben an weitere Sternstunden.

gen Mailand, das Erinnerungen an das legendäre Benfica-Spiel aus dem Jahr 1963 wach rief. Die 90 Minuten gerieten zur Amoroso-Gala. Der Brasilianer steuerte drei Treffer zum grandiosen 4:0-Sieg bei. Trotzdem wurde das Rückspiel im Meazza-Stadion zur Zitterpartie für die Borussen. Die Gastgeber führten mit 3:0, bevor Ricken mit dem Ehrentreffer seine Farben erlösen konnte.

Im Finale traf der BVB auf Feyenoord Rotterdam. Durch die frühzeitige Vergabe des Endspielorts ins Rotterdamer Stadion „de Kuip" besaßen die Niederländer einen Heimvorteil. In seinem letzten Spiel im BVB-Trikot geriet Jürgen Kohler zur tragischen Gestalt. Nach einem schweren Lapsus wusste sich der „Fußball-Gott" nur noch mit der Notbremse zu helfen, die der Schiedsrichter mit einem Elfmeter und der Roten Karte quittierte. Die zahlreich mitgereisten Borussen-Fans verabschiedeten ihr Idol mit Sprechchören. Die Schwarz-Gelben mühten sich redlich und waren über weite Strecken die bessere Mannschaft. Amoroso und der überragende Koller konnten zweimal einen Zwei-Tore-Rückstand verkürzen, doch am Ende fehlten den in Unterzahl kickenden Schwarz-Gelben die notwendige Kraft und das notwendige Glück, um das Blatt noch einmal zu wenden. Die Gastgeber gewannen mit 3:2.

Nichtsdestotrotz versammelten sich am folgenden Tag über 100.000 Menschen auf den Straßen und Plätzen Dortmunds, um ihren Helden einen triumphalen Empfang zu bereiten. Borussia Dortmund war wieder in die nationale und internationale Spitze zurückgekehrt.

Highlights: Beste Aussichten

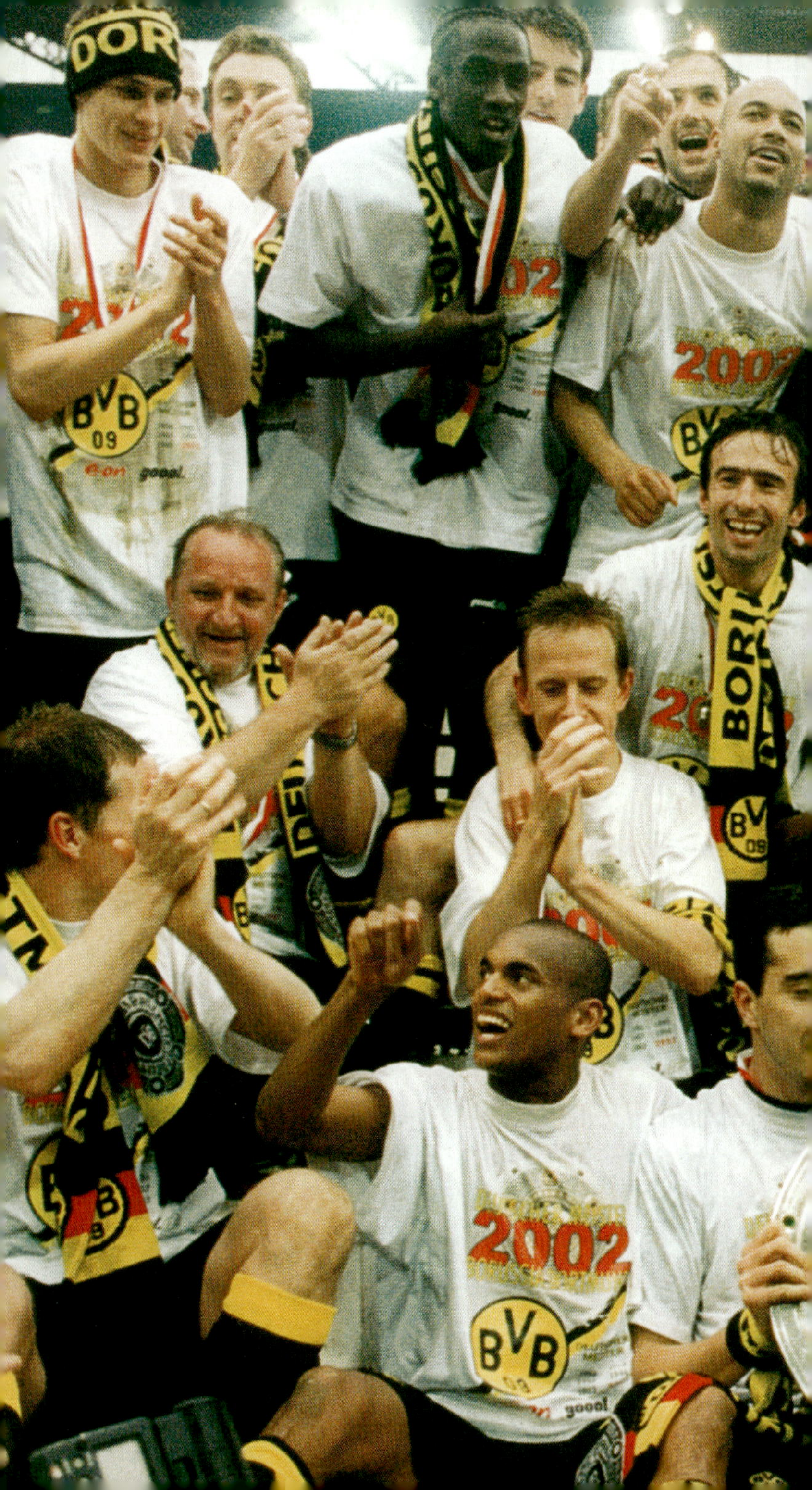
DOR
2002
BVB
09

Der BVB von A bis Z

A-Z

Abramczik, Rüdiger. Der Schalker „Flankengott" kam 1980 nach Dortmund und kostete den BVB 1,1 Mio. DM Ablöse, ein Notverkauf Schalkes, der die Königsblauen vor dem Konkurs retten sollte. Der FC Bayern kam 14 Tage zu spät. Abramczik war einer der letzten waschechten Straßenfußballer, die das Revier hervorgebracht hat. Vater Abramczik: „Als Rüdiger fünf bis sechs Jahre alt war, da haben wir zusammen schon ein bisschen gegen den Ball getreten. Hier bei uns auf dem Hof, da ist praktisch ein Rasen, fast ein Fußballplatz. Die Häuser, die sind im Quadrat um den Fußballplatz herumgebaut. Und dann haben die Kinder damals hier untereinander gespielt."
★ *18.2.1956. 316 Bundesligaspiele / 77 Tore, davon 90 Spiele / 30 Tore für den BVB (1980-83). 19 A-Länderspiele / 2 Tore (bei Schalke 04).*

Abstiege. Der BVB stieg in seiner bisherigen Geschichte viermal ab: 1919/20 wurde der BVB durch die Einführung einer neuen Eliteliga zweitklassig. 1926/27 stieg er regulär von der 1. in die 2. Bezirksliga ab. 1929/30 wurde der Verein durch eine Neugliederung des Ligenwesens sogar zur Drittklassigkeit verdammt. 1971/72 erfolgte der Abstieg von der Bundesliga in die Regionalliga West.

Ackermann, Klaus. Der gebürtige Hammenser (Stammverein

Stichtag für alle statistischen Daten ist der 30. Juni 2002.

TuS Germania Hamm) kam 1974 vom 1. FC Kaiserslautern. Seine Bundesligakarriere begann Ackermann 1967 bei Borussia Mönchengladbach. Am Wiederaufstieg des BVB 1976 beteiligt.
★ *20.3.1946. 260 Bundesligaspiele / 31 Tore, davon 43 Spiele / 1 Tor für den BVB (1976-79). In der 2. Bundesliga Nord 56 Spiele / 8 Tore (1974-76).*

Addo, Otto. Der feine Techniker, der seine Karriere beim VfL 93 Hamburg begann, kam zur Saison 1999/2000 für nur 500.000 DM vom damaligen Zweitligisten Hannover 96. Addo avancierte mit seinen Dribbelkünsten schnell zu einem Publikumsliebling. In der Saison 2001/02 warf ihn eine Verletzung erst einmal zurück.
★ *9.6.1975. 62 Bundesligaspiele / 11 Tore für den BVB (ab 1999). Mit dem BVB Deutscher Meister 2002. 9 A-Länderspiele für Ghana.*

Amateure. Die „Amateure" des BVB sind drittklassig und spielen mit der Saison 2002/03 wieder in der Regionalliga Nord. Höher kann das Team wegen seines Amateurstatus' nicht hinaus. Ihre Heimspiele tragen die „Amateure" in der Roten Erde aus. Trainer ist Horst Köppel, der von 1988 bis 1991 bereits die Profis trainierte.

Amoroso, Marcio. Kam zur Saison 2001/02 für 25 Mio. Euro vom AC Parma und war damit der teuerste Einkauf der Bundesligageschichte. Allerdings wurde die tatsächlich zu zahlende Summe dadurch stark verringert, dass der BVB im Gegenzug Evanilson an Parma abtrat. Amoroso spielte bis 1992 und von 1994 bis 1995 für den brasilianischen Heimatklub Guarani. Zwischenzeitlich hatte er sich in der japanischen „J-League" für Verdy Kawasaki verdingt. In der Saison 1995/96 kickte Amoroso für den Rio-Klub Flamengo. Anschließend wechselte er in die italienische Serie A, wo sich Udinese Calcio seine Dienste sicherte. Für Udinese bestritt Amoroso bis 1999 109 Meisterschaftsspiele (46 Tore). 1999 wechselte Amoroso für 48 Mio. DM von Udinese zum AC Parma, auch damals in einem Tauschgeschäft (Parma trat für 16 Mio. DM Stefano Fiore an den Ligakonkurrenten ab.)

Ex-Borussen-Trainer Nevio Scala über Amoroso: „Er ist ein sehr erfahrener Strafraumspieler. Wendig, elegant und technisch stark. Wie früher Gerd Müller." Mit seinem divenhaften Auftreten sorgte Amoroso in Dortmund allerdings bisweilen für Unruhe. Sein Trainer Matthias Sammer: „Es gibt keine Fußballgesetze, die auf Marcio zutreffen. Ich darf seine Mentalität nicht verbiegen und muss gleichzeitig versuchen, ihm den Teamgedanken noch näher zu bringen."

Mit 18 Treffern (darunter 7 verwandelte Elfmeter) und 9 verwerteten Vorlagen führte Amoroso am Ende der Saison 2001/02 sowohl die Torschützen- wie die Scorer-Liste der Bundesliga an und hatte somit großen Anteil am sechsten Titelgewinn der Schwarz-Gelben. Amoroso war der erste Brasilianer, der Bundesligatorschützenkönig wurde. Zuvor hatte er die Auszeichnung zum besten Ligaschützen bereits in seinem Heimatland, in Japan und Italien gewonnen.

Trotz seiner Erfolge im Trikot des BVB nahm ihn Brasiliens Nationaltrainer Luis Felipe Scolari nicht mit zur WM 2002. Auch eine von der BVB-Fan-Seite schwatzgelb.de initiierte E-Mail-Kampagne, an der sich Tausende beteiligten und die den Server des brasilianischen Fußballverbands zweimal zusammenbrechen ließ, konnte Scolari nicht zum Einlenken bewegen.

★ *5.7.1974. 31 Bundesligaspiele / 18 Tore für den BVB (2001/02). Bundesligatorschützenkönig 2002. Mit dem BVB Deutscher Meister 2002. 16 A-Länderspiele für Brasilien.*

Anderbrügge, Ingo. Ein Junge des Ruhrgebiets. Kam 1985 von Germania Datteln via SpVg. Erkenschwick und belebte das offensive Mittelfeld der Borussen. Verließ Dortmund, nachdem er nach einer Verletzung unter Trainer Saftig keine Perspektive mehr sah. Wurde anschließend zu einer wichtigen Spielerpersönlichkeit bei Schalke 04.
★ 2.1.1964. *294 Bundesligaspiele / 53 Tore, davon 76 Spiele / 7 Tore für den BVB (1985-88).*

Assauer, Rudi. Kam 1964 von der SpVg. Herten. Hatte seinen Einsatz im Europapokalfinale 1966 einer Verletzung der Defensiv-Stammkraft Friedhelm Groppe zu verdanken. 1970 wurde Assauer aus finanziellen Gründen an Werder Bremen verkauft. Heute ist der passionierte Zigarrenraucher mit dem gegelten Haupt Manager beim FC Schalke 04.
★ *30.4.1944. 307 Bundesligaspiele / 12 Tore, davon 119 Spiele / 8 Tore für den BVB (1964-70). Mit dem BVB DFB-Pokalsieger 1965 und Europapokalsieger 1966.*

> **EINWURF**
>
> „Ich habe Herrn Assauer nie als Kaschmirproleten bezeichnet. Ich habe Herrn Assauer Kaschmirhooligan genannt."
> *Michael Meier, Manager von Borussia Dortmund, über seinen Schalker Amtskollegen*

■ **Aufstiege.** Der BVB durfte in seiner Geschichte bislang sechs Aufstiege feiern. 1911/12: Aufstieg in die B-Klasse. 1913/14; Aufstieg in die A-Klasse. 1925/26: Aufstieg in die 1. Bezirksklasse. 1929/30: Aufstieg in die 1. Bezirksklasse. 1935/36: Aufstieg in die Gauliga Westfalen. 1975/76: Aufstieg in die 1. Bundesliga. 1946/47 konnte er sich für die Oberliga West qualifizieren, 1962/63 für die Bundesliga.

■ **Ausländer.** Gab es beim BVB zunächst nur als Trainer, und hier auch nur als Österreicher. In der Spielzeit 1936/37 wurde der BVB vom Wiener Ferdi Swatosch trainiert, dem dessen Landsmann Willy Sevzik folgte. 1948/49 bis 1950/51 war Edy Havliczek BVB-Trainer, 1958/59 bis 1960/61 Max Merkel.

Der erste ausländische Spieler beim BVB war in der Saison 1973/74 der aus der CSSR geflüchtete Joschi Votava, dem bald auch sein Bruder Mirko folgte. Die Votavas wurden einige Jahre später eingebürgert. Auch Borussias erster ausländischer „Promi" war ein „Ostblock-Flüchtling": 1974/75 schloss sich der Ungar Zoltan Varga dem BVB an. Seither kickten folgende Ausländer beim BVB: Edvaldsson (Island), Chapuisat, Egli (Schweiz), Feiersinger (Österreich), Sosa (Uruguay), Sousa (Portugal), Rodriguez, Fernandez (Argentinien), Decheiver, Nijhuis (Niederlande), McLeod, Lambert, Booth (Schottland), Cesar, Dede, Evanilson, Ewerthon, Amoroso (Brasilien), Barbarez, Kapetanovic (Bosnien-Herzegowina), Addo, Mallam, Tanko (Ghana), Stevic (Jugoslawien), Ikpeba, Oliseh (Nigeria), Sörensen (Norwegen), Pedersen (Schweden), Casey, Kirovski (USA), Zelic (Australien), Povlsen (Dänemark), Gorlukowitsch, But (Russland), Raducanu (Rumänien), Keser (Türkei), Madouni (Frankreich), Salou (Togo).

Ausländische Trainer beim BVB außer den bereits genannten Österreichern: Bedl (Ungarn), Zebec (Jugoslawien), Csernai (Ungarn) und Scala (Italien).

Barbarez, Sergej. Der Bosnier kam zur Saison 1998/99 zum BVB. Der im Mittelfeld wie im Sturm verwendbare bosnische Nationalspieler spielte zuvor bei Hansa Rostock. Für den Ostseeverein hatte er in der Saison 1997/98 12 Treffer erzielt. In Dortmund kam er nur auf 6 Tore in zwei Spielzeiten. Sein unsteter Lebenswandel war den BVB-Verantwortlichen ein Dorn im Auge. Auch die Südtribüne wurde mit ihm nicht warm. Zur Saison 2000/01 wechselte Barbarez zum Hamburger SV, wo er Bundesligatorschützenkönig wurde.

★ *17.9.1971. 150 Bundesligaspiele / 48 Tore, davon 36 Spiele / 6 Tore für den BVB (1998-2000). 15 A-Länderspiele für Bosnien-Herzegowina.*

de Beer, Wolfgang. Der gelernte Schreiner „Teddy" kam zur Saison 1986/87 vom MSV Duisburg, als Ersatztorwart für Rolf Meyer. Aufgrund einer Verletzung von Meyer wurde de Beer Stammkeeper. In der Saison 1991/92 wurde er von Stefan Klos als Nr. 1 verdrängt. Hitzfeld über de Beer: „Es ist beruhigend zu wissen, dass ein solcher Klassemann für den Fall der Fälle auf der Bank sitzt." De Beer beendete seine Karriere beim BVB nach 15 Jahren im Sommer 2001. Mit Möller und Zorc war de Beer der einzige Spieler, der sowohl den Pokalsieg von 1989 wie die großen Triumphe in den 90ern miterlebte.

★ *2.1.1964. 181 Bundesligaspiele / 0 Tore für den BVB (1986-2001). Mit dem BVB Deutscher Meister 1995 und 1996, DFB-Pokalsieger 1989, Champions-League-Sieger 1997 und Weltpokalsieger 1997.*

■ **Benfica.** In der Saison 1963/64 empfing der BVB im Achtelfinale des Europapokals der Landesmeister das „Wunderteam" von Benfica Lissabon, das diesen Wettbewerb 1961 und 1962 gewonnen hatte. Mit 43.000 Zuschauern war die Kampfbahn Rote Erde hoffnungslos überfüllt. Der in goldenen Satin-Trikots aufgelaufene BVB spielte sich in einen Rausch und gewann durch Tore von Franz Brungs (3), Timo Konietzka und Reinhold Wosab sensationell mit 5:0. Der Trainer hieß damals Herrmann Eppenhoff. Die Begegnung gegen Benfica gilt als die legendärste, die in der Roten Erde je ausgetragen wurde. Mindestens 200.000 wollen dabeigewesen sein.

Bertram, Horst. Der gebürtige Münsteraner (Stammverein: SC Münster 08) kam 1971 zum BVB, als der erste Keeper noch Jürgen Rynio hieß. In der Zweitklassigkeit wurde Bertram zur Nr.1. Am Wiederaufstieg 1976 beteiligt.
★ *16.11. 1948. 94 Bundesligaspiele / 0 Tore für den BVB (1976-1979). In der Regionalliga West und 2. Bundesliga Gruppe Nord 134 Spiele / 0 Tore für den BVB (1972-1976).*

■ **B.E.S.T.** Im Februar 2000 gründete der BVB mit der Euro Lloyd Reisekette das Reisebüro B.E.S.T. Das Kürzel steht für Borussia.Euro. Lloyd.Sports.Travel. Der BVB ist an diesem Unternehmen mit 51% beteiligt. Neben allgemeinen Reisebürodiensten bietet B.E.S.T. die Konzeption, Planung und Durchführung von Veranstaltungen, Tagungen und Kongressen an. Der Kundenkreis von B.E.S.T. erstreckt sich neben Mannschaft, Betreuern, Fans und Vereinsmitgliedern insbesondere auf Geschäftspartner und Sponsoren des BVB.

■ **Blau-Weiß.** Bei aller Rivalität gab es zwischen dem BVB und Schalke 04 auch einen regen Personaltransfer. Vier ehemalige Schalker verdingten sich beim BVB als Trainer: Ernst Kuzorra und dessen Schwager Fritz Thelen waren in den 1930ern Borussias erste „professionelle" Trainer und wirkten beim BVB als „Entwicklungshelfer". In der Saison 1946/47 trainierte Thelen die Borussen ein weiteres Mal. Von 1951/52 bis 1953/54 saß Hans „Bumbes" Schmidt auf der Trainerbank, der Schalke 1933/34,

...war plötzlich königsblau: Andreas Möller.

1934/35 und 1936/37 zur Deutschen Meisterschaft geführt hatte. Von 1961/62 bis 1964/65 hieß der BVB-Trainer Hermann Eppenhoff, als Spieler mit Schalke dreimal Deutscher Meister. Eppenhoff war der erfolgreichste aller Ex-Schalker beim BVB.

Als Spieler kickten folgende Ex-Schalker für den BVB: Reinhard Libuda (1965-68), Rüdiger Abramczyk (1980-83), Uli Bittcher (1983-87), Steffen Freund (1993-98), Heinz Kwiatkowski (1953-64) und Rolf Rüssmann (1980-83). Den BVB verließen in umgekehrter Richtung ebenfalls Libuda sowie u.a. Ingo Anderbrügge und Andreas Möller.

■ **Bobic, Fredi.** Nach fünf Jahren beim VfB Stuttgart, bei dem er 1996 Bundesligatorschützenkönig wurde, wechselte Bobic zur Saison

1999/00 zum BVB, um Stephane Chapuisat zu beerben. Doch der Ex-Nationalspieler konnte an seine glorreichen Zeiten bei den Schwaben nicht anknüpfen. Beim BVB fiel sein Torquotient deutlich niedriger aus. Dabei machten Bobic auch die Ansprüche des Dortmunder Publikums an seine Stürmer zu schaffen: „Niederlagen werden von den Leuten hier persönlich genommen. Manchmal habe ich das Gefühl, ich müsste mich persönlich entschuldigen, wenn ich einen Ball nicht reingemacht habe." Nach der Saison 2000/01 wechselte Bobic, bei Matthias Sammer in Ungnade gefallen, in die englische Premier League.

★ *30.10.1971. 201 Bundesligaspiele / 86 Tore, davon 56 Spiele / 17 Tore für den BVB (1999-2001). 19 A-Länderspiele (für den VfB Stuttgart)*

■ **Börse.** Im Oktober 2000 ging der BVB als erster Bundesligaverein an die Börse. Die Borussia Dortmund GmbH & Co. Kommanditgesellschaft auf Aktien platzierte 13,5 Mio. Borussia-Aktien an der deutschen Wertpapierbörse. Die vom BVB gewählte Form der KgaA bedeutet, dass die Aktieneigentümer kein Stimmrecht besitzen.

Geschäftsführer der Borussia Dortmund GmbH & Co. KgaA sind Gerd Niebaum, zugleich Vorsitzender der Geschäftsführung, und Michael Meier. Zur Begründung des Börsengangs hieß es, es gebe keine Alternative, „wenn man nicht von der Industrie unterstützt wird wie Leverkusen und Wolfsburg oder keine 30 Jahre anhaltende Erfolgsstory wie der FC Bayern schreibt und darüber hinaus über ein Netzwerk aus Politik und Wirtschaft verfügt" (Niebaum). Der Börsengang stärke die Unabhängigkeit des BVB. Der Ausgabekurs des Papieres betrug 11 Euro, sackte allerdings schnell deutlich darunter. Heute bewegt er sich um die 5 Euro. Die Emissions-Erlöse wurden mit 165 Mio. € beziffert. Als Unternehmensziele nennt die KgaA: „Borussia Dortmund will sich langfristig an der Spitze des nationalen und internationalen Profifußballs etablieren. Dabei verfolgt der BVB die Doppelstrategie ‚Investitionen in Steine und Beine'. Durch die Investitionen in ‚Beine' soll der sportliche Erfolg stabilisiert und die Mannschaft verstärkt werden. (…) Durch Investitionen in ‚Steine' sollen fußballnahe Geschäftsfelder auf- und ausgebaut werden."

Der Börsengang leitete die Rückkehr der Mannschaft an die nationale Spitze ein, durch kluge Investitionen in Kickerbeine. Außerdem investierte der BVB 9,2 Mio. Euro, um seine Beteiligung am Westfalenstadion von 28,8 auf 75% zu erhöhen. Zu den fußballnahen Geschäftsfeldern gehören gooool.de (Sportbekleidung, BVB-Beteiligung: 100%), Sports & Bytes (Internetfirma, BVB-Beteiligung: 50%), B.E.S.T. – Borussia.Euro.Lloyd. Sports. Travel (Reiseunternehmen, BVB-Beteiligung: 51%) und Orthomed GmbH (Medizinisches Leistungs- und Rehabilitationszentrum, BVB-Beteiligung: 33,4%). Im Gastronomiebereich kommt noch das Romantik-Hotel Lennhof hinzu.
Internet: www.borussia-aktie.de

Der Borsigplatz feiert den BVB.

■ **Borsigplatz.** Die Gegend um den im Nordosten Dortmunds gelegenen Borsigplatz, wo viele Hoescharbeiter siedelten, gilt als Wiege des BVB. Ende des 19. Jahrhunderts war hier – parallel zum Aufschwung der Stahlindustrie – eine Stadt in der Stadt entstanden.

Bis zur Machtergreifung durch die Nazis galt der Borsigplatz als „rot". Einen bedeutenden Einfluss übte aber auch die katholische Kirche aus. „BVB" wurde auch schon mal mit „Borussia vom Borsigplatz" oder „Ballspielverein vom Borsigplatz" übersetzt.

■ **Borussia.** Lateinisch für Preußen. Mit Vereinsnamen wie Borussia, Preußen, Westfalia oder Rhenania wurde zur Zeit der BVB-Gründung die Verbundenheit mit einer bestimmten Region ausgedrückt. Im Falle des BVB gestaltet sich die Sache möglicherweise schlichter: Als die Gründer im Hinterzimmer der Gaststätte „Zum Wildschütz" tagten und über einen geeigneten Vereinsnamen grübelten, fiel der Blick des Vereinsgründers Jacobi auf ein Emailleschild der Brauerei „Borussia", deren Bier hier ausgeschenkt wurde. Die Brauerei befand sich in der Nähe des Borsigplatzes (Steigerstraße).

■ **Bracht, Helmut.** „Jockel", wie der Spieler in seiner Heimat am Borsigplatz gerufen wurde, begann seine Laufbahn beim BVB-Nachwuchs. Doch bevor er für die 1. Mannschaft kickte, wechselte er zum Vorortverein BV Brambauer und von dort zur SpVgg. Herten. 1954 kehrte Bracht zum Borsigplatz zurück. Im Borussen-Mittelfeld beerbte er den Alt-Internationalen Erich Schanko. Neben Willi Burgsmüller ist Bracht der einzige Borusse, der bei allen drei früheren Meisterschaften (1956, 1957 und 1963) dabei war. Insgesamt stand

Helmut Bracht

„Jockel" 243-mal für die Borussen auf dem Platz (inkl. Endrundenspiele zur Deutschen Meisterschaft und Europapokal) und schoss dabei 8 Tore. Bracht zählt zu den „vergessenen Nationalspielern" des BVB. Nach dem Ende seiner aktiven Laufbahn diente Bracht dem BVB u.a. als Fußballobmann. Bracht war einer der ersten Kicker, der sich noch während seiner Laufbahn beruflich selbstständig machte. 1957 bekam der gelernte Mineralölkaufmann die General-Agentur der Deutschen Shell in Dortmund angetragen, was ihm den Spitznamen „Ölprinz" einbrachte. Später baute er einen Betrieb für Rohrreinigung auf. Bracht war viele Jahre Vorsitzender des Ältestenrats.

★ *11.9.1929. 11 Bundesligaspiele / 0 Tore (1963-64) und 195 Oberligaspiele / 57 Tore (1954-63) für den BVB. Mit dem BVB Deutscher Meister 1956, 1957 und 1963.*

EINWURF

„Der Fußball hat uns geformt. Uns Disziplin beigebracht, Teamgeist. Vor allem aber die Erkenntnis: Allein bist du eine Pflaume."
Helmut Bracht

■ **Brackeler Straße.** 1959 erhielt der BVB an der Brackeler Straße eine eigene Sportanlage. 22 Jahre nach seiner Vertreibung von der „Weißen Wiese" hatte der Verein damit wieder eine eigene Anlage im Nordosten der Stadt, wo einst die Wiege des BVB stand. Die BVB-Anlage lag gegenüber vom Hoeschpark, unweit vom Borsigplatz und der ehemaligen „Weißen Wiese".

Als der BVB 1974 vor dem Konkurs stand, sah sich der Verein zum Verkauf der Anlage genötigt. Die Stadt Dortmund erwarb das Gelände für einen Millionenbetrag und integrierte es in ihre Wirtschaftsförderung. Heute steht dort der Metro-Supermarkt.

■ **Brasilianer.** In der Saison 2001/02 war der BVB der Bundesligaverein mit den meisten Brasilianern (4), gefolgt von Bayer Leverkusen (3). Am Ende der Spielzeit belegten die beiden Klubs die Plätze 1 und 2. Der erste Brasilianer im BVB-Trikot war 1994 Julio Cesar. Es folgten Dede (1998), Evanilson (1999), Amoroso und Ewerthon (2001). Mit Marcio Amoroso wurde 2001/02 erstmals ein Brasilianer Bundesliga-Torschützenkönig.

Präsident Niebaum nach dem Gewinn der Deutschen Meisterschaft 2002: „Ohne unsere Brasilianer wäre die Meisterschaft nicht möglich gewesen. Sie verleihen uns einen gewissen Glanz. Sie haben mit ihrer Spielkunst und ihren Toren einen erheblichen Anteil an dem Erfolg." Amoroso und Ewerthon kamen addiert auf 28 Treffer und schossen damit 45 Prozent der 62 Dortmunder Tore.

Breer, Ernst. Der in Werne a.d. Lippe geborene Unternehmer war fast 15 Jahre Vizepräsident der Borussia, bevor er nach langer schwerer Krankheit starb. In Breers Amtszeit fielen der DFB-Pokalsieg 1989, die Deutschen Meisterschaften 1995 und 1996, der Gewinn der Champions League und des Weltpokals 1997, der Ausbau des West-

53

falenstadions und der Börsengang des Vereins. Breers Aufmerksamkeit galt aber auch der Handballabteilung des BVB. 1998 ehrten ihn die Mitglieder des Vereins als „Borussen des Jahres". BVB-Präsident Gerd Niebaum über seinen langjährigen Mitstreiter: „Er war hinter den Kulissen für den Erfolg des BVB ungemein wichtig. Einer, der mit unternehmerischem Weitblick und mit großer persönlicher Integrität maßgebliche Weichen gestellt hat. Es gehört zu seiner Größe und Souveränität, dass er seine große Bedeutung für den BVB nie in den Vordergrund gestellt hat – im Gegenteil. Aber seine Leistung war ein wichtiger Schlüssel für den Erfolg von Borussia Dortmund." Wie Niebaum war auch Breer ein Verfechter der Strategie des „Sanieren durch Investieren": „Wir müssen mutige Entscheidungen treffen, um den Verein nach vorne zu bringen."
★ *4.11.1935, gest. 2001*

Breitzke, Günter. Kam 1988 für 33.000 DM Ablöse vom Verbandsligisten SC Brück. Seine ersten drei Tore für den BVB schoss er beim 6:0-Sieg der Borussen am 26. November 1988 gegen Eintracht Frankfurt.
★ *29.6.1967. 89 Bundesligaspiele / 18 Tore für den BVB (1988-92). Mit dem BVB DFB-Pokalsieger 1989.*

Brungs, Franz. Der Stürmer kam 1963, also zum Start der Bundesliga, von Borussia Mönchengladbach. Ein Spiel machte ihn beim BVB „unsterblich": Das „Goldköpfchen" erzielte beim legendären 5:0-Sieg gegen das europäische Top-Team Benfica Lissabon (1963/64) innerhalb von nur zwölf Minuten drei Tore. Wechselte 1965 zum 1. FC Nürnberg, wo er seine erfolgreichste Zeit erlebte und 1968 Deutscher Meister wurde. Anschließend ging Brungs noch für Hertha BSC auf Torejagd.
★ *4.12.1936. 235 Bundesligaspiele / 97 Tore, davon 54 Spiele / 23 Tore für den BVB (1963-65). Mit dem BVB DFB-Pokalsieger 1965.*

Bücker, Theo. Kam zum BVB 1969. Gehörte in der Abstiegssaison 1971/72 zu den wenigen bundesligatauglichen Spielern und Hoffnungsträgern im BVB-Kader. Wurde in der Saison 1973/74 an den MSV Duisburg verkauft, damit der BVB die Gehälter der anderen Spieler bezahlen konnte.
★ *10.7.1948. 235 Bundesligaspiele / 46 Tore, davon 62 Spiele / 13 Tore für den BVB (1969-72). In der Regionalliga-West 50 Spiele / 19 Tore für den BVB (1972-74).*

■ **Bundesliga.** Am 28. Juli 1962 beschloss der Bundestag des DFB im Goldsaal der Dortmunder Westfalenhalle die Einführung einer zentralen obersten Liga, genannt Bundesliga, mit der Saison 1963/64. Zu den 16 Gründungsmitgliedern gehörte auch der BVB, während der FC Bayern damals abgewiesen wurde. Der Startschuss zur ersten zentralen Liga in der Geschichte des deutschen Fußballs erfolgte am 14. August 1963. Der BVB trat an diesem Tag im Bremer Weserstadion gegen den SV Werder an. Borussias Timo Konietzka blieb es vorbehalten, bereits nach weniger als einer Minute das erste Tor in der Geschichte der Bundesliga zu schießen. Der SV Werder gewann trotzdem mit 3:2. 1965/66 wurde der BVB Vizemeister, 1991/92 ebenso. Dazwischen lag u.a. der Abstieg aus der Bundesliga 1971/72, dem vier Jahre in der Zweitklassigkeit folgten. Der Wiederaufstieg gelang in der Saison 1975/76, als der BVB zunächst in der 2. Bundesliga Nord Zweiter wurde und die anschließenden Relegationsspiele gegen den 1. FC Nürnberg, Zweiter der Südgruppe, mit 1:0 und 3:2 gewann.

In der Saison 1985/86 schrammte der BVB nur um Haaresbreite am zweiten Abstieg vorbei. Als Drittletzter musste der BVB insgesamt drei Relegationsspiele gegen Fortuna Köln bestreiten. In den Spielzeiten 1968/69 und 1984/85 gelang der Klassenerhalt jeweils erst am letzten Spieltag.

Seinen ersten Deutschen Meistertitel seit Einführung der Bundesliga gewann der BVB erst in der Saison 1994/95. Es folgten die Titel 1995/96 und 2001/02. Bis heute ist der BVB der einzige Klub aus dem Revier, der nach Einführung der Bundesliga die Deutsche Meisterschaft erringen konnte. „Auf Schalke" wurde eine solche zwar 2001 gefeiert, doch war den Fans von Herne-Ost entgangen, dass auf einem anderen Platz noch weitergespielt wurde.

In der „Ewigen Tabelle" der Bundesliga belegt der BVB den 8. Platz, hinter dem FC Bayern München, Hamburger SV, SV Werder Bremen, 1. FC Köln, 1. FC Kaiserslautern, VfB Stuttgart und Borussia Mönchengladbach. In 1.220 Spielen gab es 513 Siege, 311 Unentschieden und 396 Niederlagen (= 1.850 Punkte). Das „ewige" Torverhältnis beträgt 2.133:1.841. Der FC Schalke 04 rangiert zwei Plätze hinter dem BVB. In der Liste der Bundesligameister belegt der BVB mit drei Meisterschaften hinter dem FC Bayern (16) und Borussia Mönchengladbach (5) den 3. Platz – gemeinsam mit dem SV Werder Bremen und dem Hamburger SV. Von bislang insgesamt 39 Spielzeiten war der BVB 35 dabei.

Burgsmüller, Manfred. Kam 1976 von Rot-Weiß Essen. Mit 135 Toren der Rekordtorschütze des BVB in der Bundesliga. Auch im DFB-Pokal mit 23 Toren in 26 Spielen sehr erfolgreich. Wurde 1988 im betagten Alter von 38 Jahren mit Werder Bremen Deutscher Meister, nachdem er zwischenzeitlich im Trikot von Rot-Weiß Oberhausen Zweitliga-Torschützenkönig geworden war. Im Alter von 40 Jahren beendete Burgsmüller seine Bundesligakarriere. Der eigenwillige Blondschopf absolvierte lediglich drei A-Länderspiele, davon das erste Ende 1977, nachdem die Südtribüne auch für den Bundestrainer unüberhörbar „Manni für Deutschland" skandiert hatte. „Manni" hatte mit Bundestrainer Helmut Schön gewisse Probleme. Schön ermahnte Burgsmüller, er möge auf dem Teppich bleiben. Der Spieler antwortete: „Ich dachte, wir spielen auf Rasen!"

Nach dem Ende seiner Soccer-Karriere wechselte Burgsmüller zum American Football und entwickelte sich zum erfolgreichsten deutschen Kicker in der NFL. Burgsmüller spielte für den NFL-Europe-Klub Rhine Fire Düsseldorf und machte American Football in der Landeshauptstadt zur beliebtesten Sportart und zum Publikumsmagneten. 2002 beendete er 52-jährig seine zweite Karriere. Zu diesem Zeitpunkt war Burgsmüller der älteste Profifootballer der Welt.
★ *22.12.1949. 447 Bundesligaspiele / 213 Tore, davon 224 Spiele / 135 Tore für den BVB (1976-83). 3 A-Länderspiele.*

Burgsmüller, Willi. Der antrittsschnelle Burgsmüller kam 1950 zum BVB, fühlte sich jedoch zunächst überfordert und kehrte zu seinem Stammverein Westfalia Huckarde zurück. Mit der Saison 1951/52 wagte er dann einen zweiten Versuch im Oberligakader des BVB. Der Durchbruch gelang ihm allerdings erst 1953. Mit Helmut Bracht war Burgsmüller der einzige BVB-Spieler, der an allen drei Deutschen Meistertiteln zu Oberligazeiten beteiligt war. 1963 war er sogar Kapitän der Meisterelf und musste aufgrund einer Verletzung mit einem Kopfverband spielen. Burgsmüller absolvierte trotzdem die volle Distanz. Der exzellente Verteidiger zählt zu den „vergessenen Nationalspielern" des BVB, die unter Herberger keine Berücksichtigung fanden. Burgsmüller beendete seine Karriere verletzungsbedingt nach der ersten Bundesligasaison.
★ *18.11.1932. 222 Oberligaspiele / 0 Tore (1951-1963) und 19 Bundesligaspiele / 0 Tore (1963-1964) für den BVB. Mit dem BVB Deutscher Meister 1956, 1957 und 1963.*

Busse, August. BVB-Präsident von 1928 bis 1933 und 1934 bis 1945. Kam vom Sportklub Britannia zur Borussia. Von 1911 an in der 1. Mannschaft des BVB, in den 1920ern dann zunächst Fußballobmann. Der am 7.9.1890 geborene Busse arbeitete als Schlosser auf der Zeche Kaiserstuhl. Unter seiner Regentschaft erfuhr der BVB eine gewisse Professionalisierung, wurde Nr. 1 in der Stadt und etablierte

Willi Burgsmüller

sich unter den führenden Fußballvereinen Westfalens. Der ehrgeizige Busse verpflichtete mit dem Schalker Fritz Thelen den ersten qualifizierten Trainer in der BVB-Geschichte.

Als „Vereinsführer" trat Busse zwar später der NSDAP bei, ließ aber zu, dass der Widerständler Heinrich Czerkus auf der Druckmaschine der BVB-Geschäftsstelle gegen die Nazis gerichtete illegale Handzettel und Faltblätter produzierte.

But, Vladimir. Der in Novorossisk am Schwarzen Meer geborene Russe stieß 1994 zum BVB, nachdem ihn Borussias A-Jugend-Trainer Eddie Boekamp bei der U-16-EM entdeckt hatte. Auch der FC Barcelona war am „begabtesten Jugendspieler Europas" (O-Ton des Jugendtrainers von Ajax Amsterdam) interessiert. Für den ehemaligen BVB-Co-Trainer Michael Henke gab es in der Bundesliga „keine drei Spieler wie Vladimir. Er hat das Zeug zum Superstar." But kostete den BVB lediglich 150.000 DM sowie 100 Paar Fußballschuhe und Trikots für den Nachwuchs von Novorossisk. Nach zwei deutschen A-Jugendmeisterschaften mit dem BVB 1995 und 1996 wurde der Linksfuß in den Profi-Kader übernommen. In der Saison 1997/98 spielte sich But in die erste Formation. Dabei profitierte er vom Verletzungspech und notwendigen personellen Umbruch. Zu einem echten Leistungsträger entwickelte sich But, dessen Lebenswandel und Einstellung wiederholt hinterfragt wurden, allerdings wider Erwarten nicht. Im Herbst 2000 wechselte But, dem in Dortmund der Status des „ewigen Talents" drohte, zum SC Freiburg.

★ 7.9.1977. 128 Bundesligaspiele / 15 Tore, davon 76 Bundesligaspiele / 8 Tore für den BVB. Mit dem BVB Champions-League-Sieger 1997 und Weltpokalsieger 1997.

■ **Celtic Glasgow.** Mit Murdoch McLeod und Paul Lambert kickten in den 80er und 90er Jahren zwei Schotten beim BVB. Der ehemalige Celtic-Spieler McLeod gewann mit dem BVB 1989 den DFB-Pokal; Lambert, der vom FC Motherwell kam, 1997 die Champions League. Beide Schotten waren beim schwarz-gelben Anhang außerordentlich beliebt.

Bei seiner Rückkehr nach Europa in der Saison 1987/88 hieß Borussias erster Gegner im UEFA-Cup Celtic Glasgow. Im Celtic Park unterlag der BVB mit 1:2, das Rückspiel wurde mit 2:0 gewonnen. Die Wege der beiden Vereine kreuzten sich erneut in der Saison 1992/93. In der 2. Runde des UEFA-Cups gewann der BVB mit 1:0 und 2:1. Zu den Zeiten von Murdoch McLeod hatte sich zwischen Teilen der BVB-Fans und Teilen der Celtic-Fans eine Fan-Freundschaft entwickelt. Tatsächlich existieren einige historische Gemeinsamkeiten zwischen den beiden Klubs: Auch Celtic entstand aus einem kirchlichen Zusammenhang. Nur mit dem Unterschied, dass Glasgows katholische Kirche dem Fußball freundlicher gesonnen war als ein gewisser Pfarrer Dewald in Dortmund. Celtic war zunächst ein katholisches Wohlfahrtsunternehmen, das Geld für die Speisung der Kinder der Armen im Eastend einspielen sollte. Wie der BVB war Celtic ein Immigrantenverein. Celtics Wiege stand im Glasgower Eastend, wo sich im 19. Jahrhundert viele irisch-katholische Immigranten niedergelassen hatten. (Celtics Vereinswappen ist das „irische Kleeblatt"). Beide Klubs waren Arbeitervereine und wurden im industriellen Milieu groß.

Mit Celtics Lokalrivalen Rangers verbinden den BVB weniger gute Erinnerungen. Zweimal, 1966/67 und 1982/83, beendeten die Rangers den Auftritt der Borussen auf europäischer Bühne bereits in der ersten Runde, und beide Male war es ein Abschied auf Jahre.

Als der BVB 1995/96 in der Champions League beim Celtic-Rivalen Rangers antrat, entfalteten einige Borussen-Fans die irische Trikolore. Für die protestantischen Rangers-Fans ist die Trikolore ein Hassobjekt und gleichbedeutend mit Sympathiebekundungen nicht nur für die Celtics, sondern auch für die „irisch-katholische" Untergrundorganisation IRA.

Cesar, Julio. Nach Erwin Kostedde der zweite farbige Lizenzspieler in der BVB-Geschichte. Der erste Brasilianer im BVB-Trikot wuchs in den Elendsvierteln von Bauru auf, wo auch Pelé herstammt. Der brasilianische Weltklassemann (61 A-Länderspiele), der seine Mitspieler mit präzisen Pässen über 50 Meter beglückte, kam zur Saison 1994/95 von Juventus Turin, im Paket mit Andreas Möller. Zuvor hatte Cesar vier Jahre in Frankreich gespielt. Das Dortmunder Publikum musste sich an seine aufreizend lässige, fast überhebliche Spielweise zunächst gewöhnen. Bestach durch Antrittsschnelligkeit, Zweikampf- und Kopfballstärke. Insbesondere auf europäischer Ebene zahlte sich Cesars Routine aus. So bestritt der Brasilianer im UEFA-Cup und in der Champions League 28 Spiele für den BVB. Der vielleicht technisch beste Abwehrspieler in der Geschichte des BVB stand auch für Exklusivität: In Turin betrieb Cesar zwei Modegeschäfte, in Dortmund zeitweise ein brasilianisches Restaurant. Nach der Saison 1997/98 und zwölf Jahren in Europa ging Cesar zunächst in die brasilianische Heimat zurück, wo er sich dem Rio-Klub Botafago anschloss. Doch während der Saison 1998/99 kehrte Cesar nach Dortmund zurück, kam allerdings nur noch auf 5 Einsätze.

★ *8.3.1963. 80 Bundesligaspiele / 7 Tore für den BVB (1994-99). Mit dem BVB Deutscher Meister 1995 und 1996, Champions-League-Sieger 1997. 61 A-Länderspiele für Brasilien.*

■ **Champions League.** Am 28.5. 1997 gewann der BVB als erster deutscher Verein die europäische Champions League. Im Münchener Olympiastadion besiegte der BVB den italienischen Meister Juventus Turin mit 3:1. Die Treffer erzielten Karlheinz Riedle (2) und Lars Ricken. Die Champions League trat 1992 die Nachfolge des in der Saison 1955/56 erstmals ausgespielten Europapokals der Landesmeister an. Der letzte deutsche Verein, der vor dem BVB im Wettbewerb der Landesmeister gewann, war 1983 der Hamburger SV gewesen. Borussia Dortmund, Hamburger SV und der vierfache Gewinner Bayern München sind bislang auch die einzigen deutschen Klubs, die im Europapokal der Landesmeister bzw. in der Champions League triumphieren konnten.

Chapuisat mit dem Champions-League-Pokal 1997.

Chapuisat, Stephane. Der Schweizer kam 1991 vom damaligen Absteiger Bayer Uerdingen, wo er in zehn Spielen vier Tore schoss. Zweifellos einer der besten Einkäufe in der Bundesligageschichte des BVB. Fußball liegt in seiner Familie. Großvater Henri war Erstligaspieler, Vater Pierre-Andre 34facher Nationalspieler. Selbst in Borussias Frust-Saison 1997/98 mit 14 Treffern bester Torschütze der Schwarz-Gelben und Dritter in der Torschützenliste. Mit 15 Treffern löste der „wuselige" Chapuisat, den eine brillante Ballbehandlung auszeichnete, Lothar Emmerich als Borussias erfolgreichsten Europapokaltorschützen ab. Von Präsident Niebaum wurde „Chappi" frühzeitig zur Galionsfigur erkoren, „die wir langfristig halten wollen". In der Saison 1998/99 war Chapuisat nach den beiden Keepern de Beer und Klos dienstältester Borusse. Gegen Ende seiner schwarz-gelben Jahre warf ihn ein Kreuzbandriss zurück. Mit 102 Toren war Chapuisat, den neben einem Torriecher eine fantastische Ballbehandlung auszeichnete, der erfolgreichste und zuverlässigste Stürmer des BVB in den 90ern. Nach der Saison 1998/99 wechselte er für nur 1 Mio. DM in die Schweizer Heimat zu Grasshoppers Zürich, wo er seine Torjägerkarriere fortsetzte. Als Grasshoppers 2001 Landesmeister wurde, steuerte Chapuisat 21 Treffer bei.

★ *28.6.1969. 228 Bundesligaspiele / 106 Tore, davon 218 Spiele / 102 Tore für den BVB (1991-1999). Mit dem BVB Deutscher Meister 1995 und 1996 und Champions-League-Sieger 1997. Nationalspieler für die Schweiz. Fußballer des Jahres 1992 in der Schweiz.*

Cieslarczyk, Hans. „Cissy" wechselte zur Saison 1958/59 vom SV Sodingen zum BVB. Beim BVB erwies sich das kraftstrotzende Talent als sehr verletzungsanfällig. Zu Beginn seiner Borussen-Zeit trug Cieslarczyk zweimal das Trikot der Nationalelf: am 24.9.1958 in Kopenhagen gegen Dänemark (1:1) und am 26.10. des gleichen Jahres in Paris gegen Frankreich (2:2). Cieslarzcyk spielte später u.a. noch für den Karlsruher SC, für den er 1964-68 66 Bundesligaspiele (18 Tore) bestritt.

★ 3.5.1937. 35 Oberligaspiele / 6 Tore für den BVB (1958-1962).

Cyliax, Gerd. Sein Stammverein war der TBV Mengede. 1955 verließ Cyliax die Schwarz-Roten in Richtung Westfalia Herne. Von dort ging es weiter zum SC Preußen Münster, bevor Cyliax 1959 beim BVB anheuerte, wo er bis zu seinem Karriereende 1968 einschließlich Europapokal und DFB-Pokal auf 242 Spiele und 34 Tore kam. Cyliax, der die 100 Meter in 10,9 Sekunden lief, gehörte zum weiteren Kreis der Olympiaauswahl 1956 und bestritt ein Junioren-Länderspiel, bei dem er 2 Tore schoss (4:2 gegen Belgien).

★ 23.8.1934. 101 Bundesligaspiele / 6 Tore für den BVB, 74 Spiele / 13 Tore für den BVB in der Oberliga West (1959-1968). Deutscher Meister 1963, DFB-Pokalsieger 1965 und Europapokalsieger 1966.

Czerkus, Heinrich. Der Schlosser Heinrich Czerkus war von 1924 bis 1937 Platzwart des Borussia-Sportplatzes „Weiße Wiese". Das bekennende BVB-Mitglied war auch politisch aktiv: 1921 wurde er Kassierer der Kommunistischen Partei Deutschlands (KPD) für den Block 6 in Dortmund, zu dem auch die Gegend um den Borsigplatz gehörte. 1924 wurde Czerkus Leiter der KPD-Frauengruppe im Unterbezirk Dortmund. Außerdem war er ein profiliertes Mitglied des „Erwerbslosenausschusses des Magistrats von Groß-Dortmund". Am 12. März 1933 wurde der populäre Czerkus für die KPD in die Stadtverordnetenversammlung gewählt, doch die Nazis unterbanden die Wahrnehmung des Mandats. Der Widerständler Czerkus wurde kurz vor Kriegsende von den Nazis im Rombergpark ermordet.

★ 27.10.1894, gest. 19.4.1945

■ **Dauerkarten.** 1986 verkaufte der BVB lediglich 3.000 Dauerkarten. Aktuell sind es um die 45.000. Der BVB will diese Zahl im Zuge des weiteren Ausbaus des Westfalenstadions noch erhöhen. Im Umland sollen neue Fanschichten erschlossen werden. Die neuen Dauerkartenkunden sollen vor allem im Münsterland, Sauerland und Siegerland gewonnen werden.

Deus Santos, Leonardo de.
Der Brasilianer mit dem Künstlernamen „Dede" wurde zur Saison 1998/99 verpflichtet, um Jörg Heinrich auf der linken Außenbahn zu ersetzen. Der „Kicker" charakterisierte den jungen Spieler von Atletico Mineiro als „pfeilschnell, mit Telefonzellen-Technik, aggressiv". In Brasilien war er mit dem „Silbernen Schuh" als zweitbester Außenverteidiger ausgezeichnet worden. Unter Matthias Sammer wurde Dede zu einem „europäisch denkenden Brasilianer", der auch Defensivarbeit verrichtet und sehr mannschaftsdienlich agiert. Dede gilt als „Kopf" der Brasilianer beim BVB, der sich auch um die Integration seiner Landsleute bemüht.

★ *18.4.1978. 112 Bundesligaspiele / 5 Tore für den BVB (ab 1998). Mit dem BVB Deutscher Meister 2002.*

> **EINWURF**
>
> „Sie sollen nicht glauben, dass sie Brasilianer sind, nur weil sie aus Brasilien kommen."
> *Dauernörgler Paul Breitner über die Dortmunder Spieler Dede und Evanilson.*

■ **Deutsche Meisterschaft.** Der BVB wurde bislang sechsmal Deutscher Meister: Vor Einführung der Bundesliga 1956, 1957 und 1963, danach 1995, 1996 und 2002. Mit sechs Titeln liegt der BVB in der „ewigen Rangliste" hinter Bayern München (17), 1. FC Nürnberg (9) und Schalke 04 (7) auf Rang vier, gemeinsam mit dem HSV. Allerdings datiert der letzte Meistertitel für die Schalker aus dem Jahre 1958.

■ **DFB-Pokal.** Der DFB-Pokal hieß bis 1944 „Tschammer-Pokal", benannt nach dem damaligen NS-Reichssportführer. Im „Tschammer-Pokal" ließ der BVB erstmals über die Grenzen der Region hinaus aufmerken, als er 1936/37 das Viertelfinale erreichte, wo er Waldhof Mannheim mit 3:4 unterlag.

Obwohl der BVB den DFB-Pokal bislang nur zweimal gewann, war er für die Entwicklung des Vereins von großer Bedeutung. 1965 besiegte der BVB im Finale den Zweitligisten Alemannia Aachen mit 2:0, 1989 Werder Bremen mit 4:1. Der Gewinn des DFB-Pokals war beide Male Auftakt für noch größere Erfolge: 1965 folgte dem Finalsieg der Gewinn des Europapokals der Pokalsieger. 1989 beendete der Pokalsieg eine trophäenlose Zeit von 23 Jahren und geriet zum Startschuss einer neuen glorreichen Ära.

Insgesamt betrachtet ist der DFB-Pokal allerdings kein BVB-Wettbewerb. So stehen nur drei Finalteilnahmen zu Buche. Wesentlich häufiger sorgten die Borussen für spektakuläre Pleiten, insbesondere in den letzten Jahren: 1996/97 und 1998/99 waren mit Wattenscheid 09 und Eintracht Trier drittklassige Adressen Endstation. In der Saison 2001/02 unterlag man sogar den viertklassigen Amateuren des VfL Wolfsburg. (Siehe auch: Statistischer Anhang.)

■ **DFC/DSC 95.** Der DFC 95 – später DSC 95 – war Dortmunds erster Fußballklub. Die Gründer waren Schüler des Realgymnasiums an der Luisenstraße, auf dessen Schulhof auch die ersten Fußballspiele stattgefunden haben sollen. Zu den Führungskräften gehörte Walter Sanß, später Geschäftsführer des DFB, der seine Geschäftsstelle von 1910 bis 1914 in Dortmund hatte.

Der DFC/DSC 95 war – im Gegensatz zum BVB – ein „bürgerlicher Verein". Der Klub blieb bis in die 1930er hinein Dortmunds erste Fußballadresse und war noch vor dem BVB in der Gauliga vertreten. 1933/34 spielten die Sportfreunde 95 in der Liga, eine Zwangsfusion von Sportfreude 06 und DSC 95, die 1935 wieder aufgelöst wurde.

In der Saison 1955/56 feierte der DSC noch einmal ein Comeback, das aber nicht von langer Dauer war. Der DSC wurde Meister seiner Landesliga, damals die dritthöchste Klasse und höchste Amateurliga, westfälischer Amateurmeister und stieg in die 2. Liga auf. Als das Ligenwesen im Zuge der Einführung der Bundesliga neu geordnet wurde, verpasste der DSC die Qualifikation für die neue Regionalliga West nur knapp und wurde drittklassig. 1963/64 schrammten die „Südlichen" nur knapp an der Rückkehr in die Zweitklassigkeit vorbei. Fortan ging es bergab.

Der Nachfolger des DSC 95 heißt TSC 95/45 und spielt nur in den unteren Amateurklassen. Der TSC Eintracht, dessen Anlage unweit des Westfalenstadions liegt, ist mit dem BVB insbesondere durch zwei Namen verbunden. Er ist der Stammverein von Reinhard Rauball, in den 80er Jahren Retter und Präsident von Borussia Dortmund. Ein ehemaliger Eintrachtler ist auch Lars Ricken, der 1982 bis 1986 für die Eintracht-Jugend kickte. Der TSC Eintracht macht noch heute durch eine gute Jugendarbeit von sich reden. So spielen die A- und B-Junioren des Vereins in der Westfalenliga.

■ **Dickel, Norbert.** Dreieinhalb Jahre und ein DFB-Pokalsieg reichten Norbert Dickel für den Aufstieg zu einer BVB-Legende. Der ehemalige Torjäger der Oberliga Westfalen (Sportfreunde Siegen) kam vom 1. FC Köln, wo er nur die Rolle eines Jokers spielen durfte, und bildete bei den Borussen mit Frank Mill das erfolgreichste Sturmduo seit den Tagen von Lothar Emmerich und Sigi Held. Spielte im DFB-Pokalfinale 1989 trotz eines lädierten Knies, schoss die Borussen mit zwei Treffern zum Sieg und wurde damit „unsterblich". Der „Held von Berlin": „Ich glaube, dass ich vor allem durch dieses Spiel und überhaupt meine Art, Fußball zu spielen, vielen Menschen in Erinnerung geblieben bin." Der Einsatz im Pokalfinale markierte zugleich den Anfang vom Ende der Karriere Dickels. Sein letztes Spiel für den

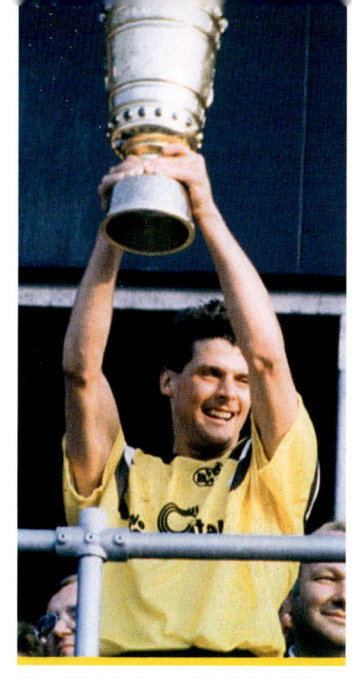

Nobert Dickel mit dem DFB-Pokal 1989.

BVB bestritt Dickel im Dezember 1989, als er gegen Fortuna Düsseldorf in der 90. Minute das 1:1 schoss. Dickel wurde später zum Sportinvaliden erklärt und fungierte als Stadionsprecher beim BVB, den die Südtribüne stets mit dem Lied begrüßt: „Wir singen Norbert, Norbert, Norbert Dickel, jeder kennt ihn, den Held von Berlin." Das Idol der Südtribüne über selbige: „Die Südtribüne im Dortmunder Westfalenstadion ist wie ein Loch. Ein Loch, in das du unbedingt rein willst. Dort ein Tor zu schießen, ist ein echt geiles Gefühl."
★ 27.11.1961. 123 Bundesligaspiele / 45 Tore, davon 90 Spiele / 40 Tore für den BVB (1986 - Dez. 1989).

Driller, Martin. Kam 1989 vom TuS Paderborn-Neuhaus. Bei seinem ersten Einsatz in der Bundesliga erzielte er bereits nach 58 Sekunden mit seinem ersten Ballkontakt einen Treffer. Kam allerdings über die Rolle des Talents und Jokers nicht hinaus.
★ 2.1.1970. 120 Bundesligaspiele / 16 Tore, davon 41 Spiele / 5 Tore für den BVB (1989-1991).

Edvaldsson, Atli. Der Isländer musste sich anfangs immer wieder mit Bärenfell, Wikingerhelm und Trinkhorn ablichten lassen. Der Sportlehrer wechselte nach dem Weggang Latteks zu Fortuna Düsseldorf, wo ihm der Durchbruch gelang.
★ 3.3.1957. 122 Bundesligaspiele / 38 Tore, davon 30 Spiele / 11 Tore für den BVB (1980-1982).

Egli, André. Der erste Eidgenosse beim BVB schoss am letzten Spieltag der Saison 1984/85 gegen den SV Werder Bremen ein ganz wichtiges Tor, das dem BVB den Klassenerhalt sicherte.
★ 8.5.1958. 31 Bundesligaspiele / 6 Tore für den BVB (1984-1985).

Emmerich, Lothar. „Emma" kam 1960 aus dem Stadtteil Dorstfeld zum BVB. Mit Sigi Held bildete Emmerich eines der besten Sturmduos im europäischen Fußball. Emmerich spielte hier die Rolle des Vollstreckers. Beim Europapokalspiel gegen La Valetta schoss Emmerich 1965 sechs Tore. Bei der WM 1966 erzielte „Emma" mit einem Linksschuss aus totem Winkel ein „Jahrhunderttor". Sein schlichtes Erfolgsrezept: „Abschuss und Einschlag im gleichen Moment, dat wolln die Leute sehn." Mit DFB-

Lothar Emmerich

■ **E.on.** Der Energiekonzern löste zur Saison 2000/01 S. Oliver als Trikotsponsor ab. E.on ließ sich sein Engagement jährlich 7,16 Mill. € kosten. Im Januar 2002 verlängerte der BVB den Vertrag mit e.on vorzeitig bis 2006. Der neue Vertrag soll dem BVB in vier Jahren mindestens 80 Mio. € bringen, bei Erfolgen sogar mehr. BVB-Präsident Niebaum sprach bei Vertragsabschluss von „neuen Maßstäben im Bereich des Sponsorings".

Eppenhoff, Hermann. Der ehemalige Spieler von Schalke 04, der mit den Blau-Weißen 1937, 1940 und 1942 Deutscher Meister wurde, war der erste Bundesligatrainer des BVB, den er bis 1965 trainierte. In der Saison 1963/64 drang Eppenhoff mit der Borussia im Europapokal der Landesmeister bis in das Halbfinale vor. Nach dem Spiel gegen Inter Mailand wurde der bei Spielern und Fans beliebte Eppenhoff, der mit einigen Vorstandsmitgliedern „über Kreuz" lag, entlassen. Eine Spielerrebellion und eine rechtliche Intervention von Eppenhoff führte dann zu seiner Wiedereinstellung und zum Rücktritt des Präsidiums um Kurt Schönherr.

und Europapokalspielen kam der „Mann mit der linken Klebe" auf insgesamt 249 Einsätze (147 Tore) im Borussen-Trikot. 1969 wechselte „Emma" zum belgischen Klub AC Beerschot. Als Trainer gelang Emmerich mit dem SC Idar-Oberstein in den Jahren 1992 bis 1996 der Aufstieg von der Landesliga in die Verbandsliga und von dort in die Oberliga. Seit 1999 ist „Emma" Fanbeauftragter beim BVB.

★ *29.11.1941. 183 Bundesligaspiele / 115 Tore (1963-1969) und 32 Oberligaspiele / 11 Tore (1960-1963) für den BVB. Bundesligatorschützenkönig 1966 und 1967 (gemeinsam mit Gerd Müller). Mit dem BVB DFB-Pokalsieger 1965 und Europapokalsieger 1966. 5 A-Länderspiele / 2 Tore. Vize-Weltmeister 1966.*

> **EINWURF**
> „Gib mich die Kirsche!"
> *Lothar Emmerich, wenn er bei einem Spiel den Ball forderte*

Eppenhoff galt als sachlich, freundlich und integer. Er blieb dem „Pott" auch später erhalten. 1967 führte Eppenhoff den MSV Duisburg in das DFB-Pokalfinale. 1969 gelang ihm dies erneut mit dem Zweitligisten VfL Bochum. 1971 stieg Eppenhoff mit dem Reviernachbarn in die Erstklassigkeit auf.

★ *19.5.1919. Mit dem BVB Deutscher Meister 1963 und DFB-Pokalsieger 1965.*

Erdmann, Herbert. Zweifacher Torschütze des BVB in der „Hitzeschlacht von Stuttgart" 1949. „Hebbert" spielte bereits zu Gauligazeiten für die Borussia. In der Oberliga absolvierte der dribbelstarke Außenstürmer mit den Maßflanken noch 18 Einsätze (8 Tore) für die Schwarz-Gelben. Erdmann galt zeitweise als bester Rechtsaußen im deutschen Fußball. Sein jüngerer Bruder Werner kam auf 120 Einsätze (58 Tore). Erdmanns Sohn Peter, BVB-Fans als „Erbse" bekannt, wurde 1982 Opfer eines brutalen Überfalls der neofaschistischen „Borussen-Front". Seine am Borsigplatz gelegene Kneipe „Zum Küngelchen" wurde zertrümmert und „Erbse" schwer verletzt. Vater Herbert, der ihm zu Hilfe kam, erhielt Tritte gegen das Schienbein, die nie mehr heilten. Er starb wenige Wochen später im Krankenhaus. Nach telefonisch angekündigten „Störaktionen" musste die Trauerfeier unter Polizeischutz stattfinden.

Europapokal. Der BVB bestritt bislang 139 Europapokalspiele. Davon entfielen 15 auf den Europapokal der Pokalsieger, 4 auf den Messe-Pokal, 57 auf den UEFA-Cup und 63 auf den Europapokal der Landesmeister bzw. die Champions League. Das Gros der Spiele – nämlich 104 – wurde seit dem Amtsantritt von Gerd Niebaum bestritten. Neben dem sportlichen Erfolg war hierfür auch eine durch die Einführung der Champions League bedingte Zunahme europäischer Begegnungen verantwortlich.

Der BVB ging zweimal als Sieger aus einem europäischen Wettbewerb hervor (1966: Europapokal der Pokalsieger, 1997: Champions League). Insgesamt stand der BVB viermal in einem Finale (außer 1966 und 1997 auch noch 1993 und 2002 im UEFA-Cup). Das Halbfinale erreichte der BVB siebenmal, nämlich 1964 (Europapokal der Landesmeister), 1966 (Europapokal der Pokalsieger), 1993 (UEFA-Pokal), 1995 (UEFA-Pokal), 1997 (Champions League), 1998 (Champions League) und 2002 (UEFA-Pokal).

Die Bilanz des BVB aus 139 Europapokalbegegnungen: 71 Siege, 26 Remis, 42 Niederlagen. Häufigster Gegner waren italienische Vereine, gegen die der BVB bis zum Ende der Saison 2001/02 23 Spiele bestritt. Die Bilanz ist negativ: 8 Siege, 4 Remis, 13 Niederlagen.

Champions-League-Duell 2001: Borussias Rosicky gegen Liverpools Murphy.

■ **Europapokal der Landesmeister.** Der erstmals in der Saison 1956/57 ausgespielte Landesmeisterpokal galt als Krone unter den europäischen Vereinswettbewerben. Der BVB war hier erstmals in der Saison 1956/57 vertreten und schied in der 2. Runde aus. Auch 1957/58 kam das Aus in Runde 2. Seinen größten Erfolg verbuchte der BVB bei seiner dritten und letzten Teilnahme 1963/64, als er erst im Halbfinale von Inter Mailand gestoppt wurde (2:2, 0:2). Mit Beginn der Saison 1992/93 wurde der Landesmeisterwettbewerb durch die Champions League abgelöst. Im Gegensatz zur Champions League wurde der Europapokal der Landesmeister von der ersten Runde an im K.o.-System ausgespielt und berücksichtigte auch nur die jeweiligen Landesmeister.

> EINWURF
>
> „Für alle Zuschauer, die erst jetzt eingeschaltet haben: das erste Tor ist schon gefallen."
> *Günther Jauch bei der Fernsehübertragung des Europapokalspiels Real Madrid gegen Borussia Dortmund, bei dem Fans vor dem Spiel das Tor zum Einsturz gebracht hatten (1997)*

■ **Europapokal der Pokalsieger.** In der Saison 1965/66 war der BVB der erste deutsche Verein, der mit dem Europapokal der Pokalsieger einen europäischen Wettberb gewann. Im Glasgower Hampden Park besiegte der BVB den favorisierten FC Liverpool nach Verlängerung mit 2:1. Die Torschützen hießen Held und Libuda.

Der Europapokal der Pokalsieger fiel 1999 der Neustrukturierung der europäischen Wettbewerbe zum Opfer.

■ **Europas Fußballer des Jahres.** 1997 wurde Matthias Sammer zum „Europäischen Fußballer des Jahres" gewählt. Ausschlaggebend war Sammers Vorstellung im Trikot der Nationalmannschaft während der EM 1996. BVB-Mann Sammer war nach Gerd Müller (1970), Franz Beckenbauer (1972 und 1976), Karl-Heinz Rummenigge (1980 und 1981) und Lothar Matthäus (1990) der fünfte deutsche Spieler, der diese Auszeichnung erhielt.

■ **Evanilson.** 1997 spielte er noch mit seinem brasilianischen Klub Cruzeiro Belo Horizonte in Tokio gegen den BVB. 1999 wurde Evanilson selbst Borusse. Der brasilianische Nationalspieler ist für den BVB auch deshalb so wertvoll, weil er auf verschiedenen Positionen einsetzbar ist. Die „Stammposition" des schnellen Flankenschlägers befindet sich im rechten Mittelfeld. Evanilson gehört allerdings mittlerweile dem AC Parma und ist vom BVB nur ausgeliehen.

★ *12.9.1975. 80 Bundesligaspiele / 4 Tore für den BVB (1999-2002) 13 A-Länderspiele für Brasilien. Mit dem BVB Deutscher Meister 2002.*

■ **Eving-Lindenhorst.** Mit Stefan Klos, Lars Ricken und Michael Zorc begannen gleich drei Spieler der großen Mannschaft der Jahre 1995 bis 1997 ihre Fußballerkarriere im Bergstadion des TuS Eving-Lindenhorst, einem östlich des Dortmunder Hafens beheimateten Vorortverein. Von 1952 bis 1976 waren die Grün-Weißen, eine der frühen Trainerstationen von Dettmar Cramer, eine feste Größe im westfälischen Amateurfußball. Zu seinen großen Zeiten profitierte der TuS von seiner Verbindung zur Zeche Minister Stein / Hardenberg. Auch vor dem oben genannten Trio kickten bereits Ex-Evinger beim BVB.

Ewerthon Henrique de Souza. Der schmächtige, nur 62 kg leichte Brasilianer kam 19-jährig im September 2001 vom Sao-Paulo-Klub Corinthians zum BVB. Der Wechsel wurde mit großem Tempo vollzogen, „weil er sonst weg gewesen wäre" (Zorc). Zu den Mitbewerbern gehörten u.a. Juventus Turin und Betis Sevilla. Brasiliens früherer Nationalcoach Wanderly Luxemburgo pries den Stürmer als „frühreifes Sturmtalent". Ewerthon gilt als antrittsschnell, dribbelstark und glänzender Techniker. Schoss den BVB am letzten Spieltag der Saison 2001/02 43 Sekunden nach seiner Einwechslung zum sechsten Deutschen Meistertitel.

★ *10.6.1981. 27 Bundesligaspiele / 10 Tore für den BVB (2001/02). Mit dem BVB Deutscher Meister 2002. 4 A-Länderspiele für Brasilien.*

Fabra, Ferdinand. Mit dem Trainer Ferdinand Fabra wurde der BVB in der Saison 1946/47 erstmals Westfalenmeister. Im Finale wurde Schalke 04 mit 3:2 bezwungen.

Fans. Der BVB hat nicht nur den höchsten Zuschauerschnitt der Liga, sondern auch deren beste Fans. Der Verein unterhält über 450 offizielle Fanklubs. Als Fanbetreuer fungieren die BVB-Legenden Alfred „Aki" Schmidt und Lothar „Emma" Emmerich. Das Gros der Fans kommt aus Dortmund und seinem Umland, Ostwestfalen und dem Sauerland. → Südtribüne, → Zuschauer.

Gut drauf: die BVB-Fans

■ **Feiern.** Im Feiern sind die BVB-Fans wohl die Größten. Die stärkste Mobilisierung löste der Gewinn der Deutschen Meisterschaft 1995 aus, als in Dortmund fast eine halbe Million Menschen auf den Beinen waren. Beim Titelgewinn 2002 sollen es gut 100.000 gewesen sein. Zahlen, von denen die Bayern nur träumen können.

Feiersinger, Wolfgang. Der Österreicher, der zur Saison 1996/97 von Casino Salzburg zum BVB stieß, wurde anfangs völlig unterschätzt; es war sogar von einem „unnötigen Panikkauf" die Rede. Nach schwachem Start belehrte Feiersinger seine Kritiker eines Besseren. Aufgrund der sich häufenden, verletzungsbedingten Ausfälle von Matthias Sammer entwickelte sich der Polizist zur festen Liberogröße des BVB. Scala taufte den Mann, der sich an guten Tagen wie von einem Radarsystem geleitet durch den Strafraum bewegt, später als „unseren Professor". Insbesondere in der Champions League bewies Feiersinger seinen Wert für den BVB. So kam der „Notnagel" hier auf 21 Einsätze. Wechselte nach der Saison 1999/2000 ablösefrei zum Linzer ASK.

★ *30.1.1965. 57 Bundesligaspiele / 0 Tore für den BVB (1996-2000). Mit dem BVB Champions-League-Sieger 1997 und Weltpokalsieger 1997.*

Fernandez, Juan Ramon. Der Argentinier kam zur Saison 2002/03 vom argentinischen Klub Estudiantes de la Plata und kostete die Borussen 1,65 Mio. Euro. Der Außenverteiger, der auch schon in der argentinischen Nationalelf zum Einsatz kam, gilt als schnell, technisch stark und als guter Flankenschläger.

★ *5.3.1980*

■ **Finale.** Der BVB stand 13-mal in seiner Geschichte in einem nationalen oder internationalen Finale. Viermal qualifizierte sich der BVB für ein europäisches Finale (1966, 1993, 1997 und 2002), fünfmal für das DM-Finale (1949, 1956, 1957, 1961 und 1963), dreimal für das DFB-Pokalfinale (1963, 1965 und 1989) und einmal für das Weltpokalfinale (1997). Von den 13 Finalspielen wurden 8 gewonnen: 1956 (DM), 1957 (DM), 1963 (DM), 1965 (DFB-Pokal), 1966 (EP), 1989 (DFB-Pokal), 1997 (EP und WP).

Fischer, Willy. Schoss 1925 Borussias erstes Tor gegen Schalke. Doch Fischers 1:0 nützte nichts, denn am Ende hatten die Blau-Weißen mit 4:2 die Nase vorn. Fischer kam vom Dortmunder Vorortverein DSC Dorstfeld 09 zum BVB, wie nach ihm noch Lothar Emmerich und Ralf Loose.

Flügel, Hans. Wurde 1950 vom berühmt-berüchtigten BVB-Einkäufer Heinz Dolle aus Bad Eilsen geholt. Der pfeilschnelle Konditor absolvierte für den BVB 122 Spiele in der Oberliga West. In den Meisterjahren 1956 und 1957 kam er allerdings kaum noch zum Einsatz. 1952 bestritt Flügel ein B-Länderspiel gegen die Schweiz.

★ *11.3.1930. 122 Oberligaspiele / 44 Tore für den BVB (1950-1957).*

Franck, Thomas. Kam 1990 vom SV Waldhof Mannheim und wurde als Super-Talent gehandelt, um das auch andere Vereine buhlten. Konnte diesen Ruf jedoch beim BVB nur selten bestätigen. Nach der Meisterschaft von 1996 verließ Franck den BVB und wechselte zum 1. FC Kaiserslautern.

★ 24.2.1971. 123 Bundesligaspiele / 5 Tore, davon 104 Spiele / 3 Tore für den BVB (1990-96). Mit dem BVB Deutscher Meister 1995 und 1996.

Frank, Wolfgang. Vor seinem BVB-Engagement beim VfB Stuttgart und Eintracht Braunschweig am Ball, wo er echte Torjägerqualitäten bewiesen hatte. Als Trainer von Rot-Weiß Essen 1994 im DFB-Pokalfinale.

★ 21.2.1951. 215 Bundesligaspiele / 89 Tore, davon 34 Spiele / 10 Tore für den BVB (1977-80).

Freund, Steffen. Wechselte 1991 im Zuge des Ausverkaufs der DDR-Oberliga in den Westen und hier zu Schalke 04. 1993 wurde die Kämpfernatur vom BVB verpflichtet, konnte sich allerdings zunächst nicht etablieren. Von seinen neuen Kollegen wurde er geschnitten, vom Trainer in der Aufstellung hin- und hergeschoben und von den Fans wegen seiner Schalker Vergangenheit nicht akzeptiert. Doch zu Beginn der Saison 1994/95 zeigte Freund eine stark aufsteigende Tendenz und wurde zu einer beständigen Größe im Borussen-Team. Mit der Verpflichtung von Andreas Möller hatte sich für Freund eine neue Rolle ergeben: „Putzer" des Spielmachers. Günter Netzer charakterisierte Freund als „Prototyp des Spielers, der nicht überragend, nicht spektakulär ist, der aber entscheidend zum Funktionieren des Teams beiträgt und deshalb eines der Erfolgsgeheimnisse verkörpert". Bei der EM 1996 erlitt Freund im Halbfinale einen Kreuzbandabriss, der ihn lange lahm legte. Unzufrieden mit der Situation innerhalb der Mannschaft, wechselte Freund während der Saison 1998/99 nach England zu Tottenham Hotspur. Auch in Europa war Freund für den BVB ein wichtiger Spieler. So verzeichnete er im UEFA-Cup und in der Champions League 32 Einsätze.

★ 19.1.1970. 170 Bundesligaspiele / 9 Tore, davon 117 Spiele / 6 Tore für den BVB (1993-1999). Mit dem BVB Deutscher Meister 1995 und 1996, Champions-League-Sieger 1997 und Weltpokal-Sieger 1997. Mit der Nationalmannschaft Europameister 1996. 21 A-Länderspiele.

Freundlieb, Hans-Jürgen. Geschäftsführer der traditionsreichen, im Stadtteil Hörde beheimateten Freundlieb Bauunternehmung, einem in der 4. Generation

Meisterfeier auf dem Friedensplatz.

geführten Familienunternehmen mit über 140 Mitarbeitern. Hans Jürgen Freundlieb, dessen Vater zu den Gründern des renommierten Handballklubs OSV Hörde (später OSC Thier Dortmund) gehörte, wurde von BVB-Präsident Gerd Niebaum als Schatzmeister ins Vorstandsboot geholt. Hier machte sich Freundlieb insbesondere als „Baumeister" in Sachen Westfalenstadion einen Namen.

■ **Friedensplatz.** Auf dem Friedensplatz, im Zentrum Dortmunds vor dem Rathaus gelegen, feiert der BVB seine großen Triumphe. Mit 25.000 entspricht die Kapazität des Platzes in etwa der der Südtribüne.

■ **Frings, Thorsten.** Der Dauerläufer kam zur Saison 1996/97 vom Aachener Tivoli zu Werder Bremen. In der Saison 2001/02 wechselte Frings vom rechten Flügel ins zentrale Mittelfeld, was eine Leistungsexplosion zur Folge hatte. Mit der „Kicker"-Durchschnittsnote von 2,65 war Frings in der Saison 2001/02 der stärkste Feldspieler der Bundesliga. Seine Profi-Kollegen wählten ihn zum Aufsteiger der Saison. Die „FAZ" erinnerte der Nationalspieler an „den jungen Matthäus"; bei der WM 2002 erkämpfte er sich einen Stammplatz. Frings kam zur Saison 2002/03 für 8,5 Mio. € von Werder Bremen.
★ *22.11.1976. 162 Bundesligaspiele / 15 Tore. 15 A-Länderspiele / 2 Tore. Vize-Weltmeister 2002.*

■ **Fußballer des Jahres.** 1965 war Hans Tilkowski der erste Borusse, der zum „Fußballer des Jahres" gewählt wurde. „Til" war zugleich der erste Keeper, dem diese Ehre zuteil wurde. 1995 und 1996 wurde Matthias Sammer, 1997 Jürgen Kohler zum „Fußballer des Jahres" gekürt.

■ **G14.** Interessensgemeinschaft der größten Klubs Europas, deren Name sich an den „G8"-Zusammenschluss der führenden Industrienationen der Welt anlehnt. Zum erlauchten Kreis gehört auch der BVB. Weitere Mitglieder sind Bayern München, Manchester United, FC Liverpool, Real Madrid, Ajax Amsterdam, FC Barcelona, Juventus Turin, Inter Mailand, AC Mailand, Olympique Marseille, Paris St. Germain, PSV Eindhoven und der FC Porto. Die „G14" unterhält ein Büro in Brüssel, gilt als Konkurrenzorganisation zur UEFA und Pressure Group für eine Euro-Liga.

Geisler, Lothar. Kam 1956 vom Dortmunder Vorortverein TuS Eving-Lindenhorst zum BVB.
★ *8.12.1936. 54 Bundesligaspiele / 1 Tor (1963-67), 63 Spiele / 0 Tore für den BVB in der Oberliga (1956-63). Mit dem BVB Deutscher Meister 1963, DFB-Pokalsieger 1965 und Europapokalsieger 1966.*

Geyer, Peter. Der Stürmer kam 1975 vom Absteiger Tennis Borussia Berlin. Beim Wiederaufstieg 1976 dabei. Gestand später öffentlich ein, zu den Captagon-Schluckern jener Jahre gehört zu haben.
★ *11.12.1952. 256 Bundesligaspiele / 41 Tore, davon 159 Spiele / 25 Tore für den BVB (1975-82). 26 Spiele / 13 Tore für den BVB in der 2. Bundesliga Nord (1975-76)*

■ **goool.de.** Mit goool.de, einer 100-prozentigen BVB-Tochter, verfügt der Verein über eine eigene Sportartikelmarke. Mit der Saison 2000/01 löste goool.de den US-Giganten Nike als Ausrüster der Borussia ab. Neben BVB-Material bietet goool.de auch eine neutrale Teamsport-Kollektion an, mit der andere Sportvereine ausgerüstet werden. Auf längere Sicht soll eine Marke für Freizeitkleidung und Sportartikel mit einem breiten Angebotsspektrum etabliert und unabhängig von Borussia Dortmund am Markt positioniert werden. goool.de verfolgt eine zurückhaltende Preispolitik. So liegen die Verkaufspreise für ein BVB-Mannschaftstrikot unter den Verkaufspreisen anderer führender Sportartikelhersteller. Zentraler Vertriebskanal ist das Internet: www.goool.de

Gorlukowitsch, Sergej. Der erste Russe im BVB-Trikot. Wurde Opfer der Ausländerbegrenzung, wechselte deshalb nach Uerdingen. Mit den Krefeldern stieg er ein Jahr später aus der Bundesliga ab.
★ *18.11.1961. 66 Bundesligaspiele / 4 Tore, davon 44 Spiele / 1 Tor für den BVB (1989-92).*

Groppe, Friedhelm. Hatte sich 1965/66 durch überzeugende Defensivleistungen im Europapokal einen Stammplatz erkämpft, aber eine Verletzung verhinderte seinen Einsatz im Finale von Glasgow.
★ *17.10.1942. 35 Bundesligaspiele / 0 Tore für den BVB (1965-69).*

Günther, Heinz. Wurde 1974 BVB-Präsident, als der BVB am Rande des Ruins stand. Der Direktor der Zeche Gneisenau verordnete dem Verein einen rigorosen Sanierungskurs. Trainer und Spieler hatten mit dem autoritären Günther ihre Probleme. In der Aufstiegssaison 1975/76 entließ Günther zunächst Otto Knefler und anschließend auch noch dessen Nachfolger Horst Buhtz. Mit Traditionspflege hatte Günther wenig am Hut. Als der damalige Pressesprecher des BVB vorsichtig um Eintrittskarten für die Helden von 1956 und 1957 bat, lehnte Günther zunächst recht barsch ab. Im Januar 1979 wurde Günther von Reinhard Rauball abgelöst.

Günther, Klaus. Der Keeper spielte in der DDR-Auswahl, bevor er sich in den Westen absetzte.
★ *12.1.1941. 39 Bundesligaspiele / 0 Tore für den BVB (1968-71).*

Häßler, Thomas. Der BVB war für den nur 1,67 m großen Mittelfeldspieler nach dem 1. FC Köln (1983-90), Juventus Turin (1990-91), AS Rom (1991-94) und dem Karlsruher SC (1994-98) die fünfte Station seiner Profikarriere. Häßler kam zur Saison 1998/99 ablösefrei vom Absteiger Karlsruher SC. Fußballer des Jahres 1989 und 1992. Als Häßler und sein späterer Dortmunder Mitspieler Möller in der U-18-Nationalmannschaft kickten, hieß ihr Kapitän Michael Skibbe. Dennoch kam er mit dem BVB-Coach nicht klar und wechselte nach nur einer Saison zum TSV 1860 München.

★ *30.5.1966. 379 Bundesligaspiele / 68 Tore, davon 18 Spiele / 2 Tore für den BVB (1999-2000). 97 A-Länderspiele. Weltmeister 1990, Europameister 1996.*

> **EINWURF**
> „In der Schule gab's für mich Höhen und Tiefen. Die Höhen waren der Fußball."
> *Thomas Häßler*

■ **Handball.** 1924 gründete der BVB eine Handballabteilung. 1926 folgte die Gründung einer Abteilung Damenhandball, die erste in Dortmund überhaupt. Die Handballer sind noch heute die nach den Fußballern prominenteste Abteilung des BVB. Aushängeschild ist die 1. Damenmannschaft, die in der Bundesliga spielt und somit erstklassig ist.
www.bvb-handball.de.

Hartl, Hans-Werner. Der Stürmer und Torjäger kam vom VfL Bochum und war in der Saison 1975/76 am Wiederaufstieg beteiligt.

★ *10.11.1946. 68 Bundesligaspiele / 20 Tore, davon 29 Spiele / 7 Tore für den BVB (1976-78). 88 Spiele / 30 Tore für den BVB in der Regionalliga West und 2. Bundesliga Nord (1973-76).*

Heidkamp, Ferdinand. Kam 1969 vom Absteiger Kickers Offenbach, den der BVB am letzten Spieltag der Saison 1968/69 in einem dramatischen Finale um den Klassenerhalt mit 3:0 geschlagen und in die Zweitklassigkeit geschickt hatte.

★ *14.9.1944. 81 Bundesligaspiele / 2 Tore, davon 50 Spiele / 2 Tore für den BVB (1969-71).*

Hein, Herbert. Der Abwehrspieler kam 1979 vom 1. FC Köln und war fortan eine weitgehend unauffällige, aber zuverlässige Größe im Borussen-Dress.

★ *27.3.1954. 209 Bundesligaspiele / 8 Tore, davon 106 Spiele / 1 Tor für den BVB (1979-84).*

Heinrich, Jörg. Stieß während der Winterpause 1995/96 vom SC Freiburg zum BVB. Begann das Fußballspielen in der DDR bei Motor Rathenow (Brandenburg). Die nächsten Stationen hießen Chemie Velten (1989-90), Kickers Emden (1990-94) und SC Freiburg. Nach anfänglichen Problemen entwickelte sich Heinrich auf der linken Außenbahn des BVB zu einer zuverlässigen Größe und war einer der wenigen perfekt beidfüßig agierenden deutschen Profis. Nach der Saison 1997/98 wechselte Heinrich für 25 Mio. DM zum FC Florenz und war damals der teuerste Auslandstransfer in der Bundesligageschichte. Kam zur Saison 2000/01 für 8 Mio. DM nach Dortmund zurück. Unmittelbar vor dem WM-Turnier 2002 sorgte Heinrich für ein Novum, als er mit Verweis auf seine ungenügende Fitness auf die Teilnahme verzichtete.

★ *6.12.1969. 152 Bundesligaspiele / 18 Tore, davon 127 Spiele / 12 Tore für den BVB (1996-98 und seit 2000). Mit dem BVB Deutscher Meister 1996 und 2002, Champions-League-Sieger 1997 und Weltpokal-Sieger 1997. 37 A-Länderspiele.*

Held, Siegfried. Der dribbel- und augenbrauenstarke Stürmer, einer der „Flankenkönige" der Bundesliga, kam 1965 von Kickers Offenbach über Herha BSC Berlin zur Borussia. Held hatte in Berlin einen Vertrag unterschrieben, der aber aufgrund des Abstiegs der Hertha nicht erfüllt werden musste. Da er von Hertha ein Handgeld kassiert hatte, belegte ihn der DFB zunächst mit einer vierwöchigen Sperre. Erst mit „Sigi" Held als Sturmpartner wurde Lothar Emmerich zu einem gefürchteten Torjäger.

Im Europapokal der Pokalsieger kamen der „Vorbereiter" (Held) und der „Vollstrecker" Emmerich addiert auf 18 Treffer. Die englische Presse taufte die beiden Borussen die „terrible twins". In der Bundesliga war Held noch für Kickers Offenbach und Bayer Uerdingen aktiv. Nach dem Ende seiner Spielerkarriere arbeitete Held als Trainer, u.a. für die isländische Nationalmannschaft, Admira/Wacker Wien und Dynamo Desden.

★ *7.8.1942. 422 Bundesligaspiele / 72 Tore, davon 230 Spiele/44 Tore für den BVB (1965-71 u. 1977-79). Mit dem BVB Europapokalsieger 1966. 41 A-Länderspiele. Vize-Weltmeister 1966 und WM-Dritter 1970.*

EINWURF

„Wir haben gewonnen, weil wir zwei und die Eintracht nur ein Tor geschossen hat. Auf diese Art gewinnt man meistens."
Sigi Held

Helmer, Thomas. Der Abiturient mit der Durchschnittsnote 1,8 kam 1986 für nur 430.000 DM von Arminia Bielefeld. Seine ersten fußballerischen Gehversuche unternahm Helmer bei Post SV und TSV Salzuflen. Helmer avancierte zu einem der wichtigsten Leistungsträger der Borussen und Hoffnungsträger auf eine neue glorreiche schwarz-gelbe Ära. Umso größer war der Schock, als Helmer nach der Vizemeisterschaft 1992 für ca. 7,5 Mio. DM zum FC Bayern München wechselte, damals der teuerste Transfer innerhalb der Bundesliga. Die von einem monatelangen Vertragspoker begleitete Verpflichtung wurde weithin als Versuch des Rekordmeisters interpretiert, den Aufstieg des BVB zu einem ernsthaften Rivalen zu unterbinden.

★ *21.4.1965. 385 Bundesligaspiele / 40 Tore, davon 190 Spiele / 16 Tore für den BVB (1986-92). Mit dem BVB DFB-Pokalsieger 1989. 68 A-Länderspiele / 2 Tore. Europameister 1996.*

Thomas Helmer

Herne-Ost. Bezeichnung für Schalke. Die Schalker bezeichnen ihrerseits den BVB als „Vorort-Verein" aus der Nähe von Lüdenscheid.

Herrlich, Heiko. Kam zur Saison 1995/96 als Bundesliga-Torschützenkönig von Borussia Mönchengladbach. Mit den Gladbachern war er in der Vorsaison DFB-Pokalsieger geworden. Mit einer Ablöse von 11 Mio. DM der damals teuerste Einkauf in der BVB-Geschichte. Als Herrlich 1997 bis 2001 verlängerte, wurde noch ein „Nachschlag" von 1,5 Mio. fällig. In der Saison 2000/01 wurde bei Herrlich ein Gehirntumor diagnostiziert, der ihn zu einer langen Pause zwang. Der „Spiegel" über den zeitweise berühmtesten Krebspatienten Deutschlands: „Herrlich ist kein Hätschelkind der Bundesliga, kein Goldkettchenträger, kein Matthäus, kein Hohlkopf. Herrlich ist ein stiller Typ, der nachdenken kann, der an Gott glaubt – und sich dazu auch öffentlich bekennt." Martin Dahlin, Sturmkollege aus Mönchengladbacher Zeiten, meinte einmal, Herrlich sei „komisch": „Der sitzt auf dem Klo und liest die Bibel."

★ *3.12.1971. 252 Bundesligaspiele / 75 Tore, davon 130 Spiele / 41 Tore für den BVB (ab 1996). Mit dem BVB Deutscher Meister 1996 und 2002, Champions-League-Sieger 1997 und Weltpokalsieger 1997. 5 A-Länderspiele / 1 Tor.*

Alfred Heymann. Der Journalist verfolgt die Geschicke des BVB seit dessen Aufstieg in die Gauliga 1936. Der 1923 in Dorstfeld geborene Heymann leitete über 30 Jahre das Sport-Ressort der „Westfälischen Rundschau". Heymann ist auch Autor von Büchern über den BVB. Zuletzt (1996) erschien der Bild- und Textband „Meilensteine", gemeinsam erstellt mit BVB-Archivar Gerd Kolbe. In den 50ern saß Heymann an einem legendären Stammtisch, dem außer ihm noch die BVB-Spieler Herbert Erdmann, „Pat" Koschmieder, Max Michallek, „Bubi" Rau, Erwin Halfen, Heini Ruhmhofer und Alfred Mikuda angehörten und der montags beim früheren Obmann Menne Lerch tagte. Heymann schreibt noch heute für das BVB-Magazin „Borussia aktuell".

Hitzfeld, Ottmar. Der studierte Mathematiker (geb. 12.1.1949) war als Spieler aktiv beim TuS Stetten, FV Lörrach, FC Basel, VfB Stuttgart, FC Lugano und FC Luzern. Olympiateilnehmer 1972. Hitzfelds Trainerstationen vor seinem Eintreffen in Dortmund: SC Zug (1983/84), FC Aarau (1984-88) und Grasshoppers Zürich (1988-91). Kein Bundesligatrainer der Borussia konnte sich so lange im Amt halten wie der aus Lörrach stammende Mathematiker. Hitzfeld betreute die Borussen sechs Spielzeiten. In diesen Jahren wurde er mit dem BVB zweimal Deutscher Meister (1995 und 1996) und einmal Sieger in der Champions League (1997). Außerdem standen noch eine Deutsche Vizemeisterschaft (1992) sowie ein Einzug in das UEFA-Cup-Finale (1993) zu Buche.

Hitzfeld bevorzugte ein kraftraubendes 3-5-2-System mit einem Libero (Sammer) weit vor der Abwehr und einem Fast-Spielmacher. Der extrem erfolgsorientierte Trainer setzte vornehmlich auf fertige Akteure und häufigere Fluktuation in der Mannschaft („neue Reibungspunkte setzen"). Dies bedeutete bereits in der Anfangsphase seiner Tätigkeit einen relativ hohen Grad an Spielerverschleiß. Die anfängliche Zustimmung schlug bei manchen Spielern nach einiger Zeit in Kritik bis offene Ablehnung um.

Bezüglich der Spielvorbereitung zählt Hitzfeld sicherlich zu den akribischsten Arbeitern seiner Branche. Sein persönliches Leiden am Fußball, am Erfolg und/oder Misserfolg war ihm bald ins Gesicht geschrieben. Hitzfeld kritisierte seine Akteure nur in Ausnahmefällen öffentlich. Zu den Gescholtenen gehörte Matthias Sammer, dem der Trainer einmal riet, er möge „erst denken, dann reden".

Nach dem Ende seiner Trainertätigkeit beim BVB (Sommer 1997), für die Unstimmigkeiten mit BVB-Präsident Niebaum und gesundheitlicher Verschleiß verantwortlich waren, diente Hitzfeld dem Verein noch eine knappe Spielzeit lang als Sportdirektor. Zur Saison 1998/99 kehrte Hitzfeld auf die Trainerbank zurück – beim FC Bayern, wo er den Erfolg zurückbrachte: Deutsche Meisterschaft 1999, 2000, 2001 und Champions-League-Gewinn 2001, DFB-Pokal 2000.

Nicht nur für Präsident Niebaum war Hitzfeld der „erfolgreichste Trainer aller Zeiten von Borussia Dortmund". Als Hitzfeld im Januar 1997 seinen Abschied ankündigte, sprach Niebaum: „Du bist als Fremder aus der Schweiz gekommen, bist ein Freund geworden." Hitzfeld zählt zu den weltweit erfolgreichsten Vereinstrainern und wurde in seiner Trainerlaufbahn noch niemals entlassen. Die Säulen seines Erfolgs lauten Kompetenz, Charisma, Autorität und psychologisches Einfühlungsvermögen.

■ **Hoesch.** Die Eisen- und Stahlwerke Hoesch ließen sich 1871 in Dortmund nieder. Das Hoesch-Werk entstand im Oesterholz, einem sumpfig-morastigen Gebiet nordöstlich der ehemaligen Stadtgrenze und unweit der späteren BVB-Anlage „Weiße Wiese" gelegen. Die Entwicklung des Werks führte zur Herausbildung einer Arbeitervorstadt, deren zentraler Punkt der Borsigplatz wurde. Das „Hoeschviertel" avancierte zu einer Stadt in der Stadt. Es entstanden nicht nur Wohnhäuser, sondern auch Schulen und Kirchen.

Die Geschichte des BVB ist in den ersten Dekaden seiner Existenz eng mit der lokalen Schwerindustrie und hier insbesondere Hoesch verbunden. Der BVB galt lange Zeit als „Stahlarbeiterverein", die Schalker indes als Verein der Bergarbeiter („Knappen"). Viele BVB-Akteure waren bei „Karl Hoesch" beschäftigt, wie es hieß. Von 1965 bis 1968 war mit Willi Steegmann ein Hoesch-Prokurist Vorsitzender des BVB. In seine Amtszeit fiel auch der Gewinn des Europapokals 1966. In den 70ern kümmerte sich insbesondere der Arbeitsdirektor Hoelkeskamp um die Borussia. 1976 erschien Hoelkeskamp mit einem Koffer beim BVB, in dem sich 250.000 DM befanden. Die Unterstützung durch Hoesch war aber vorwiegend logistischer Art. So durfte der BVB sowohl den Hoeschpark wie die medizinische Abteilung des Konzerns nutzen. Hauptversammlungen des Vereins fanden zuweilen im Festsaal der Hoesch AG statt.

In den frühen 80er Jahren wurde die Verbindung Borussia-Hoesch mehr und mehr gekappt. Grund waren Veränderungen im Konzern. Diese hatten zur Folge, dass die Direktoren weniger Möglichkeiten besaßen, ihre „Hobbys" zu fördern.

Hoeschpark. Der Hoeschpark liegt unweit der BVB-Wiege Borsigplatz. 1936 reaktivierten die Nazis eine Planung aus den 20er Jahren, in der Nähe des Hoeschwerks eine Parkanlage zu schaffen. Das Projekt entstand auf dem Gelände des ehemaligen „Brügmanns Hölzchen". Am 25. Mai 1941 meldete die Presse seine Fertigstellung. Die großzügige Spiel- und Freizeitanlage bestand aus Spielplätzen, einer Rosenterrasse, einer Rollschuhbahn, einem Kinderfreibad, einer Radrennbahn, zwei Aschenplätzen, Leichtathletikanlagen sowie einer Kampfbahn mit einem großzügigen Rasenfeld, das von 17 Stehstufen umgeben ist.

Bergmanns Fußballbildersammelband der Saison 1966/67 zierte ein Foto des frisch gebackenen Europapokalsiegers von 1966, das im Hoeschpark aufgenommen wurde. Bis Mitte der 90er Jahre veranstaltete der BVB in der Kampfbahn seine Saisoneröffnung, zu der bis zu 30.000 Fans kamen. Heute wird die Anlage noch von der BVB-Jugend genutzt.

Hotel Lennhof. Der Lennhof ist seit über 20 Jahren das Mannschaftshotel von Borussia Dortmund und befindet sich mittlerweile im Besitz des Vereins. Selbstdarstellung: „Durch schlichte Eleganz in 'alten Gemäuern' wird es jedem Zimmer ermöglicht, seine eigene Geschichte zu erzählen – sicherlich auch Fußballgeschichten." Das Hotel befindet sich in der Menglinghauserstraße 20 im Stadtteil Barop.

Huber, Lothar. Kam vom 1. FC Kaiserslautern (wie zuvor schon Klaus Ackermann und später noch Michael Schulz). Der rechte Verteidiger war berühmt für seine kraftvollen Flankenläufe und viele Jahre eine feste Größe im BVB-Team. Seine angeschnittenen Flanken brachten ihm den Beinamen „Bananen-Lothar" ein. Schoss in der Saison 1975/76 das entscheidende 3:2 im zweiten Relegationsspiel gegen den 1. FC Nürnberg, das den Wiederaufstieg in die 1. Liga bedeutete. Mit 18 verwandelten Elfmetern nach Michael Zorc erfolgreichster Schütze in der BVB-Bundesligageschichte. Nach Beendigung seiner aktiven Karriere beim BVB noch als Co- und Amateur-Trainer engagiert.

★ *5.5.1952. 254 Bundesligaspiele / 28 Tore (1976-86) und 38 Spiele in der 2. Bundesliga Nord / 10 Tore für den BVB.*

Friedel Rausch und ein schwarz-gelber Hund

■ **Hundebisse.** Am 6. September 1969 kam es beim Revierderby zu einem Eklat. In der völlig überfüllten Roten Erde standen die Zuschauer bis an die Seitenauslinie. Als ein Teil der Zuschauer nach der Schalker 1:0-Führung auf den Rasen stürmte, wurde der Blau-Weiße Friedel Rausch in dem nun ausbrechenden Chaos vom Hund eines Platzordners gebissen. Der Hund, der keinen Maulkorb trug, hinterließ eine Fleischwunde im Allerwertesten des Schalkers. Wenig später erfolgte die Einzäunung der Spielfelder in den Bundesligastadien.

Hupe, Dirk. Kam 1985 von Arminia Bielefeld zum BVB.
★ *29.5.1957. 214 Bundesligaspiele / 14 Tore, davon 93 Spiele / 6 Tore für den BVB (1985-88).*

Immel, Eike. Feierte mit 17 Jahren sein Debüt in der Profi-Mannschaft des BVB und wurde mit 19 Jahren der jüngste Nationalkeeper des DFB, als er im November 1980 in Eindhoven gegen die Niederlande eingewechselt wurde. Sein erstes Länderspiel über die volle Distanz absolvierte er 1981 in Dortmund gegen Albanien. Insgesamt bestritt Immel während seiner Zeit beim BVB 4 A-Länderspiele. 1986 wechselte der als „Zocker" verrufene Keeper für 1,7 Mio. DM zum VfB Stuttgart. Bis zu Oliver Kahns Wechsel vom Karlsruher SC zum FC Bayern München war dies der teuerste Torhüter-Transfer in der Bundesligageschichte. Bei der EM 1988 war Immel die Nr. 1 zwischen den Pfosten der Nationalmannschaft. Als der Kölner Bodo Illgner immer mehr in den Blickpunkt rückte, erklärte der genervte Immel seinen Rücktritt als Nationalspieler. 1992 wurde Immel mit dem VfB Stuttgart vor dem BVB Deutscher Meister. 1995 wechselte er zu Manchester City, stieg allerdings gleich im ersten Jahr ab. 1997 beendete der Keeper seine Karriere.
★ *27.11.1960. 534 Bundesligaspiele / 0 Tore, davon 247 Spiele / 0 Tore für den BVB (1978-86). 19 A-Länderspiele.*

■ **Israel.** Der BVB absolvierte Anfang der 90er Jahre wiederholt Trainingslager in Dortmunds israelischer Partnerstadt Netanya, wo man die Infrastruktur des dortigen Wingate Institute nutzte. Aus dieser Zeit datiert auch der erste israelische BVB-Fanklub in Pardes-Hana. Die israelische Künstlerin Miriam Neiger widmete dem BVB mehrere ihrer Gemälde, die beim kunstbeflissenen BVB-Manager Michael Meier auf großes Interesse stießen. Ein Bild aus ihrer Serie „Engel über Deutschland" zeigt vier schwarz-gelbe Spieler, deren Aktionen Begeisterung und Verständigung hervorrufen sollen. „Phoenix aus der Asche" zeigt ein Motiv der Begegnung Borussia Dortmund gegen Ajax Amsterdam. Von beiden Bildern wurden einige Kunstdrucke angefertigt. Die Erlöse aus dem Verkauf der Bilder kamen einer Zahnklinik für israelische und palästinensische Kinder und der Familie des von deutschen Hooligans brutal zusammengeschlagenen französischen Polizisten Daniel Nivel zugute. Die guten Beziehungen Borussias zu Israel gehen nicht zuletzt auf Michael Meier zurück.

■ **Italien-Rückkehrer.** Die italienische Serie A entwickelte sich in den 90er Jahren zum wichtigsten Rekrutierungsfeld des BVB. Zur Saison 1992/93 verpflichtete der BVB Weltmeister Stefan Reuter von Juventus Turin. Reuter war der erste deutsche Nationalspieler, der nach der „Auswanderungswelle" deutscher Topspieler Ende der 80er / Anfang der 90er aus dem Lira-Paradies in die Bundesliga zurückkehrte. Die Serie A, in der Reuter für Juventus Turin kickte, galt damals als beste und lukrativste Liga der Welt. Die Reuter-Verpflichtung war nur der Auftakt einer größer angelegten schwarz-gelben „Rückholaktion" deutscher Nationalspieler, von der nicht nur der BVB, sondern die gesamte Liga profitierte. Noch während der Saison 1992/93 folgte Matthias Sammer, mit 8,5 Mio. DM die bis dahin teuerste Verpflichtung in der BVB-Geschichte. 1993 kehrte Karlheinz Riedle (Lazio Rom) zurück, 1994 Andreas Möller (Juventus Turin) und 1995 Jürgen Kohler (Juventus Turin). Mit Reuter, Sammer, Riedle und Möller wurde der BVB 1995 erstmals wieder seit 32 Jahren Deutscher Meister. Bei der Titelverteidigung 1996 und beim Champions-League-Sieg 1997 war auch noch Jürgen Kohler dabei. Weitere BVB-Akteure, die aus der Serie A zum BVB wechselten: Paulo Sousa (Juventus Turin),

Aus Italien ins Ruhrgebiet gelockt: Sammer und Amoroso

Ruben Sosa (Inter Mailand), Julio Cesar (Juventus Turin), Jens Lehmann (AC Mailand), Jörg Heinrich (AC Florenz), Evanilson (AC Parma), Sunday Oliseh (Juventus Turin) und Marcio Amoroso (AC Parma).

Anfangs fanden vornehmlich solche Akteure nach Deutschland zurück, die aus der Sicht ihrer italienischen Arbeitgeber den Zenit ihrer Karriere bereits überschritten hatten oder aber noch besseren Legionären weichen mussten. Ermöglicht wurde die Rückkehr aber auch durch das – insbesondere in

Dortmund – gestiegene Gehaltsniveau im deutschen Profifußball. Ab Mitte der 90er Jahre wurde der Zuzug durch eine weitere Annäherung an italienische Gehaltsverhältnisse sowie die finanzielle Krise vieler italienischer Vereine begünstigt. Ab diesem Zeitpunkt waren es auch vornehmlich ausländische Spieler, die aus der Serie A zum BVB wechselten.

> **EINWURF**
> „Borussia Dortmund. Vereinsfarben: Schwarz-Geld."
> *Druckfehler i. „Geißbock-Echo",*
> *Stadionzeitschrift d. 1. FC Köln*

Jacobi, Franz. Der 1888 geborene Jacobi war Mitbegründer, langjähriger Vorsitzender (1910 - 1923) und erster Ehrenpräsident des BVB. Im ersten Nachkriegsvorstand des BVB diente der Hoeschianer und Hüttenbeamte Jacobi als stellvertretender Vorsitzender und Kassierer.

Janowski, Paul. Der Lokführer spielte beim BVB den linken Läufer. Janowski ging aus der eigenen Jugend hervor. Er war dabei, als der BVB 1947 durch einen Sieg über Schalke 04 am Herner Schloss Strünkede erstmals Westfalenmeister wurde. In der ersten Oberligasaison des Vereins (1947/48) kam er noch auf 17 Einsätze / 2 Tore.
★ *3.6.1917*

■ **Juventus Turin.** Zu Juventus Turin entwickelte der BVB im Verlauf der 90er Jahre gleich in zweifacher Hinsicht eine besondere Beziehung. Im Europapokal wurde „Juve" zu Borussias häufigstem Gegner. 1992/93 begegnete man sich im Finale des UEFA-Pokals. In beiden Spielen besaß der BVB gegen „La sinora" nicht den Hauch einer Chance und unterlag mit 1:3 und 0:3. 1994/95 sah man sich im Halbfinale des gleichen Wettbewerbs wieder. Im Hinspiel erreichte der BVB immerhin ein Remis (2:2), das Rückspiel ging indes verloren (1:2). 1995/96 durfte der BVB seinen ersten Sieg über „Juve" feiern. Im Hinspiel der Gruppenspiele der Champions League gab es zwar noch eine 1:3-Niederlage, doch das Rückspiel in Turin wurde gegen eine allerdings ersatzgeschwächte Turiner Mannschaft mit 2:1 gewonnen. 1996/97 sollte es zum großen Showdown zwischen den beiden Teams kommen, als Borussia und „Juve" im Finale der Champions League aufeinander trafen. Der BVB besiegte die favorisierten Italiener mit 3:1. In den glorreichen Jahren 1995 bis 1997 trugen gleich fünf ehemalige „Juve"-Akteure das BVB-Trikot: Julio Cesar, Jürgen Kohler, Andreas Möller, Stefan Reuter und Paulo Sousa. Mit Kohler, Möller, Reuter und Sousa standen vier von ihnen beim legendären Champions-League-Sieg über Juventus auf dem Platz.

■ **Kaiserstuhl.** Die an der Bornstraße im Dortmunder Norden gelegene Zeche Kaiserstuhl gehörte in den Jahren der Gauliga und der Oberliga West zu den „Borussiafreundlichen" Unternehmen in der Stadt. Auf der Zeche Kaiserstuhl arbeitete u.a. der langjährige Vereinsvorsitzende August Busse.

Kapitulski, Helmut. Im Endspiel von 1956 war Kapitulski mit 21 Jahren der jüngste Spieler auf dem Platz. Folgte nach dem Gewinn der Meisterschaft 1957 seinem Trainer Schneider zum FK Pirmasens, mit dem er 1958 Meister der Oberliga Südwest wurde. Zwischen 1964 und 1968 absolvierte der Mittelfeldregisseur mit „linker Klebe" noch 98 Bundesligaspiele (22 Tore) für den 1. FC Kaiserslautern.

★ *29.9.1934 76 Spiele / 15 Tore für den BVB in der Oberliga West (1953-75). Mit dem BVB Deutscher Meister 1956 und 1957. 1 A-Länderspiel.*

■ **Kaschmir-Hooligan.** → Assauer

Kasperski, Edmond. Edmond „Ede" Kasperski kam 1948 vom Vorortverein BV Brambauer zum BVB. Der Mittelstürmer war auch beim ersten DM-Finale Borussias 1949 dabei.
124 Spiele / 62 Tore für den BVB in der Oberliga West (1948-53).

Kasperski, Gerd. Der Sohn von „Ede" Kasperski kam zur Saison 1975/76 von Hannover 96 und war an der folgenden Rückkehr in die Erstklassigkeit beteiligt. Vor seinem Engagement für die Niedersachsen spielte Kasperski in der Bundesliga bei Schalke 04 und Arminia Bielefeld.

★ *25.12.1949. 71 Bundesligaspiele / 17 Tore, davon 4 Spiele / 0 Tore für den BVB (1976-77). 29 Spiele / 15 Tore für den BVB in der 2. Bundesliga Gruppe Nord.*

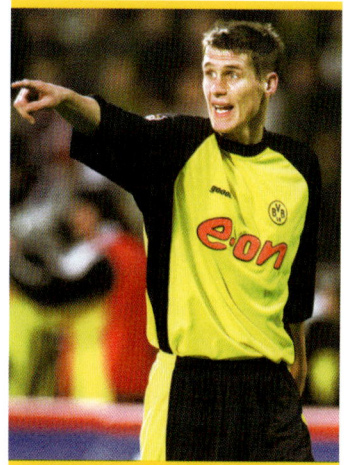

Kehl, Sebastian. Kam in der Winterpause der Saison 2001/02 für 3,8 Mio. Euro vom SC Freiburg. Der Wechsel provozierte einen erheblichen Wirbel, da Kehl bereits vorher dem FC Bayern seine Zusage erteilt und dafür auch Geld empfangen hatte. Kehl zählt zu den Hoffnungsträgern im deutschen Fußball bzw. zur so genannten „Generation 2006". Der selbstbewusste Defensivspieler erhielt in der BVB-Meisterelf 2002 einen Stammplatz und etablierte sich bei der WM auch in der Nationalelf.

★ *13.2.1980. 55 Bundesligaspiele / 5 Tore, davon 15 Spiele / 1 Tor für den BVB. Mit dem BVB Deutscher Meister 2002. 15 A-Länderspiele / 2 Tore. Vize-Weltmeister 2002.*

Kelbassa, Alfred. Spielte vor seiner Zeit beim BVB für STV Horst Emscher und Preußen Münster und führte mit „Adi" Preißler die „ewige Torschützenliste" der Oberliga West an. Alfred „Fredy" Kelbassa war nicht nur ein großartiger Fußballer, sondern machte sich auch als Leichtathlet einen Namen. Die 100 Meter lief er unter 11 Sekunden, den Speer warf er über die 60-Meter-Marke und beim Weitsprung landete er bei ca. 6,60 Metern. Kelbassa wurde zweimal Westdeutscher Meister im Fünfkampf, doch seine großen Erfolge feierte er auf dem Fußballplatz. Kelbassa beendete seine Karriere mit der Einführung der Bundesliga, da er das Profi-Dasein nicht mit seinem Job bei der Dortmunder Stadtverwaltung vereinbaren konnte.

★ *21.4.1925. 183 Spiele / 114 Tore für den BVB in der Oberliga West (1954-62). Deutscher Meister mit dem BVB 1956 und 1957. Torschützenkönig der Oberliga West 1957 und 1958. 6 A-Länderspiele.*

Keser, Erdal. Trotz der großen türkischen Community in Dortmund bis heute der einzige türkische Lizenzspieler beim BVB. Ging anschließend in die Türkei. 1995 beendete Keser seine Profikarriere aufgrund einer schweren Knieverletzung. Wurde später Assistenztrainer der türkischen Nationalmannschaft.

★ *20.6.1961. 106 Bundesligaspiele / 27 Tore für den BVB (1980-84, 1986-87).*

■ **kickbase.de.** Fußballportal des BVB-Unternehmens Sports & Bytes (s.u.). kickbase.de präsentiert rund um die Uhr alles Wesentliche, was die Medien über die 18 Bundesligisten berichten. Nach Auffassung der Zeitschrift TOMORROW zählt kickbase.de „zur Champions League unter den Fußball-Sites", „Horizont Sport Business" kürte sie im Dezember 2001 zur „Website des Monats". Neben der täglichen Presseschau enthält die Seite auch informative Hintergrundberichte, Interviews, Reportagen, Kommentare, Kolumnen, statistisches Material, Humor, Kniffliges und Kurioses. Und natürlich darf bei kickbase.de auch gestritten werden.
www.kickbase.de

■ **Kirche.** Die 18 Gründungsväter des BVB gehörten allesamt zur Jünglingssodalität der katholischen Dreifaltigkeitsgemeinde, deren Kirche in der Flurstraße stand. Die Kicker hatten sich mit dem zuständigen Kaplan Hubert Dewald überworfen, der eine fußballfeindliche Haltung einnahm. Die Entstehungsgeschichte der Dreifaltigkeitsgemeinde steht in einem Zusammenhang mit der Zuwanderung von Arbeitskräften aus Schlesien, Polen, West- und Ostpreußen, die in den Wohngebieten um das Hoeschwerk siedelten. Die 1900 geweihte Dreifaltigkeitskirche sollte die bereits 1892 gegründete St. Josefsgemeinde entlasten. Die Kirchengemeinde sollte den zumeist aus Posen kommenden katholischen Arbeitsimmigranten die Integration in die neue Heimat erleichtern und einen festen Bezugspunkt in der Fremde bilden. Mit Hilfe der Kirche wurden Theater-, Musik- und Sportvereine gegründet.

Klos, Stefan. Das Dortmunder Eigengewächs spielte beim TuS Eving-Lindenhorst und Eintracht Dortmund, bevor er 1988 zum BVB wechselte. Gab sein Bundesligadebüt am 28. Spieltag der Saison

Stefan Klos

1990/91 gegen Wattenscheid 09, nachdem de Beer sich verletzt hatte. Am 8. Spieltag der Saison 1991/92 wurde Klos die Nr. 1 beim BVB. Teddy de Beer hatte in den sieben Spielen zuvor 14 Gegentore kassiert. Mit einer Körpergröße von 1,82 Metern war der kompakt gebaute Klos nicht gerade ein Torwarthüne. Bei Flanken stand er zuweilen vor Problemen, aber im Spiel Mann gegen Mann und auf der Linie war Klos ein Keeper von internationaler Klasse. Der Dortmunder war in seinen Bundesligajahren der vielleicht beste Fußballspieler unter den deutschen Torhütern. Sein großes taktisches Verständnis und seine Ballsicherheit ermöglichten ihm, auch als verkappter Libero zu agieren. In der Saison 1997/98 wurde das Verhältnis zwischen Klos und seinem Arbeitgeber stark getrübt. Der Keeper kündigte seinen Wechsel ins Ausland (Glasgow Rangers) an. Spieler und Verein bemühten die Gerichte; schließlich wurde Klos dazu verdonnert, bis zum Ende der Saison 1998/99 Borusse zu bleiben. Im Januar 1999 wechselte Klos dann doch vorzeitig nach Glasgow. Mit 60 Europapokaleinsätzen ist Klos bis heute auch auf der internationalen Bühne die unumstrittene Nr. 1 in der Rangliste der BVB-Keeper.

★ *16.8.1971. 254 Bundesligaspiele / 0 Tore für den BVB (1990-Januar 1999). Mit dem BVB Deutscher Meister 1995 und 1996, Champions-League-Sieger 1997 und Weltpokalsieger 1997.*

Klotz, Bernd. Kam 1981 vom VfB Stuttgart zum BVB. Spielte anschließend in der 1. Bundesliga noch für den SV Waldhof Mannheim und Fortuna Düsseldorf. 5 Einsätze in der Olympiaauswahl während seiner BVB-Zeit.

★ *8.9.1958. 250 Bundesligaspiele / 59 Tore, davon 106 Spiele / 27 Tore für den BVB (1981-85).*

Knefler, Otto. „Otto lass die Löwen los!", skandierte die Südtribüne vor Spielbeginn. Der Trainer wurde zur Saison 1974/75 verpflichtet, als der BVB der neu geschaffenen 2. Bundesliga Nord angehörte. Aufgrund seiner Schleifermentalität und Selbstdiziplin wurde Knefler auch „eiserner Otto" genannt. Als die Aufstiegsambitionen des BVB während der Saison 1975/76 ins Wanken gerieten, wurde Knefler vom damaligen Präsidenten Günther kurzerhand entlassen. Bei den Spielern stieß diese Entscheidung auf Widerspruch. Vor seinem BVB-Engagement trainierte Knefler in der Bundesliga den 1. FC Kaiserslautern und Eintracht Braunschweig. Bei den Niedersachsen verlebte er seine erfolgreichste Zeit. Nach seinem Rauswurf in Dortmund noch beim MSV Duisburg und Eintracht Frankfurt tätig.

Koch, Meinolf. Kam 1979 zum BVB. In seinen schwarz-gelben Jahren gelang Koch der Sprung in die Olympiaauswahl. Musste seine Karriere nach einer schweren Verletzung vorzeitig beenden.
★ *12.7.1957. 140 Bundesligaspiele / 10 Tore für den BVB (1979-85).*

Köppel, Horst. Mit dem Hamburger Charlie Dörfel war Köppel (geb. 17.5.1948) der erste Bundesligaspieler, der es mit einem Haarteil versuchte. Ein Experiment, das er glücklicherweise bald beendete. Köppel, der für Borussia Mönchengladbach und VfB Stuttgart über 300 Bundesligaspiele bestritt, wurde zur Saison 1988/89 als Cheftrainer verpflichtet. Zuvor stand Köppel als rechte Hand von Teamchef Franz Beckenbauer beim DFB auf der Lohnliste. Mit Köppel gewann der BVB 1989 mit dem DFB-Pokal seine erste Trophäe seit dem Europapokalsieg von 1966. In der folgenden Saison 1989/90 landete der BVB auf dem 4. Platz und qualifizierte sich für den UEFA-Pokal. Danach begann Köppels Stern zu sinken. Heute trainiert Köppel die Amateure des BVB, mit denen er nach der Saison 2001/02 in die Regionalliga aufstieg.

Kohler, Jürgen. Kam 1995 aus der italienischen Serie A zum BVB. Vor seinem Engagement in Dortmund spielte der Innenverteidiger für TB Jahn Lambsheim (1975-80), Waldhof Mannheim (1980-87), 1. FC Köln (1987-89), Bayern München (1989-91) und Juventus Turin (1991-95). Als Kohler 1991 zu Juventus Turin wechselte, brachte

Jürgen Kohler

dies 15 Mio. in die Kasse des FC Bayern, damals die höchste Transfereinnahme in der Geschichte des Klubs. Kohler verfolgte jahrelang das Image des „typisch deutschen" Abwehrspielers: körperlich robust und kompromisslos im Zweikampf, aber schwach in Technik und Spielaufbau. Während seiner Zeit in Italien konnte Kohler enorm zulegen. Aus dem sturen Manndecker wurde ein intelligent im Raum agierender kreativer Abwehrspieler, der sich immer wieder auch in Angriffsbewegungen einschaltete. Angelo Peruzzi, Torwart und ehemaliger „Juve"-Kollege Kohlers: „Zu sehen, wie er seinem Gegner folgte, war traumhaft und gruselig zugleich. Er hat ihn regelrecht aufgefressen." Obwohl zum Zeitpunkt seiner Ankunft in Dortmund nicht mehr der Jüngste, erwies sich Kohler für die Borussen als absoluter Glücksgriff. Kohler wurde zu einer wichtigen Säule des BVB-Spiels wie in der Hierarchie der Mannschaft. Zuvor hatte Kohler bereits einige Titel gewonnen: mit dem FC Bayern Deutscher Meister und Supercup-Sieger 1990, mit Juventus Turin UEFA-Pokal-Sieger 1993 sowie italienischer Meister und Pokalsieger 1995. Kohler über Kohler: „Leuten wie mir baut man keine Denkmäler." Und über seine Zeit in Dortmund: „ Ich habe einige Titel geholt, aber die schönsten Feiern gab es immer mit Borussia Dortmund." Seine Kollegen zeigten sich nicht nur vom Fußballer Kohler beeindruckt. Otto Addo: „Es war imponierend, wie er mit seinen Mitmenschen umgeht." Nach dem Ende seiner Karriere im Sommer 2002 arbeitet Kohler als DFB-Trainer.

★ *6.10.1965. 169 Spiele / 14 Tore für den BVB (1995-2002). Mit dem BVB Deutscher Meister 1996 und 2002, Champions-League-Sieger 1997 und Weltpokalsieger 1997. 105 A-Länderspiele. Weltmeister 1990 und Europameister 1996. Fußballer des Jahres 1997.*

Kolbe, Gerd. Der Chef des Presseamts der Stadt Dortmund war 1976-81 auch Pressesprecher des BVB. Seit 1976 verwaltet der Hobbyhistoriker Kolbe das BVB-Archiv. Auch das BVB-Museum, das 1998 im VIP-Bereich unter der Nordtribüne eingerichtet wurde, ist Kolbes Werk. Überdies machte sich Gerd Kolbe um die Aufarbeitung der Geschichte der Borussia während der NS-Zeit verdient. Eine entsprechende Veröffentlichung fand bundesweit starke Beachtung.

Buchveröffentlichungen: Der BVB in der NS-Zeit (Göttingen 2002), Meilensteine der BVB-Geschichte (Dortmund 1996, gemeinsam mit Alfred Heymann).

Koller, Jan. Der 103 kg schwere und 2,02 m große Tscheche kam zur Saison 2001/02 für 21 Mio. DM vom belgischen Renommierklub RSC Anderlecht. RSC-Manager Verschueren prophezeite: „Jan ist teuer, doch er bringt euch die Meisterschaft." Trotz seiner imposanten Größe ist Koller „kein Kopfballungeheuer" (Sportmanager Zorc). Vielmehr hält der Torjäger mit dem großen spielerischen Potenzial den Ball gerne flach. Koller glänzt nicht nur als Vollstrecker, sondern auch als Vorbereiter. Als „Kämpfer" eroberte der tschechische Nationalspieler schnell die Herzen der Südtribüne. 1999 wurde Koller in Belgien Torschützenkönig, 2000 Fußballer des Jahres. Johan Cruyff über Koller: „Er ist wunderbar, balanciert fantastisch und ist vorne eine perfekte Anspielstation."

★ *30.3.1973. 33 Bundesligaspiele / 11 Tore für den BVB (ab 2001). Deutscher Meister 2002.*

Konietzka, Friedhelm. Kam 1958 aus Lünen zum BVB. „Timo" wurde von seinem ehemaligen Trainer Max Merkel zum TSV 1860 München geholt, mit dem er 1966 Deutscher Meister wurde und den BVB auf den 2. Platz verwies. Sei-

Friedhelm Konietzka im DM-Finale 1963

nen Spitznamen erhielt Konietzka, der mit Charly Schütz ein erfolgreiches Sturm-Duo bildete, aufgrund seines kurzen Bürstenhaarschnitts, der an den Sowjetgeneral Timoschenko erinnerte. Zur Saison 1984/85 heuerte Konietzka beim BVB als Trainer an, wurde aber noch während der Vorrunde wieder entlassen.

⭐ *2.8.1938. 53 Bundesligaspiele / 42 Tore für den BVB (1963-65). In der Oberliga West 110 Spiele / 79 Tore für den BVB (1958-63). Mit dem BVB Deutscher Meister 1963 und DFB-Pokalsieger 1965. 9 A-Länderspiele / 3 Tore.*

Koschmieder, Paul. Der gelernte Autoschlosser war Kapitän der BVB-Mannschaft, die 1949 Borussias erstes Endspiel um die Deutsche Meisterschaft bestritt. „Pat" stammte aus der hauseigenen Jugendabteilung. Der Mittelläufer Koschmieder schoss beidfüßig, praktizierte ein gutes Kopfballspiel und galt als hart.

⭐ *10.4.1922. 167 Spiele / 1 Tor in der Oberliga West für den BVB (1947-55).*

Kostedde, Erwin. Das aus Münster stammende „Besatzungskind" wurde nach dem Bundesligaaufstieg 1976 von Otto Rehhagel nach Dortmund geholt. Der erste farbige Lizenzspieler der Borussia begann beim TuS Saxonia Münster. Später landete er beim SC Preußen und 1967 in der Bundesliga beim MSV Duisburg. Anschließend wurde er bei Standard Lüttich dreimal belgischer Meister. Dann ging's zu Kickers Offenbach, Hertha BSC und schließlich zu Borussia Dortmund. Drei Jahre nach seinem Abschied von Dortmund sowie einem Gastspiel beim bretonischen Klub Stade Lavall wagte Kostedde in der Saison 1981/82 ein Bundesliga-Comeback bei Werder Bremen. Sein Trainer war erneut Otto Rehhagel, den er schon aus Dortmunder Zeiten kannte. Kostedde hat mit dem Leben ähnliche Probleme wie einst Reinhard Libuda.

⭐ *21.5.1946. 219 Bundesligaspiele / 98 Tore, davon 48 Spiele / 18 Tore für d. BVB. 3 A-Länderspiele.*

Krauss, Bernd. Für den gebürtigen Dortmunder (8.5.1957) war die Heimatstadt nicht sein Pflaster. Der Spieler Krauss kam 1976 zum BVB, wo er jedoch nur eine Saison verbrachte und lediglich ein Bundesligaspiel absolvierte. Sein Trainerengagement fiel 2000 mit nur 67 Tagen noch kürzer aus. In dieser Zeit bestritt der BVB 11 Bundesliga- und 2 UEFA-Pokalspiele, von denen keines gewonnen wurde. Erfolgreicher war Krauss als österreichischer Nationalspieler (22 Einsätze) sowie als Spieler und Coach in Mönchengladbach.

Kree, Martin. Kam 1994 von Bayer Leverkusen zum BVB. Kree begann seine Karriere beim TuS Wickede. In der Bundesliga zunächst sechs Jahre beim VfL Bochum, denen fünf in Leverkusen folgten. Beim BVB war Kree als Ersatz für Michael Schulz gedacht. Mit Julio Cesar und später Jürgen Kohler erwuchs ihm allerdings starke Konkurrenz, weshalb sich der Linksfuß mit dem knallharten Schuss zumeist mit dem Status des Ergänzungsspielers zufrieden geben musste. In dieser Funktion kam er jedoch häufig zum Einsatz und sollte sich als unersetzlich erweisen, auch im Europapokal, wo Kree auf 24 UEFA-Pokal- und Champions-League-Spiele für den BVB kam.

⭐ *21.1.1965. 401 Bundesligaspiele / 51 Tore, davon 81 Spiele / 1 Tor für den BVB (1994-99). Mit dem BVB Deutscher Meister 1995 und 1996, Champions-League-Sieger 1997 und Weltpokalsieger 1997.*

Kreke, Dr. Henning. Der Vorstandsvorsitzende der Douglas Holding wurde auf der Jahreshauptversammlung 2001 zum Stellvertreter des BVB-Präsidenten und somit Nachfolger von Ernst G. Breers gewählt.

Kronsbein, Willi. Der Torhüter, der in Westdeutschland zu den Besten seines Fachs gehörte und in der Westfalenauswahl spielte, kam von Arminia Marten zum BVB. Seine Spielweise war höchst unspektakulär. „Hummelein" bestach vor allem durch gutes Stellungsspiel und weite, befreiende Abstöße. Kronsbein gehörte während der Kriegsjahre zum Kader der Nationalelf. Auch in der Oberliga stand er noch zwischen den Pfosten.

⭐ *24.8.1951. 46 Spiele / 0 Tore f. d. BVB in d. Oberliga West (1947-50).*

Kroth, Thomas. Kam 1988 vom Hamburger SV zum BVB. Nach dem Ende seiner Profikarriere spielte Kroth noch bei den Amateuren des BVB.

⭐ *26.8.1959. 256 Bundesligaspiele / 21 Tore, davon 53 Spiele / 0 Tore für den BVB (1988-90). Mit dem BVB DFB-Pokalsieger 1989. 1 A-Länderspiel.*

Kurrat, Dieter. In der 1. Mannschaft des BVB von 1960-74, also 14 Jahre lang. „Hoppy", der nur 1,63 m misst, lief in insgesamt 612 Spielen national und international für die Borussia auf. Kurrat kam aus der eigenen Jugend, mit der er als 15-Jähriger Westfalenmeister wurde. Das kleine Quadrat war der erste „Terrier" der neuen Liga. Als der BVB 1972 aus der Bundesliga abstieg, war Kurrat der letzte „Überlebende" aus der glorreichen Elf von 1966 und spielte auch noch in der

2. Liga zwei Jahre für den BVB. „Hoppy" fiel oft die Aufgabe der Sonderbewachung zu. Nachdem er zwischenzeitlich beim krisengeschüttelten BVB auch als Trainer eingesprungen war, wechselte der Gastwirt Kurrat 1974 als Spielertrainer zum SV Holzwickede, den er 1976 zur Deutschen Amateurmeisterschaft führte. „Hoppys" jüngerer Bruder Hans-Jürgen (geb. 7.7.1944) spielte ebenfalls beim BVB, kam jedoch lediglich auf einen Bundesliga- und einen Europacup-Einsatz (1963/64).

★ *15.5.1942. 247 Bundesligaspiele / 9 Tore für den BVB (1963 -72), 43 Spiele / 2 Tore in der Oberliga West (1960-63) und 23 Spiele / 3 Tore in der Regionalliga West (1972-74) für den BVB. Mit dem BVB Deutscher Meister 1963, DFB-Pokalsieger 1965 und Europapokalsieger 1966. 1 Juniorenländerspiel.*

Kutowski, Günter. In den 90er Jahren der letzte Name beim BVB, der dem Ruhrpott-Klischee entsprach. Kam allerdings 1984 vom ostwestfälischen FC Paderborn zum BVB. Der harte Verteidiger, Idol der Südtribüne, absolvierte insgesamt 336 Pflichtspieleinsätze im schwarz-gelben Trikot (neben der Bundesliga auch 20 DFB-Pokal- und 28 Europapokalspiele) und belegt damit hinter Zorc und Kurrat Platz 3 in der ewigen BVB-Rangliste. In der Saison 1992/93 erhielt er den Beinamen „Turban" (wie bereits 1963 Willi Burgsmüller), nachdem er im UEFA-Cup-Spiel gegen Real Saragossa mit einem blutgetränkten Kopfverband gespielt hatte. Zu Beginn der Saison 1996/97 wechselte „Kutte" nach 12 Profijahren beim BVB in die alte Heimat zurück.

★ *2.8.1965. 288 Bundesligaspiele / 3 Tore für den BVB (1984-96). Mit dem BVB Deutscher Meister 1995 und 1996 sowie DFB-Pokalsieger 1989. 11 Einsätze in der U-21-Auswahl des DFB.*

Kuzorra, Ernst. Die blau-weiße Legende war Borussias erster Trainer. 1935 verpflichtete BVB-Boss August Busse den Kuzorra-Schwager Fritz Thelen als Trainer. Da dieser sein Amt aber erst einige Monate später antreten konnte, sprang der damals 30-jährige Nationalspieler Kuzorra als Interimslösung ein.

Kwiatkowski, Heinz. Ursprünglich ein Schalker Junge, der bei Westfalia Schalke begann und 1950 Hans Klodt als Nr.1 im Tor der Blau-Weißen beerbte. 1950 wechselte Kwiatkowski zu Rot-Weiß Essen, 1953 von dort zum BVB, wo er bis zum Ende seiner Karriere 1964 blieb. „Kwiat" spielte somit für alle

„Kutte" stoppt mal wieder „Loddar".

Heinz Kwiatkowski

drei großen Revier-Klubs. Kapitän des BVB beim verlorenen DM-Endspiel 1961. Bundestrainer Sepp Herberger mochte des Keepers unspektakuläre und mannschaftsdienliche Spielweise. Kwiatkowski wurde ein untrüglicher Blick für die Situation nachgesagt. In der Nationalmannschaft wurde Kwiatkowski, der im Schatten von Toni Turek stand, dennoch zu einem der unglücklichsten Torwarte in der Geschichte des DFB-Teams: In zwei WM-Spielen – 1954 gegen Ungarn und 1958 gegen Frankreich – kassierte der sympathische „Kwiat" 14 Tore.

★ *16.7.1926. 3 Bundesligapiele / 0 Tore (1963-64) und 297 Spiele / 0 Tore in der Oberliga West (1953-63) für den BVB. Mit dem BVB Deutscher Meister 1956 und 1957. 4 A-Länderspiele.*

■ **Länderspiele.** Dortmund ist ein ausgesprochen gutes Pflaster für die deutsche Nationalmannschaft. Bis Ende 2001 waren die „Rote Erde" und das Westfalenstadion elfmal Austragungsorte von A-Länderspielen (zweimal „Rote Erde", neunmal Westfalenstadion). In der „Roten Erde" spielte man gegen Irland (8.5. 1935, Freundschaftsspiel, 3:1) und gegen Albanien (8.4.1967, EM-Qualifikation, 6:0). Im Westfalenstadion gegen Ungarn (17.4.1974, Freundschaftsspiel, 5:0), Malta (28.2.1976, EM-Qualifikation, 8:0), Wales (14.12.1977, Freundschaftsspiel, 1:1), 1981 Albanien (18.11.1981, WM-Qualifikation, 8:0), Niederlande (14.5.1986, Freundschaftsspiel, 3:1), Finnland (4.10.1989, WM-Qualifikation), Armenien (10.9.1997, WM-Qualifikation, 4:0), Nordirland (8.9.1999, EM-Qualifikation, 4:0) und Ukraine (14.11.2001, WM-Qualifikation, 4:1). Die Bilanz aus elf Auftritten: 10 Siege, 0 Niederlagen, 1 Remis.

Beim DFB waren „Rote Erde" und Westfalenstadion lange Zeit vor allem als Austragungsorte für Spiele gegen so genannte „Fußballzwerge" beliebt. Heute dagegen eignet sich das ausgebaute Westfalenstadion mit seiner Atmosphäre und seinem enormen Fassungsvermögen wie keine andere Arena für die „großen Spiele". Die Stimmung im Westfalenstadion trug nicht unerheblich dazu bei, dass dem DFB-Team im November 2001 noch die Qualifikation für die WM 2002 gelang. Günter Netzer anschließend: „Ich kann mich nicht erinnern, in den letzten Jahren weltweit in einem Stadion so eine Stimmung erlebt zu haben wie beim WM-Relegationsspiel in Dortmund gegen die Ukraine."

Lambert, Paul. Der Schotte kam im Sommer 1996 ablösefrei zum BVB. Der defensive Mittelfeldmann, ursprünglich als Notnagel für die verletzten Freund und Sousa verpflichtet, erwies sich als Volltreffer. Der „Kicker" schrieb: „Das Schnäppchen schlechthin. Dortmunds Schotte kostet wenig, verdient relativ wenig und ist dennoch besonders wertvoll." Mit dem BVB gewann Lambert als erster schottischer Spieler die Champions League, woraufhin ihn eine schottische Zeitung zum „European Hero" kürte. Im schwarz-gelben Trikot gelang Lambert auch der Sprung in die schottische Nationalmannschaft. Die vorzeitige Auflösung des eigentlich bis 1999 laufenden Vertrags erfolgte aus „humanitären Gründen" (Michael Meier). Lamberts Ehefrau plagte arges Heimweh. Meier: „Wir haben lange um ihn gekämpft, aber die familiären Zustände haben Paul so sehr belastet, dass er nicht mehr die gewohnte Leistung bringen konnte." Der allseits beliebte Lambert war während der Champions-League-Kampagne 1996/97 der BVB-Feldspieler mit den meisten Spielminuten. Insgesamt bestritt er 14 Einsätze für die Borussen in der europäischen Elite-Liga.

★ *7.8.1969. 44 Bundesligaspiele / 1 Tor für den BVB (1996-Okt. 1997). Mit dem BVB Champions-League-Sieger 1997, Weltpokalsieger 1997.*

Lattek, Udo. Wurde zur Saison 1979/80 von Reinhard Rauball zum BVB gelotst. Lattek (geb. 16.1.1935) war der erste ausgewiesene Toptrainer des BVB seit dem Europapokalsieg von 1966. Mit dem FC Bayern und Borussia Mönchengladbach hatte er bis zu diesem Zeitpunkt bereits fünf Deutsche Meisterschaften sowie zwei Europapokalwettbewerbe gewonnen. Im ersten Lattek-Jahr belegte der BVB den 6. Platz, die beste Platzierung seit der Rückkehr in die Erstklassigkeit 1976. Noch während der Saison 1980/81 verließ Lattek den BVB und heuerte beim FC Barcelona an. Ausschlaggebend war der tragische Tod seines Sohnes. In den 80er Jahren wurde Lattek noch dreimal Meister mit dem FC Bayern. Seine acht Titelgewinne sind unverändert Bundesligarekord. Gegen Ende der Saison 1999/2000 wurde Lattek ein zweites Mal vom BVB engagiert. Diesmal als Feuerwehrmann, der die Borussen vor dem Abstieg retten sollte. Der „eisgraue Wolf" hatte sich bereits seit Jahren in Pension befunden. Lattek betreute die Mannschaft nur fünf Spieltage und verabschiedete sich mit dem Klassenerhalt.

Lehmann, Jens. Der in Essen geborene Keeper begann seine Karriere beim DJK Heisingen. Über Schwarz-Weiß Essen kam Lehmann 1991 zum FC Schalke 04 und hatte großen Anteil am größten Triumph in der Vereinsgeschichte der Blau-Weißen, dem Gewinn des UEFA-Pokals 1997. 1998 wechselte Lehmann zum AC Mailand. Im Januar 1999 traf er, als Nachfolger von Stefan Klos, beim BVB ein. Lehmann, dem Diplomatie und Opportunismus fremd sind, machte aus seiner unverändert „blauweißen Seele" keinen Hehl, weshalb ein Teil der schwarz-gelben Fangemeinde die Identifikation des Keepers mit dem Verein in Frage stellte. Lehmann: „Ich weiß, dass die Leute am liebsten von mir hören würden: Meine sportliche Vergan-

Jens Lehmann

genheit zählt überhaupt nichts. Meine einzige große Liebe heißt Borussia Dortmund. Meine Identifikation drückt sich im Einsatz auf dem Fußballplatz aus." Als Lehmann im Frühjahr 2000 binnen vier Wochen vier dicke Patzer unterliefen, erkor ihn die „Anti-Lehmann-Fraktion" zum Buhmann schlechthin und entwickelte eine regelrechte Pogromstimmung gegen ihn. Doch Lehmann fing sich und die Bälle wieder und avancierte zu einem wichtigen Rückhalt, der großen Anteil am Gewinn der Deutschen Meisterschaft 2002 hatte. Auch bei den Fans wuchs Lehmanns Akzeptanz. Als erstem und bislang einzigem Bundesligatorhüter gelang ihm aus dem laufenden Spiel heraus ein Tor – für Schalke und gegen den BVB: In der Saison 1997/98 erzielte Lehmann per Kopf den 2:2-Ausgleich im Revierderby.
★ *10.11.1969. 305 Bundesligaspiele / 2 Tore, davon 105 Spiele / 0 Tore für den BVB (ab Jan. 1999) Mit dem BVB Deutscher Meister 2002. 14 A-Länderspiele / 0 Tore. Vize-Weltmeister 2002.*

■ **Leichtathletik.** Beim BVB wurde anfangs auch Leichtathletik betrieben. Die ersten Presseberichte über den BVB handelten nicht vom Fußball, sondern von leichtathletischen Veranstaltungen (Sedan-Spiele, Castroper Olympiade). Dass Fußballer sich in ihrem Verein auch als Leichtathleten betätigten, war für die damalige Zeit keineswegs ungewöhnlich. BVB-Mitgründer Jacobi war ein guter Sprinter und Staffelläufer. Der BVB wurde dem Westdeutschen Spielverband zunächst als Leichtathletikabteilung gemeldet. Auf diese Weise wollte man den Aufnahmestopp des WSV umgehen, der den Zustrom von Fußballabteilungen nicht mehr bewältigen konnte.

Lenz, August. Erster Nationalspieler des BVB. Lenz begann beim BVB zunächst als Torwart. Seine große Stunde kam, als er bei einem Spiel des BVB in Mengede für den verletzten Hannes Jakubowitz stürmen musste und neun Tore zum 14:0-Sieg beisteuerte. Am 28. April 1935 absolvierte Lenz sein erstes Länderspiel und ging damit als erster Nationalspieler in die Vereinsannalen ein. Mit Lenz gelang 1936 der Aufstieg in die Gauliga. Aufgrund der damaligen Dominanz der Schalker blieb ihm allerdings ein Titelgewinn verwehrt. Lenz arbeitete beim Kaltwalzwerk von Hoesch. Nach seiner Einberufung in die Nationalelf wurde er der erste „Halbprofi" des BVB. Denn da sein unmittelbarer Vorgesetzter, Herbert Dirksuss, sportbegeistert war, musste der Kicker nur noch sporadisch am Arbeitsplatz erscheinen.

BVB-Präsident Egon Pentrup und Sepp Herberger ehren August Lenz für sein 1000. Spiel im BVB-Trikot.

Lenz war auch noch in den ersten Jahren der Oberliga West Stammspieler des BVB. Er nahm an der Endrunde zur Deutschen Meisterschaft 1949 zwar als 38-Jähriger noch teil, saß beim Endspiel allerdings auf der Tribüne. Lenz kickte insgesamt 31 Jahre für seine Borussia, in denen er über 1.000 Spiele absolvierte. August Lenz galt als Prototyp eines Torjägers: gewandt und schussgewaltig, temperamentvoll und treffsicher. Der Dortmunder wurde als „Stürmer der kurzen Wege" gerühmt. Als die Schalker 1938 den Weggang von Ernst Poertgen zu beklagen hatten, bekniete Ernst Kuzorra Vereinsboss „Papa Unkel": „Sieh zu, dass der August zu uns kommt." Doch Unkel entgegnete: „Eher gehst du zur Borussia, als dass der Lenz den Borsigplatz verlässt." Gemeinsam mit seiner Frau führte Lenz 33 Jahre lang am Borsigplatz eine Gastwirtschaft mit dem Namen „Sportlerklause". Nach den Generalversammlungen des BVB war es Usus, dass Lenz die Schlussworte sprach und das Vereinslied anstimmte.

Lenz verstarb 78-jährig in der Nacht zum 5. Dezember 1988. 1994 wurde die neue Geschäftsstelle des BVB neben dem Westfalenstadion „August Lenz Haus" getauft.

★ *29.11.1910. 48 Oberligaspiele / 32 Tore für den BVB (1947-49).14 A-Länderspiele / 9 Tore.*

Libuda, Reinhard. Der begnadete Rechtsaußen kam 1965 vom Schalker Markt, wo er 1952 mit dem Kicken begonnen hatte, zum Borsigplatz. „An Gott kommt keiner vorbei – außer Libuda": BVB-Chronist Gerd Kolbe entdeckte diesen Spruch erstmals im Frühjahr 1967 auf einem Transparent, an der Evangelischen Kirche in Dortmund-Scharnhorst. Der Slogan ist Ausdruck der Verehrung, die man im Ruhrgebiet dem sensiblen Flügelstürmer entgegenbrachte, der an guten Tagen Weltklasse spielte und sich im Privatleben zuweilen verdribbelte. Seine Spielkunst ent-

Reinhard Libuda

zückte die Fußball-Ästheten, doch es gelangen ihm auch wichtige Tore. 1966 sicherte er dem BVB den Europapokalsieg, 1970 schoss er die deutsche Nationalmannschaft mit seinem Siegtreffer zum 3:2 über Schottland zur WM in Mexiko. 1968 ging „Stan", wie Libuda nach dem legendären Stanley Matthew genannt wurde, wieder nach Schalke und gewann mit den Blau-Weißen 1972 den DFB-Pokal. Reinhard Libuda starb am 25. August 1996 in Gelsenkirchen an Herzversagen. Sein Biograph Thilo Thielke: „Er trug Turnschuhe, als er starb."

★ *10.10.1943. 264 Bundesligaspiele / 28 Tore, davon 74 Spiele / 8 Tore für den BVB (1965-68). Mit dem BVB Europapokalsieger 1966. 26 A-Länderspiele / 3 Tore. WM-Dritter 1970.*

Lippens, Willi. „Ente", wie der Kicker aufgrund seines Watschelganges gerufen wurde, lernte das Fußballspielen beim VfB Kleve 08 und spielte als Profi zunächst zehn Jahre für Rot-Weiß Essen. Das Bundesliga-Original schlechthin wurde nach dem Bundesligaaufstieg 1976 von Otto Rehhagel zum BVB geholt, wo er im Westfalenstadion erheblich zum Unterhaltungswert der BVB-Darbietungen beitrug.

★ *10.11.1945. 249 Bundesligaspiele / 92 Tore, davon 70 Spiele / 13 Tore für den BVB (1976-79). 1 A-Länderspiel für die Niederlande.*

> **EINWURF**
> „Ich verwarne Ihnen." –
> „Ich danke Sie."
> *Dialog zwischen Willi Lippens und einem Schiedsrichter*

Loose, Ralf. Sein Stammverein war der SC Dorstfeld 09. Kapitän der Juniorennationalmannschaft und mit dieser Welt- und Europameister. 1986 wechselte er zu Fortuna Düsseldorf. Loose wurde später Nationaltrainer Liechtensteins.

★ *5.1.1963. 211 Bundesligaspiele /12 Tore, davon 120 Spiele / 11 Tore für den BVB (1981-86).*

Lusch, Michael. Kam wie Klaus Ackermann ursprünglich aus der Jugend von TuS Germania Hamm. Schütze des vierten Tores beim DFB-Pokalfinale 1989 in Berlin. Nach dem Ende seiner BVB-Karriere spielte Lusch noch in der Bundesliga für den 1. FC Kaiserslautern und Bayer Uerdingen.

*16.6.1964. 267 Bundesligaspiele /10 Tore, davon 203 Spiele / 10 Tore für den BVB (1982-93). Mit dem BVB DFB-Pokalsieger 1989.

Maahs, Walter. Kam 1974 von der Sportschule Malente zum BVB und betreute dort zunächst Jugendmannschaften und Amateure. 1974/75 wurde Maahs Hauptgeschäftsführer des BVB und übte diese Tätigkeit bis 1995 aus; seither ist er weiterhin für den Verein aktiv. Auch beim DFB, für den er den Liga-Cup durchführt, genießt Maahs ein sehr hohes Ansehen.

MacLeod, Murdoch. Borussias erster Schotte kam 1987 von Glasgow Celtic und wurde mit seinem kämpferischen Einsatz schnell zu einem Publikumsliebling. Bevor McLeod Profi wurde, arbeitete er in einer Whiskey-Brennerei. Wechselte während der Hinrunde 1990/91 zu Hibernian Edinburgh, weil er aufgrund der Ausländerregelung zu häufig mit der Bank vorlieb nehmen musste. Sein plötzlicher Weggang wurde allenthalben bedauert.

★ *24.9.1958. 103 Bundesligaspiele / 4 Tore für den BVB (1987-91). Mit dem BVB DFB-Pokalsieger 1989. 10 A-Länderspiele für Schottland.*

Madouni, Ahmed Reda. Der im marokkanischen Casablanca geborene Franzose ist ein Produkt der Talentschule des SC Montpellier und kam zur Saison 2001/02 zum BVB. Zuvor war Madouni mit Montpellier in die erste Liga aufgestiegen. Der Abwehrspieler gilt als hervorragender Techniker.

★ *4.10.1980. 7 Bundesligaspiele / 0 Tore für den BVB (ab 2001). Mit dem BVB Deutscher Meister 2002.*

■ Manager. Ein Manager, wie ihn sich als erste Bundesligavereine Bayern München und Borussia Mönchengladbach bereits Mitte der 60er Jahre leisteten, war in Dortmund lange Zeit verpönt, was mit ein Grund für den Niedergang des Vereins war. Erst in der Saison 1983/84 stand beim BVB erstmals ein Manager auf der Gehaltsliste. Der Mann hieß Dieter Tippenhauer und entpuppte sich als Reinfall. Der nächste BVB-Manager hieß Klaus Gerster und traf während der Saison 1987/88 im Schlepptau von Andreas Möller in Dortmund ein. Kompetent wurde es erst mit der Verpflichtung von Michael Meier, der den Job des Managers im Dezember 1989 übernahm.

Meier, Michael. Der aus Lünen stammende ehemalige Klosterschüler (geb. 15.11.1949) ist seit Dezember 1989 Manager des BVB und geschäftsführendes Vorstandsmitglied. Meiers Einstieg in das Bundesligageschäft verlief eher zufällig. Aus einer Bierlaune heraus bewarb er sich für den Job des Managers beim 1. FC Köln und wurde dort am 2.1.1981 eingestellt. Meier: „Ich hatte eigentlich nur damit gerechnet, zwei Freikarten und ein Dankeschön zu bekommen." Über den Umweg Leverkusen (1987-89) fand Meier zum BVB und in die alte Heimat zurück. Der Diplomkaufmann, bis 1980 in der Wirtschaftsprüfung tätig, zählt zu den fähigsten Köpfen im europäischen Fußballgeschäft und gilt neben Gerd Niebaum als zweiter Architekt der „modernen Borussia". Meier ist Geschäftsführer der Borussia Dortmund GmbH & Co.Kg auf Aktien. In

EINWURF
„Champagner-Fußball passt vielleicht nach München, aber nicht ins Westfalenstadion. Wir trinken Pils." *Michael Meier*

seinen Verantwortungsbereich fallen Brand-Management, Rechte-Vermarktung, Ticketing, Merchandising, Stadion / Immobilien, Controlling / Finanzwesen.

Merkel, Max. Der autoritäre Wiener (Autobiographietitel: Mit „Zuckerbrot und Peitsche") mit Vorliebe für markige Sprüche wurde zur Saison 1958/59 Nachfolger des einem Herzinfarkt erlegenen BVB-Trainers Hans Tauchert. In der Saison 1960/61 führte Merkel den BVB in das DM-Finale, das die Borussen gegen den 1. FC Nürnberg mit 0:3 verloren. Anschließend verließ Merkel Dortmund. Am 33.Spieltag der Saison 1965/66 kehrte Merkel mit dem TSV 1860 München in die „Rote Erde" zurück und schnappte den Borussen den Meistertitel weg. Der am 7.12.1916 geborene Merkel war einer der ersten Großverdiener der Trainergilde.

■ **Messepokal.** 1956 wurde erstmals ein Pokalwettbewerb der europäischen Messestädte eingeführt, der ab der Saison 1966/67 offiziell als Messepokal firmierte. In der Saison 1964/65 spielte auch der BVB in diesem Wettbewerb, wurde allerdings in der 2. Runde von Manchester United deklassiert (1:6 und 0:4). 1972 wurde aus dem Messepokal der UEFA-Cup.

Metzelder, Christoph. Der 1,93 Meter große „Gentleman-Verteidiger" kam zur Saison 2000/01 vom Regionalligisten SC Preußen Münster und wurde in den Medien als Verstärkung für den Regionalligakader gehandelt. Doch wie zu-

Christoph Metzelder

vor bei den Preußen, entwickelte sich Metzelder, der beim TuS Haltern begann und später ein Jahr in der B-Jugend von Schalke 04 kickte, auch in Dortmund zum „Shooting Star". Dabei hatte er nach eigener Auskunft „im Vergleich zu meinen Altersgenossen nie so das Riesentalent". In der Schalker Jugend, wo er sich plötzlich dem Konkurrenzkampf vermeintlich künftiger Bundesligaprofis stellen musste, war er noch „gescheitert". In Dortmund wurde der Nachwuchsmann binnen kürzester Zeit zum Protagonisten der Generation 2006, die beim WM-Turnier im eigenen Land den Titel gewinnen soll. Metzelder überraschte durch seine abgeklärte Spielweise. „Dem müssen wir nicht helfen", analysierte Keeper Jens Lehmann nach „Metzes" Arbeitsantritt. Viereinhalb Jahre zuvor hatte Metzelder seinem neuen Mannschaftskameraden noch die Bälle aus dem Innenraum des Parkstadions zugeworfen.

In seiner ersten Saison beim BVB kam Metzelder bereits auf 19 Bundesligaeinsätze. In der Saison 2001/02 wurde er Stammspieler. Die „Frankfurter Rundschau" über den BWL-Studenten (Abi-Schnitt

1,8): „Wer mit ihm spricht, hat eher den Eindruck, einem Menschen gegenüber zu sitzen, der, wie seine beiden älteren Brüder, die Doktorarbeit in Medizin vorbereitet." Metzelder kostete die Borussen nicht einmal 200.000 €. Am Ende der Saison 2001/02 wurde sein Marktwert auf das 100fache taxiert. Bei der WM 2002 war Metzelder der jüngste Spieler im DFB-Kader und gehörte zu den größten Entdeckungen des Turniers.

★ *5.8.1980. 44 Bundesligaspiele / 0 Tore für den BVB. Mit dem BVB Deutscher Meister 2002. 12 A-Länderspiele / 0 Tore. Vize-Weltmeister 2002.*

Meyer, Rolf. Der Torhüter drückte in seinen sieben Jahren beim BVB zwar fast nur die Bank, war aber in der Regel topfit, wenn er zwischen die Pfosten musste. Zum Trost durfte er 1989 mit dem BVB den Super-Cup gewinnen. Dass er nie die Nummer 1 wurde, lag an einer komplizierten Fingerverletzung, die er sich nach dem Weggang von Eike Immel zuzog. Als Meyer wieder genesen war, stand bereits Teddy de Beer im Tor.

★ *3.10.1955. 5 Bundesligaspiele / 0 Tore für den BVB.*

Michallek, Max. Der „Spinne" genannte Michallek, der ursprünglich „Michalski" hieß, war der Kopf der BVB-Meistermannschaft von 1956 und 1957. Der modern spielende Supertechniker war mit seinem Spielverständnis und schnellen raumgreifenden Vorstößen der Netzer der 50er Jahre, auch wenn er eher die Rolle eines Liberos einnahm. Michallek wurde nie Nationalspieler, woran möglicherweise nicht nur Herberger Schuld war. Sein damaliger Mitspieler Helmut Bracht: „Dass Michallek nie Nationalspieler wurde, hatte vielleicht andere Gründe. Ich glaube, den Max interessierte die Nationalmannschaft nicht so – da hätte er ja länger als ein oder zwei Tage von Dortmund weggemusst." Michallek starb 1985.

Max Michallek

★ *29.8.1922. 293 Spiele / 17 Tore für den BVB in der Oberliga West (1947-60). Mit dem BVB Deutscher Meister 1956 und 1957.*

Mill, Frank. Kam 1986 von Borussia Mönchengladbach. Ein Kind des Ruhrgebiets, das aus Essen stammt. Mit sechs Jahren trat er seinem ersten Fußballverein (Eintracht Essen) bei, mit 17 absolvierte er sein erstes Bundesligaspiel. Sein Vorbild war der Nordire George Best, mit einer Einschränkung: „Er hat mir zu viel getrunken." Mit Rot-Weiß Essen 1981 Torschützenkönig der 2. Liga. Mit Mills Verpflichtung begann beim BVB der sportliche Aufschwung. Mill bildete mit Norbert Dickel Dortmunds bestes Sturmduo seit den Tagen von

„Emma" und „Sigi". Seine Ernennung zum Mannschaftskapitän veranlasste Trainer Saftig 1988 zur Kündigung. Als ihn Hitzfeld aus der Stammformation nahm, wechselte Mill 1994 zum Zweitligaaufsteiger Fortuna Düsseldorf, mit dem er nur ein Jahr später noch einmal das Licht der Erstklassigkeit erblickte. Mill galt als „Rebell am Ball", der keinem Konflikt aus dem Wege ging. 1988 gewann Mill mit der Olympiaauswahl (12 Einsätze) in Seoul die Bronzemedaille. In seiner Freizeit widmet sich Mill heute zwei Fußballschulen in Essen und Münster.

★ 23.7.1958. 387 Bundesligaspiele / 123 Tore, davon 187 Spiele / 47 Tore für den BVB (1986-94). Mit dem BVB DFB-Pokalsieger 1989. 17 A-Länderspiele. WM-Teilnehmer 1990.

Möller, Andreas. Der gebürtige Frankfurter, der sich erstmals 1987 dem BVB anschloss, war das erste Groß-Objekt der Niebaum-Strategie des „Sanieren durch Investieren". Die 2,5 Mio. DM Ablöse, die der BVB für das weitgehend unbekannte Frankfurter Talent blechen musste, galten als astronomische Summe. Niebaum: „Die Leute haben damals gesagt, ‚Jetzt sind die völlig verrückt geworden.'" Möller, pfeilschnell und technisch stark, begann seine Karriere bei BSC Schwarz-Weiß Frankfurt, wo schon sein Vater gekickt hatte. Von dort ging es zu Eintracht Frankfurt, wo Möller in allen Teams seiner Altersklasse spielte. 1984 beobachtete der DFB-Nachwuchstrainer Berti Vogts das Talent erstmals auf einem Aschenplatz in der Nähe von Wiesbaden. Vogts später: „Viele Wege macht man umsonst, doch dieser hat sich gelohnt."

Entgegen öffentlicher Treuebekundungen im Westfalenstadion verließ Möller den BVB 1990 zunächst und kehrte zur Eintracht bzw. seinem Berater Klaus Gerster zurück. Als die Frankfurter am letzten Spieltag der Saison 1991/92 die Meisterschaft verspielten, etablierte sich die Einschätzung, dass eine Mannschaft mit Andreas Möller keine Meisterschaft gewinnen könne. Möller wechselte zu Juventus Turin. Von dort wurde er zur Saison 1994/95 vom BVB ein zweites Mal verpflichtet, mit der Folge, dass die Borussen ihre erste Bundesligameisterschaft gewannen. Erst mit Möller erhielt die Borussia in der Saison 1994/95 die zur Erringung des Meistertitels notwendige spielerische Reife. Zur Saison 2000/01 wechselte Möller – nach insgesamt neun Jahren beim BVB – zum Revierrivalen Schalke 04, wo er ebenfalls als „Entwicklungshelfer" tätig

M

Andreas Möller

wurde – und die Meisterschaft 2001 knapp verpasste.

⭐ *2.9.1967. 396 Bundesligaspiele / 109 Tore, davon 228 Spiele / 68 Tore für den BVB (1987-90 und 1994-2000). Mit dem BVB Deutscher Meister 1995 und 1996, DFB-Pokalsieger 1989, Champions-League-Sieger 1997 und Weltpokalsieger 1997. 85 A-Länderspiele. Weltmeister 1990 und Europameister 1996.*

> **EINWURF**
> „Mein Problem ist, dass ich immer sehr selbstkritisch bin, auch mir selbst gegenüber."
> *Andreas Möller*

Multhaup, Willy. Der gebürtige Essener (19.7.1903), der seinen Spitznamen „Fischken" der elterlichen Fischhandlung zu verdanken hatte, wurde zur Saison 1965/66 als Cheftrainer engagiert. Die Saison zuvor hatte Multhaup Werder Bremen zum ersten deutschen Meistertitel geführt. Mit Multhaup gelang dem BVB nun als erstem deutschen Verein das Kunststück, eine europäische Trophäe zu gewinnen. In der Bundesliga wurde man Vizemeister. Der Trainer verließ den Verein nach nur einem Jahr, weil er dem Vorstand zu teuer war. Fachlich unumstritten, wirkte Multhaup auf seine Umwelt häufig distanziert und eitel, was ihm anschließend beim 1. FC Köln zum Verhängnis werden sollte. Nichtsdestotrotz wurden seine Stärken vor allem im psychologischen Bereich verortet. Der modisch gekleidete Trainer pflegte die Presse mittels eines Monokels zu studieren.

■ **Nachwuchsarbeit.** Offiziell heißt es zur BVB-eigenen Jugendarbeit: „Die Nachwuchsarbeit spielt für Borussia Dortmund eine wichtige Rolle. Mindestens zwei Stammspieler des Profikaders sollen aus der eigenen Jugendabteilung rekrutiert werden." Die A-Jugend des BVB wurde zwischen 1994 und 1998 fünfmal in Folge Deutscher Jugendmeister. Die bekanntesten Eigengewächse waren in der Vergangenheit Stefan Klos, Lars Ricken und Michael Zorc.

■ **Nationalmannschaft.** Obwohl der BVB in den 50ern zur deutschen Spitzenklasse gehörte, spielte er in der Nationalmannschaft keine große Rolle. Dies dürfte nicht nur Herbergers Vorliebe für seine „Lauterer" und angebliche Abneigung gegenüber „Ruhrpott-Fußballern", sondern zumindest auch der Altersstruktur der Dortmunder Meistermannschaften geschuldet gewesen sein.

Im Einzelnen war der BVB in den WM-Kadern der deutschen Nationalmannschaft wie folgt vertreten: 1934: Fehlanzeige. 1938: Fehlanzeige. 1954: Heinz Kwiatkowski. 1958: Heinz Kwiatkowski, Alfred Kelbassa, Wolfgang Peters, Alfred Schmidt. 1962: Fehlanzeige. 1966: Lothar Emmerich, Sigi Held, Hans Tilkowski. 1970: Held. 1974 und 1978: Fehlanzeige. 1982: Eike Immel. 1986: Eike Immel. 1990: Frank Mill, Andreas Möller. 1994: Matthias Sammer, Karlheinz Riedle. 1998: Jürgen Kohler, Steffen Freund, Andreas Möller, Jörg Heinrich und Stefan Reuter. 2002: Jens Lehmann, Christoph Metzelder, Lars

Emmas berühmtestes Tor im Nationaldress: das 1:1 gegen Spanien bei der WM 1966.

Ricken, Sebastian Kehl sowie der Neu-Borusse Torsten Frings.

Die erfolgreichste BVB-Präsenz bei einem WM-Turnier datiert aus dem Jahre 1966: Beim Finale gegen England (2:4 n.V.) standen mit Emmerich, Held und Tilkowski drei Borussen auf dem Platz.

■ **Nebel.** Am 12.11.1966 geriet das Revierderby zu einem Geisterspiel. Trotz dichten Nebels in der Roten Erde wurde die Partie von Schiedsrichter Henning nicht abgebrochen. Gut so, denn laut Auskunft von Beteiligten kassierte Schalke eine 2:6-Packung.

Nerlinger, Christian. Nerlinger wuchs zwar in der Morgartenstraße in Dortmund-Wambel auf – Vater Helmut (s.u.) kickte seinerzeit für den BVB –, doch das Fußballspielen erlernte er beim bayerischen TSV Forstenried. 14-jährig schloss sich Nerlinger dem FC Bayern an. Als Profi wurde der defensive Mittelfeldmann mit dem starken linken Fuß mit FC Bayern 1994 und 1997 Deutscher Meister, 1998 DFB-Pokalsieger und 1996 UEFA-Cup-Sieger. Beim BVB zeigte Nerlinger in der Regel solide, wenn auch selten überragende Leistungen und wechselte im Sommer 2001 für 6 Mio. DM zu Glasgow Rangers.

★ *21.3.1973. 218 Bundesligaspiele / 29 Tore, davon 59 Spiele / 2 Tore für den BVB (1998-2001). 6 A-Länderspiele.*

Nerlinger, Helmut. Der Vater von Christian Nerlinger kam 1972 zum BVB und war am Wiederaufstieg 1976 beteiligt. Als Abwehrchef der Mannschaft schoss er in dieser Saison 10 Tore.

★ *27.2.1948. 36 Bundesligaspiele / 1 Tor für den BVB (1976-78). 53 Spiele / 4 Tore für den BVB in der Regionalliga West (1972-74), 63 Spiele / 11 Tore in der 2. Bundesliga Gruppe Nord (1974-76).*

Neuberger, Willi. Stieß nach dem Gewinn des Europapokals 1966 zum BVB und wurde von Major Ottmar Rhein vermittelt. Horst Buhtz, Trainer von Borussia Neunkirchen, wollte ihn nicht haben: „Der muss noch ein paar Butterbrote essen. Für den Fußball ist er viel zu schmächtig." Neuberger, der vom in der 2. Kreisklasse spielenden TuS Röllfeld kam, war der beste Einkauf der Borussen nach ihrem Europapokal-Triumph, musste aber 1971 wie vor ihm bereits Assauer und Weist an Werder Bremen verscherbelt werden. Der offensive Mittelfeldspieler zählt zu den Bundesligarekordspielern. In 17 Bundesligajahren säumten 17 Trainer und 150 Mitspieler seinen Weg. In der Nationalmannschaft kam Neuberger allerdings nur zweimal zum Einsatz (1968). Horst Buhtz, der später doch noch einmal Neuberger trainierte, vermutete, dass das „schmale Handtuch" „einfach nicht frech genug" gewesen sei.

★ 15.4.1946. 520 Bundesligaspiele / 63 Tore, davon 148 Spiele / 29 Tore für den BVB (1966-71). 2 A-Länderspiele.

Neuhaus, Uwe. Der ehemalige Profi von Wattenscheid 09 (102 Spiele / 12 Tore), der mit der SG 1990 in die 1. Bundesliga aufstieg, kam im Juni 1998 als Co-Trainer von Michael Skibbe zum BVB. Neuhaus überlebte die folgenden Trainerwechsel und ist heute die „rechte Hand" von Matthias Sammer. Der am 26.11.1959 geborene Neuhaus charakterisiert sich selbst als „sehr penibel" und ist wie sein Chef ein akribischer Arbeiter.

Niebaum, Gerd. Der promovierte Wirtschaftsjurist wurde vor den Toren Dortmunds geboren (23.10.1948), in der Bergbaugemeinde Lünen-Brambauer, traditionell ein Einzugsgebiet Borussias. Sein Vater war bei der Harpen AG als Diplomingenieur im Bergbau tätig. Niebaum: „Er hat also nicht als Bergmann, sondern über Tage gearbeitet. Aber ich habe das Leben in den Kolonien, den Bergarbeitersiedlungen, noch miterlebt. Mit dem Taubenstall, dem Stall, der meistens zur Wohnküche umfunktioniert worden war. Das war eine sehr idyllische Welt. Zwar nicht meine Welt zu Hause, aber die von Freunden und Spielkameraden. Und dazu gehörte ganz selbstverständlich Fußball."

Als der BVB sich 1984 in einer schweren wirtschaftlichen Krise befand, holte ihn Reinhard Rauball in den Notvorstand. 1986 wurde er dessen Nachfolger und trat mit der Devise „Sanieren durch Investieren" an. Niebaum 15 Jahre später: „Damals hatten wir gerade die Relegation überstanden, waren von der Sportpresse als kommender Absteiger Nummer eins getippt worden. Damals haben wir 3.000 Dauerkarten verkauft, heute sind es 42.000. Damals kamen im Schnitt 23.000 Zuschauer zu den Spielen, heute sind es mehr als 65.000." Mit mittlerweile 16 Jahren ist Niebaum der amtsälteste Präsident in der BVB-Geschichte und der erfolgreichste noch dazu.

Seit Mitte Januar 2002 arbeitet Niebaum auch hauptamtlich für den BVB. Der promovierte Jurist wurde zum Vorsitzenden der Geschäftsführung der Borussia Dortmund GmbH & Co KGaA bestellt. Er bleibt aber ehrenamtlicher Präsident des BVB – und ein Perfektionist: „Ich schätze reibungslose Abläufe, und wenn eine Sache nicht so funktioniert, wie ich mir das vorstelle, ärgert es mich schon sehr."

> EINWURF
>
> „Die Leute haben auch zur Borussia gestanden, als sie in der zweiten Liga gespielt hat. Dortmund ist eine Stadt, in der Fußball zum Lebensgefühl gehört."
>
> „Im Ruhrgebiet wird Fußball gearbeitet. Deshalb wird der Typ des hart arbeitenden Spielers verehrt, ähnlich wie im englischen Fußball."
>
> „Heutzutage haben die Spieler doch mehr Pressekontakte als Ballkontakte."
>
> *Worte des Vorsitzenden Niebaum*

Niepieklo, Alfred. Kam 1950 von Castrop 02 zum BVB. Spielte im Trio der „drei Alfredos" die Rolle des linken Flügelflitzers. Lieblingsgegner des guten Technikers war der Hamburger SV, gegen den er beim Endrundenspiel 1956 und beim Finale 1957 jeweils drei Tore schoss. In der Meisterschaftssaison 1956 wurde Niepieklo Torschützenkönig der Oberliga West. Auch in der Endrunde erzielte er den Großteil der Dortmunder Tore. Niepieklo beendete seine Karriere beim BVB im Streit mit Max Merkel, der Friedhelm Konietzka bevorzugte.

★ *11.6.1927. 175 Spiele / 95 Tore für den BVB in der Oberliga West (1950-60). Deutscher Meister 1956 und 1957.*

Nijhuis, Alfred. Der Niederländer wurde zur Saison 1998/99 als Nachfolger für Julio Cesar verpflichtet. Der aus der Grenzstadt Enschede stammende Nijhuis begann seine Karriere im deutschen Fußball im Münsterland beim damaligen Oberligisten ASC Schöppingen, wohin ihn der Altinternationale Bernard Dietz geholt hatte. 1991 wechselte er zum MSV Duisburg, für den er bis zum Ende der Saison 1996/97 kickte. Die folgende Station war der japanische Klub Urawa Red Diamonds. Im Sommer 1997 stufte der „Kicker" Nijhuis hinter Jürgen Kohler, Thomas Helmer und Christian Wörns an vierter Stelle in der Rangliste der Manndecker ein und attestierte ihm „Internationale Klasse". Nijhuis beendete seine Karriere nach der Saison 2000/01.

★ *23.3.1966. 182 Bundesligaspiele / 17 Tore, davon 61 Spiele / 6 Tore für den BVB (1998-2001).*

■ **Oberliga West.** Vor dem Startschuss zur Bundesliga hieß die oberste Klasse in Deutschland Oberliga. Insgesamt gab es fünf Oberligen: West, Nord, Süd, Südwest und Berlin. Die Oberliga West, deren Geltungsbereich das gesamte Gebiet Nordrhein-Westfalens war, nahm ihren Spielbetrieb mit der Saison 1947/48 auf. Der BVB gehörte zu den Gründungsmitgliedern und war bis zur Ablösung durch die Bundesliga ununterbrochen dabei. Der BVB wurde in den 16 Jahren Oberliga sechsmal Meister (1948, 1949, 1950, 1953, 1956 und 1957) und führt in der „ewigen Tabelle" mit 600:336 Punkten klar

Das letzte Spiel zu Oberligazeiten: Im DM-Endspiel 1963 besiegt der BVB den 1. FC Köln mit 3:1. Hier BVB-Spielmacher Aki Schmidt im Duell mit Hans Sturm.

vor Schalke 04 und dem 1. FC Köln. Neunmal wurden BVB-Spieler Torschützenkönig der Oberliga: 1948 August Lenz; 1949 und 1950 Adi Preißler; 1956 Alfred Niepieklo; 1957 und 1958 Alfred Kelbassa; 1960, 1961 und 1963 Jürgen Schütz.

Odonkor, David. Der Angreifer feierte sein Bundesligadebüt gerade 18-jährig im März 2002 im Heimspiel gegen den FC St. Pauli. Dreieinhalb Jahre zuvor hatte Borussias Nachwuchskoordinator Eddy Boekamp den Sohn einer deutschen Mutter und eines ghanesischen Vaters vom ostwestfälischen Bünder SV nach Dortmund geholt. Odonkor war seinen Altersgenossen häufig einen Schritt voraus: Als U-15-Spieler kickte er in der U-16-Nationalmannschaft, aus der A-Jugend des BVB wurde er bereits 1 1/2 Jahre vor Ablauf seiner Juniorenzeit in den Oberliga-Kader der BVB-Amateure geholt.

★ *1984. 2 Bundesligaspiele für den BVB (ab 2001). Mit dem BVB Deutscher Meister 2002.*

Oliseh, Sunday. Der Abwehr- und Mittelfeldspieler kam zur Saison 2000/01 für 12 Mio. DM von Juventus Turin zum BVB. Zuvor kickte der nigerianische Nationalspieler für Julius Berger Lagos, FC Lüttich, AC Reggiona, 1. FC Köln und Ajax Amsterdam. Das Sprachtalent Oliseh spricht Holländisch, Italienisch, Englisch, Französisch und Deutsch. Der Kapitän der nigerianischen Nationalmannschaft verzichtete aus Protest gegen die Entlassung von Nationaltrainer Shaibu Amodo auf die Teilnahme an der WM 2002.

★ *14.9.1974. 76 Bundesligaspiele / 4 Tore, davon 40 Spiele / 1 Tor für den BVB (ab 2000). Mit dem BVB Deutscher Meister 2002.*

Pagelsdorf, Frank. Kam 1984 von Arminia Bielefeld zum BVB. Als Trainer führte Pagelsdorf den FC Hansa Rostock zurück in die Bundesliga und den Hamburger SV in die Champions League.

★ *5.2.1958. 236 Bundesligaspiele / 37 Tore, davon 102 Bundesliga-*

spiele / 9 Tore für den BVB (1984-90). Mit dem BVB DFB-Pokalsieger 1989.

Paul, Wolfgang. Begann mit dem Fußball beim TuS Bigge 06. Als 17-Jähriger schloss sich Paul dem VfL Schwerte an, bevor ihn Max Merkel 1961 zum BVB lockte. Der gelernte Uhrmacher verrichtete damals seinen Wehrdienst und spielte in der Westfalenauswahl. Der 1,86 m große, kopfballstarke Paul kam als Halbstürmer, wurde aber beim BVB zu einem erfolgreichen Vorstopper und Abwehrorganisator umfunktioniert. Er war einer der härtesten Defensivspieler, kassierte aber in seinen zehn Jahren beim BVB nicht eine rote Karte. 1968 ereilte ihn bei einem Spiel gegen den 1. FC Kaiserslautern eine schwere Verletzung, von der er sich nie mehr richtig erholte. 1995 wurde Paul mit der Ehrenmitgliedschaft und der Goldenen Vereinsnadel ausgezeichnet. Der Kapitän von 1966 ist Vorsitzender des BVB-Ältestenrats.

★ *25.1.1940. 148 Bundesligaspiele / 6 Tore (1963-70) und 50 Spiele / 1 Tor in der Oberliga West (1961-63) für den BVB. Mit dem BVB Deutscher Meister 1963, DFB-Pokalsieger 1965 und Europapokalsieger 1966.*

Pentrup, Egon. Der langjährige BVB-Funktionär begann seine Fußballerkarriere bei der DJK-Bewegung, bevor er über Hertha Dortmund zum BVB fand. 1933 wurde der „Frauenschwarm" Pentrup BVB-Präsident, übte dieses Amt jedoch aufgrund der neuen politischen Verhältnisse nur ein Jahr lang aus. Der gläubige Katholik mochte sich nicht mit den Nazis arrangieren und wurde dafür fast eingelocht. 1934 trat Pentrup vom Vorsitz zurück. Nach dem 2. Weltkrieg stieg Pentrup erneut in die Vorstandsarbeit ein. Pentrup: „Da waren Männer gefragt, die mit den Nazis nichts am Hut hatten." Der 1904 geborene Pentrup starb 1980.

Peters, Ignaz. Der Bauunternehmer, Adoptivvater des späteren BVB-Nationalspielers Wolfgang „Sully" Peters, war in den 20er Jahren Borussias erster Mäzen. Der BVB honorierte Peters Engagement mit der Vergabe der ersten Ehrenmitgliedschaft in der Geschichte des Vereins. Ignaz Peters trug wesentlich dazu bei, dass der Borussia-Sportplatz „Weiße Wiese" 1923/24 statutenmäßig ausgebaut werden konnte.

Peters, Wolfgang. „Sully", wie ihn seine Freunde nannten, kam 1954 vom SG Viktoria Dortmund zum BVB. Der schmächtige, aber wieselflinke und maßgerechte Flanken schlagende Flügelflitzer wurde auch in die Nationalmannschaft berufen, doch eine Meniskusverletzung verhinderte eine Nationalspielerkarriere.

★ 8.1.1929. *209 Spiele / 19 Tore für den BVB in der Oberliga West (1954-63). Mit dem BVB Deutscher Meister 1956 und 1957. 1 A-Länderspiel.*

Piotrowski, Hans. Der langjährige Platzkassierer und Schriftführer (geb. 24.4.1916) wurde auf der Jahreshauptversammlung 2001 für 65 Jahre Vereinsmitgliedschaft geehrt.

Poschner, Gerd. Kam 1990 vom VfB Stuttgart. Seine Ankunft in Dortmund wurde von hohen Erwartungen begleitet. Dem exzellenten Techniker gelang es trotz einer Reihe von brillanten Vorstellungen nicht, zu einer festen Größe zu avancieren. Nach der Saison 1993/94 verließ der Schwarm vieler weiblicher BVB-Teenies den Klub und kehrte zum VfB zurück. Später wechselte Poschner in die spanische Primera Division.

★ 23.9.1969. *110 Bundesligaspiele /14 Tore für den BVB. 2 Einsätze in der Olympia-Auswahl.*

Povlsen, Flemming. Kam zur Saison 1990/91 vom PSV Eindhoven zum BVB und kostete damals ca. 4 Mio. DM. In der Bundesliga hatte Povlsen zuvor bereits für den 1. FC Köln (1987-90) gespielt. Mit seinem kämpferischen Einsatz und seiner Antriebskraft wurde der Däne Teil der Seele des BVB-Spiels. Manager Meier: „Der trifft für einen Stürmer nun wirklich ziemlich selten das Tor. Aber die Leute feuern ihn an, die Fans mögen ihn. Denn der läuft das ganze Spiel den Platz rauf und runter wie ein Verrückter, und dann sagen die Dortmunder eben: Macht nix, is' in Ordnung, Flemming!" Eine schwere Knieverletzung zwang Povlsen in der Saison 1994/95 zur Beendigung seiner Karriere.

★ 3.12.1966. *116 Bundesligaspiele / 20 Tore für den BVB. Mit dem BVB Deutscher Meister 1995. Mit Dänemark 1992 Europameister.*

Preißler, Alfred. Ein Sportjournalist beschrieb den Kapitän der schwarz-gelben Meistermannschaft von 1956 und 1957 als „einen der gescheitesten Spieler, die je über eine Fußballwiese gelaufen sind". In Duisburg geboren, spielte Preißler in seiner Jugend für den DSC 1900 Duisburg. Nach einem kurzen Intermezzo beim Dortmunder Vorortklub Husen 13 schloss sich der Kicker mit der hohen Stirn dem BVB an. 1949 und 1950 wurde Preißler Torschützenkönig der Oberliga West. Nach der Saison 1949/50 wechselte er für zwei Spielzeiten zu Preußen Münster, mit denen er 1951 Deutscher Vizemeister wurde, der bis heute größte Erfolg in der Geschichte der Domstädter. Mit Gerritzen, Schulz, Rachuba und Lammers bildete Preißler dort den so genannten „100.000-Mark-Sturm". Während

> **EINWURF**
> „Grau is alle Theorie,
> maßgebend is auffen Platz."
> *Adi Preißler*

seiner Zeit beim SC Preußen gab Preißler auch sein Debüt in der Nationalelf (23.9.1951). Als der technisch versierte Stürmer 1952 zum BVB zurückkehrte, zählte er bereits 31 Lenze. Seine letzte Glanzvorstellung im Borussen-Trikot gab Preißler am 20. September 1959 beim Derby gegen Schalke, das der BVB 5:0 gewann. Nach Beendigung seiner Spielerkarriere arbeitete Preißler als Trainer. Sein größter Trainererfolg war 1969 der Bundesligaaufstieg mit Rot-Weiß Oberhausen. Zwei Jahre später stiegen die Oberhausener wieder ab, und Preißler beendete seine Trainerkarriere.

★ *9.4.1921. 294 Spiele / 175 Tore in der Oberliga West, davon 241 Spiele / 145 Tore für den BVB (1947-50 und 1952-59). Mit dem BVB Deutscher Meister 1956 und 1957. 2 A-Länderspiele.*

Quallo, Peter. Der Name Quallo steht hier als Repräsentant des Buchstabens Q. Glückwunsch!

★ *2.10.1971. 24 Bundesligaspiele / 0 Tore, davon 22 Spiele für den BVB (1990-92).*

Raducanu, Marcel. Der geniale rumänische Spielmacher spielte vor seiner Flucht in den Westen bei Steaua Bukarest, wo er als Siebenjähriger seine Karriere begann. Für Steaua bestritt Raducanu 250 Ligaspiele, in denen er 90 Tore schoss, und wurde zweimal Meister und zweimal Pokalsieger. 1988 verließ Raducanu den BVB und wechselte für 200.000 DM zum FC Zürich. Raducanu betreibt seit 1994 eine Fußballschule in Dortmund und hat sich wiederholt an BVB-Aktionen gegen Ausländerfeindlichkeit beteiligt.

★ *21.10.1954. 163 Bundesligaspiele / 31 Tore für den BVB (1982-88). 30 A-Länderspiele für Rumänien. Rumäniens Fußballer des Jahres 1979 und 1980.*

Rasen. Aufgrund des geringen Lichteinfalls und der eingeschränkten Ventilation ist der Rasen des Westfalenstadions ein Dauerproblem. Der BVB hofft dieses künftig durch eine Kombination von Natur- und Kunstrasen zu lösen, wie sie bereits an der Liverpooler Anfield Road existiert.

> **EINWURF**
> „Wenn im Westfalenstadion der Rasen gemäht wird, stehen hinterher 20 Mann zusammen und erzählen, wie es gewesen ist."
> *Max Merkel*

Rau, Günter. „Bubi" Rau hütete das Borussen-Tor während des DM-Finales 1949. Der Nachfolger von Willi Kronsbein war mit 20 Jahren der jüngste Torwart der Oberliga West. Rau wäre beinahe bei Tottenham Hotspur gelandet. Einige ältere Semester halten ihn für den besten Keeper, der beim BVB jemals zwischen den Pfosten stand. *68 Spiele / 0 Tore für den BVB in der Oberliga West.*

Rauball, Reinhard. Im Januar 1979 wurde Dr. Reinhard Rauball zum neuen BVB-Präsidenten gewählt. Mit seinen 32 Jahren war der Rechtsanwalt der damals jüngste Präsident der Liga. Unter Rauballs Ägide begann die längst überfällige Modernisierung des Vereins. Er reaktivierte die Traditionspflege und engagierte mit Udo Lattek und später Branko Zebec ausgewiesene Toptrainer. Die Zuschauer strömten nun wieder in Massen zur Borussia. Im September 1982 warf Rauball wegen beruflicher Überlastung das Handtuch. Postwendend ging es mit dem BVB erneut steil bergab. Im Oktober 1984 kehrte Rauball an die Vereinsspitze zurück, als das Amtsgericht dem bankrotten Verein einen Notvorstand verordnete. Von nun an wurden Schritt für Schritt die Grundlagen für den zweiten Aufstieg des BVB zu einer internationalen Topadresse geschaffen. 1986 sah Reinhard Rauball seine Aufgabe mit der sportlichen und finanziellen Konsolidierung des Vereins erfüllt und übergab an Gerd Niebaum, der die Politik seines Vorgängers konsequent fortsetzte.

> **EINWURF**
> „Einen Bundesligaverein aufzubauen, dauert sehr lange – ihn zu ruinieren, geht von heute auf morgen." *Reinhard Rauball*

Rehhagel, Otto. Als Spieler war Rehhagel im Trikot von Hertha BSC Berlin bereits beim Bundesligastart 1963 dabei und firmiert deshalb als „Kind der Bundesliga". Der 1936 in Essen geborene Rehhagel wurde 1976 vor den Relegationsspielen zum Aufstieg in die 1. Bundesliga verpflichtet. Präsident Günther misstraute Horst Buhtz, weil dieser bereits für die kommende Saison beim Gegner 1. FC Nürnberg unterschrieben hatte. Der BVB gewann die Qualifikationsspiele und belegte in der folgenden Saison 1976/77 in der 1. Bundesliga auf Anhieb den 8. Platz. Rehhagels Ende kam am letzten Spieltag der Saison 1977/78, als der BVB unter etwas dubiosen Umständen Borussia Mönchengladbach in Düsseldorf mit 0:12 unterlag – die höchste Niederlage in der Bundesligageschichte der Borussen. Rehhagel wurde anschließend als „Otto Torhagel" verspottet. Bei Werder Bremen avancierte Rehhagel später zu einem der erfolgreichsten Trainer der Bundesligageschichte. Rehhagel wurde dreimal Deutscher Meister: 1988 und 1993 mit Werder Bremen und 1998 beim 1. FC Kaiserslautern, mit dem der Trainer zuvor seinen dritten Bundesligaaufstieg feiern durfte und damit den ersten „Durchmarsch" eines Aufsteigers zum Meister schaffte.

Reina, Giuseppe. Reinas Stammverein, Rot-Weiß Unna, ist zwar vor den Toren Dortmunds beheimatet. Doch bedurfte es des Umwegs über Königsborner SV (ebenfalls Unna) Wattenscheid 09 und Arminia Bielefeld, bevor der BVB auf ihn aufmerksam wurde. Zur Saison 1999/2000 wurde Reina für 5 Mio. DM vom Erstligaabsteiger Arminia Bielefeld verpflichtet. Seine Herkunft, sein kämpferischer Einsatz sowie seine für deutsche Bundesligastürmer eher ungewöhnliche Lust, den Zweikampf mit einem gegnerischen Abwehrspieler zu suchen und diesen „aussteigen" zu lassen, machten den „Turbo-Dribbler" auf der Südtribüne schnell populär. Eine schwere Verletzung warf ihn in der Saison 2001/02 zurück.

★ *15.4.1972. 127 Bundesligaspiele / 27 Tore, davon 63 Spiele / 14 Tore für den BVB (ab 1999). Mit dem BVB Deutscher Meister 2002.*

Reinhardt, Knut. Beim BVB von 1991 bis 1999. Kam von Bayer 04 Leverkusen. Für den Chemieklub bestritt der gebürtige Leverkusener bereits als 17-Jähriger sein erstes Bundesligaspiel. 1988 gewann er mit Bayer den UEFA-Cup. Das auf der linken Außenbahn beheimatete Kraftpaket wurde Vizeweltmeister mit der U-20-Auswahl. Reinhardt über die „Knuuut-Rufe" der Südtribüne: „Ich glaube, dass die Leute meine Art Fußball zu spielen sehr gerne sehen, die wollen keinen Schnickschnack, sondern ehrlichen Arbeiterfußball."

★ *27.4.1968. 170 Bundesligaspiele / 5 Tore für den BVB (1991-99). Mit dem BVB Deutscher Meister 1995 und 1996. Champions-League- und Weltpokalsieger 1997. 7 A-Länderspiele.*

Rensmann, Gerd. Der 1923 geborene Journalist schrieb über 30 Jahre für die „Westdeutsche Allgemeine Zeitung" (WAZ) über den BVB. Neben dem Fußball galt sein journalistisches Interesse dem Radsport und Boxen. „Der Lange", wie der aus Lütgendortmund stammende Rensmann gerufen wurde, galt als „‚Chamauer der alten Schule', der mit einer gehörigen Portion Humor die nationale und internationale Sportwelt erfreute" (Fritz Lünschermann in „Borussia aktuell").

Reuter, Stefan. Der erste Ex-Italien-Legionär im Westfalenstadion. Kam 1992 von Juventus Turin zum BVB und sollte Thomas Helmer auf der Liberoposition ersetzen. Zuvor beim 1. FC Nürnberg und beim FC Bayern München, der ihn für 5 Mio. DM nach Italien verkaufte. Als Jugendlicher erwarb der in Dinkelsbühl geborene Reuter auch in der Leicht-

Stefan Reuter

> **EINWURF**
> „Zur Schiedsrichterleistung will ich gar nichts sagen, aber das war eine Frechheit, was da gepfiffen wurde!" *Stefan Reuter*

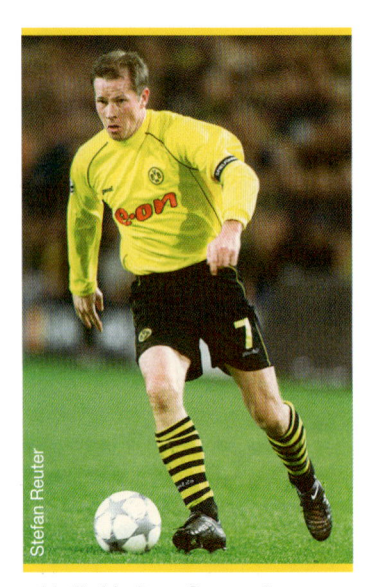

athletik Meriten. So wurde er u.a. Bayerischer Meister im Crosslauf. Aus dieser Zeit ist sein „Raketenantritt" geblieben. In der Saison 1997/98 löste Reuter, bekannt für Verhandlungsgeschick und -härte, Michael Zorc als Mannschaftskapitän ab, nachdem er sich in geheimer Wahl gegen Jürgen Kohler und Matthias Sammer durchgesetzt hatte. In der Saison 2001/02 war Reuter – mittlerweile im zehnten Jahr beim BVB – dienstältester Borusse. Nach der WM 1998 erklärte der Nationalspieler Reuter seinen Rückzug aus der DFB-Elf und begründete dies mit der Person Berti Vogts.

★ *16.10.1966. 440 Bundesligaspiele / 25 Tore, davon 245 Spiele / 11 Tore für den BVB (ab 1992). Mit dem BVB Deutscher Meister 1995, 1996 und 2002, Champions-League-Sieger 1997 und Weltpokalsieger 1997. 69 A-Länderspiele. Weltmeister 1990 und Europameister 1996.*

Revierderby. Für manche Fans der beiden Revierrivalen Dortmund und Schalke ist der Ausgang des Derbys von größerer Bedeutung als ein Titelgewinn. Bislang fanden 119 Begegnungen zwischen Schwarz-Gelb und Blau-Weiß statt. Zu einem echten Derby, ja zu dem Derby im deutschen Fußball schlechthin entwickelte sich die Angelegenheit erst ab Ende der 1930er. Zuvor war Schalke viel zu dominant. Der erste Punktgewinn der Borussen gegen Schalke 04 datiert aus der Saison 1937/38, als das Derby 3:3 endete. In der letzten Gauligasaison 1943/44 konnte der BVB dann mit einem 1:0 seinen ersten Sieg verbuchen. Zum Wendepunkt geriet das Jahr 1947, als der BVB Schalke 04 im Finale um die West-

Ewiges Duell: Dortmund (mit Koller) gegen Schalke (mit Waldoch).

falenmeisterschaft mit 3:2 bezwang. Fortan bewegten sich Borussen und Schalker meist auf einer Augenhöhe. Beide stiegen aus der Erstklassigkeit ab, aber nie gleichzeitig. Die Borussen waren 1972-74 zweitklassig, die Schalker 1980-82, 1983-84 und 1988-1991. Die Bilanz der beiden Rivalen aus 16 Jahren Oberliga West (1947-63): 15 Siege für Dortmund, 7 Unentschieden, 10 Siege für Schalke. Auch die Bundesligabilanz sieht den BVB bislang vorne: 24 Siege für Schwarz-Gelb, 17 Unentschieden, 19 Siege für Blau-Weiß.

Dortmund war stets etwas „ordentlicher", „preußischer" und „städtischer" als Gelsenkirchen, was sich auch in den Vereinen und bei ihren Fans niederschlägt. Dass die Schalker zu den Hauptakteuren des Bundesligaskandals gehörten, halten noch heute nicht wenige Borussen-Fans für „typisch Schalke" – so wie Rudi Assauers gegelte Haare und Zigarre oder diesen knartschengen blau-gelben Strampelanzug, mit dem Herr Möllemann „auf Schalke" einzusegeln pflegt.

Rhein, Ottmar. Der Oberstleutnant, der u.a. Willi Neuberger zum BVB holte, wurde in den 60er Jahren Spielausschussvorsitzender der Borussen. Der gelernte Forstwirt und Journalist leitete die Pressestelle der 7. Panzergrenadierdivision. Rhein führte den Borussen Akteure der Bundeswehrauswahl zu. Musste ein Borusse einrücken, sorgte Rhein dafür, dass er unter seine Fittiche kam und die Physis des schwarz-gelben Rekruten nicht überfordert wurde. Rhein bezahlte sein Engagement für den BVB mit einem Beförderungsstopp.

Ricken, Lars. Als 17-Jähriger debütierte er in der Saison 1993/94, erzielte auf Anhieb ein Tor und wurde zum jüngsten Bundesligatorschützen aller Zeiten. Ricken kam 1990 als Jugendspieler vom TSC Eintracht Dortmund. Zuvor spielte er für den TuS Eving-Lindenhorst, bei dem vor ihm schon Klos und Zorc groß wurden. Ricken ist ein Mann für entscheidende Tore. Sein berühmtestes fiel im Champions-League-Finale 1997, als er unmittelbar nach seiner Einwechslung das siegbringende 3:1 erzielte. Die „Süddeutsche Zeitung" bezeichnete ihn mal als das „vermutlich größte Fußballtalent der letzten 20 Jahre". Die WR sprach von einem Instinkt- und Straßenfußballer, „dem Spielintelligenz und -witz in die Wiege gelegt worden sind". Ein brutales Foul des Bielefelders Uwe Fuchs im Oktober 1997, das alle drei Bänder im rechten Sprunggelenk zerfetzte, hatte allerdings einen Karriereknick zur Folge. Als Ricken wieder genesen war, war von jener Frische und Unbekümmertheit, Schnelligkeit und

Explosivität, die das Talent einst auszeichneten, zunächst nicht viel zu sehen. Unter Matthias Sammer lief Ricken wieder zur alten Form auf, wurde zu einer wichtigen Größe im BVB-Team und kehrte in den Kreis der Nationalmannschaft zurück. Ricken, auch kulturell engagiert, ist der letzte waschechte Dortmunder im BVB-Kader und im Alter von 25 Jahren fast schon ein „Urgestein".

★ *10.7.1976. 214 Bundesligaspiele / 34 Tore für den BVB (ab 1993). Mit dem BVB Deutscher Meister 1995, 1996 und 2002, Champions-League-Sieger 1997, Weltpokalsieger 1997. 16 A-Länderspiele, Vize-Weltmeister 2002.*

> **EINWURF**
>
> „Michael Zorc, Stefan Klos und ich sind alle mit der Rivalität zu Schalke groß geworden. Uns bedeutet ein Sieg gegen Schalke nicht nur zwei Punkte, sondern auch Genugtuung."
>
> *Lars Ricken*

Riedle, Karlheinz. Kam 1993 für ca. 9,5 Mio. DM von Lazio Rom. In der Bundesliga kickte der kleine, aber sprunggewaltige Allgäuer – die italienische Zeitung „Gazetta dello Sport" taufte ihn „Herr der Lüfte" – zunächst für Blau-Weiß Berlin, bevor ihn Otto Rehhagel 1987 nach Bremen holte. Mit Werder 1988 Deutscher Meister und mit 18 Toren Zweiter in der Torjägerliste. In Dortmund wurde er zunächst als „Fehleinkauf" gehandelt. Bildete dann aber mit Chapuisat und Möller ein „Dreieck", das in der Saison 1994/95 wesentlich zur ersten Bundesligameisterschaft des BVB beitrug. Im Champions-League-Finale 1997 steuerte Riedle zwei Tore zum 3:1-Erfolg bei. Danach verließ Riedle Dortmund und wechselte in die englische Premier Division zum FC Liverpool.

★ *16.9.1965. 207 Bundesligaspiele / 72 Tore, davon 87 Spiele / 24 Tore für den BVB (1993-97). 42 A-Länderspiele. Weltmeister 1990.*

Ritschel, Manfred. Zählte in der Abstiegssaison 1971/72 zu den wenigen bundesligatauglichen Spielern im Borussen-Kader. Nach dem Abstieg verließ Ritschel den BVB und war in der Bundesliga anschließend noch für Kickers Offenbach, 1. FC Kaiserslautern und Schalke 04 am Ball.

★ *7.6.1946. 231 Bundesligaspiele / 14 Tore, davon 57 Spiele / 7 Tore für den BVB (1970-72).*

Rosicky, Tomas. Der schmächtige Tscheche (1,75 Meter, 66 Kilo) kam 20-jährig in der Winterpause 2000/01 von Sparta Prag. Die Ablösesumme von 29 Mio. DM war damals Bundesligarekord. Der tschechische Nationaltrainer über den Mittelfeldspieler: „Rosicky hat alles, was ein Spielmacher von internationaler Spitzenklasse braucht. Er ist beidfüßig, schnell und hat eine sensationelle Übersicht." Der „Kicker" attestierte ihm „Pässe von mozartischer Leichtigkeit, die die Defensivreihen des Gegners aufschlitzen. Wie ein Aal glitscht Rosicky durch die vielbeinige Menge der Defensiv-Spezialisten, denen angesichts von Virtuosität und Geschmeidigkeit des Dortmunders der Angst-

Tomas Rosicky

schweiß ausbricht." Und sein Vorgänger Andreas Möller: „Wenn er sich nicht verletzt, wird er der beste Spieler der Bundesliga." Wenn der „tschechische Zauberer" den Ball streichelt, wird deutlich, wie schön und einfach Fußball sein kann. Nur wenige Monate nach seiner Verpflichtung bot Inter Mailand 100 Mio. DM für den Ballvirtuosen, doch die Borussen lehnten aus sportlichen Erwägungen ab.

★ *4.10.1980. 45 Bundesligaspiele / 5 Tore für den BVB (ab 2000). Mit dem BVB Deutscher Meister 2002. Tschechischer Nationalspieler.*

■ **Rote Erde.** Die „Kampfbahn Rote Erde" wurde am 6. Juni 1926 eröffnet und war Teil eines größeren Volkspark-Projektes. Vater der Roten Erde war der legendäre Stadtbaurat Hans Strobel, nach dem auch die Straße vor dem Stadion benannt wurde. Die Rote Erde war eine typische deutsche Kampfbahn mit einer mit Sitzbänken ausgestatteten und für heutige Verhältnisse sehr kleinen Haupttribüne, die von unüberdachten Stehrängen eingeschlossen wurde. Letztere machten den ganz überwiegenden Teil der Plätze aus. Was für das Westfalenstadion die Südtribüne ist, war für die Rote Erde die Nordkurve.

Vor dem Bundesligastart wurde die Gegengerade überdacht und um einige Sitzränge aufgestockt. Die Südkurve wurde um eine Stahlrohrtribüne ergänzt. Beide Konstruktionen wurden nach dem Umzug ins Westfalenstadion wieder abgebaut. Das Fassungsvermögen der Roten Erde betrug knapp 40.000. Häufig drängten sich aber deutlich mehr Menschen auf ihren Rängen. Der BVB bezog die Rote Erde nach dem Verlust der Weißen Wiese (1937) zunächst nur widerwillig. Heute spielen in der Rote Erde noch die Amateure des BVB.

Rote Erde

Ruhmhofer, Heinz. Der rechte Verteidiger und gelernte Schlosser ging aus der eigenen Jugend hervor. Endspielteilnehmer 1949.

★ *15.10.1921. 70 Oberligaspiele / 0 Tore für den BVB (1947-51)*

Rummenigge, Michael. Die 1,5 Mio. DM teure Verpflichtung des „arroganten" Bayern-Akteurs provozierte seinerzeit im „proletarischen" Dortmund erheblichen Wirbel, der sich jedoch bald legte. Rummenigges Ankunft signalisierte eine bevorstehende Zeitenwende beim BVB, der nun wieder höhere Ziele ins Visier nahm. Der gebürtige Lippstädter entwickelte sich zu einem wichtigen Leistungsträger. Wurde nach den ersten Spielen der Saison 1993/94 für 3,5 Mio. DM an den japanischen Klub Urawa Red Diamonds verkauft, nachdem sich zwischen ihm und Sammer eine Konkurrenzsituation im Dortmunder Mittelfeld ergeben hatte.

★ *3.2.1964. 309 Bundesligaspiele / 80 Tore, davon 157 Spiele / 36 Tore für den BVB (1988-93). Mit dem BVB DFB-Pokalsieger 1989. 2 A-Länderspiele.*

Rüssmann, Rolf. Als der Revierrivale Schalke in finanzielle Turbulenzen geriet, musste man den Leistungsträger Rüssmann an den BVB verkaufen. Rüssmann ist bis heute der Ex-Schalker mit den meisten Bundesligaeinsätzen für den BVB.

★ *13.10.1950. 453 Bundesligaspiele / 48 Tore, davon 149 Spiele / 18 Tore für den BVB (1980-85). 20 A-Länderspiele / 1 Tor (bei Schalke 04).*

Rynio, Jürgen. Ein guter Torhüter, doch wo er unterschrieb, war die Seuche – sprich: der Abstieg – meist nicht weit. In neun Bundesligaspieljahren stieg Rynio, in Dortmund „Max" gerufen, fünfmal ab: 1968 mit dem Karlsruher SC, 1969 mit dem 1. FC Nürnberg, 1972 mit dem BVB, 1978 mit dem FC St. Pauli und 1986 mit Hannover 96. Nur bei Rot-Weiß Essen blieb Rynio von diesem Schicksal verschont. In der Zweitklassigkeit wurde Rynio von Horst Bertram als Nr. 1 im BVB-Trikot abgelöst.

★ *1.4.1948. 186 Bundesligaspiele / 0 Tore, davon 81 Spiele / 0 Tore für den BVB (1969-72), 11 Spiele für den BVB in der Regionalliga West (1972-74).*

Saftig, Reinhard. Diente dem BVB zunächst als Co-Trainer. Im Saisonfinale 1985/86 übernahm Saftig dann die Chefposition von Pal Csernai und rettete dem BVB per Relegation den Klassenerhalt. Vor seiner BVB-Zeit war Saftig beim FC Bayern angestellt. Auch in München musste er den geschassten Csernai kurzfristig ablösen (1983). Anders als in München durfte er aber in Dortmund die Chefposition über das Saisonfinale hinaus behalten. In der Saison 1986/87 belegte Saftig mit dem BVB den 4. Platz, zu diesem Zeitpunkt die beste Platzierung seit dem Wiederaufstieg von 1976. Der Trainer kündigte während der Vorbereitung auf die Saison 1988/89, da nicht sein Wunschkandidat Michael Zorc, sondern Frank Mill die Kapitänsbinde erhielt. In der Bundesliga trainierte Saftig anschließend noch

Hannover 96, VfL Bochum und Bayer Leverkusen. Heute ist er Chefscout der Borussen.

Sammer, Matthias. Als Aktiver war Sammer ein leidenschaftlicher Fußballer mit unbändigem Temperament, was ihm den Beinamen „Feuerkopf" einbrachte – auch mit Bezug auf seine roten Haare. Sein Trainer Ottmar Hitzfeld behauptete später, Sammer habe schon als Spieler „analytisch und strategisch gedacht wie ein Trainer".

Der Sohn des Fußballlehrers Klaus Sammer begann seine Karriere fünfjährig in der Jugend von Dynamo Dresden. 1986 wurde Sammer mit der U-18-Auswahl der DDR Europameister. Zwei Wochen vor seinem 18. Geburtstag feierte er sein Debüt in der 1. Mannschaft Dynamos. Ein Jahr später wurde er DDR-Nationalspieler. Nach der Wende wechselte Sammer in den Westen und schloss sich dem VfB Stuttgart an. 1992 wurde er mit dem VfB Deutscher Meister. Anschließend wurde Sammer von Inter Mailand verpflichtet, kam in Italien aber nicht zurecht. Noch während der Saison 1992/93 holte ihn der BVB für die Rekordsumme von 8,5 Mio. DM zurück in die Bundesliga.

Dauerprobleme mit dem linken Knie führten während der Saison 1997/98 zum vorzeitigen Karriereende. Sein letztes Bundesligaspiel bestritt Sammer am 6. Oktober 1997 auf der Bielefelder „Alm". Sammer, niemals satt und ein vehementer Gegner jeglicher Form von unangebrachter Selbstzufriedenheit, wurde in Anlehnung einer TV-Serie über „Ostdeutsche" „Motzki" genannt.

Mit Beginn der Saison 2000/01 wurde Sammer Cheftrainer der Borussen, die nach Hitzfelds Weggang schwächelten. Im ersten Jahr seiner Tätigkeit erreichte Sammer Platz 3, im Jahr darauf die Meisterschaft und das UEFA-Cup-Finale. Sammer war der jüngste Meistertrainer in der Geschichte der Bundesliga und der erste aus der ehemaligen DDR. Präsident Niebaum sah sich bestätigt: Sammer erfülle all das, „was man sich für unseren Verein wünschen kann: die nötige Sachlichkeit und Bescheidenheit und analytische Fähigkeit." Für den Spieler Dede war Sammer „unser Freund und Commandante. Klar, er ist stocksauer, wenn wir Scheiße gespielt haben. Aber du kannst zu jeder Zeit mit jedem Problem zu ihm kommen. Er hat einfach Herz." Ulf Kirsten hält Sammer für höhere Aufgaben geeigt: „Wenn Rudi Völler nach 2006 nicht mehr weiter machen sollte, dann wäre Matthias der ideale Bundestrainer."

★ *5.9.1967. Als Spieler 178 Bundesligaspiele / 41 Tore, davon 115 Spiele / 21 Tore für den BVB (1992-98). Mit dem BVB Deutscher Meister 1995 und 1996, Champions-League-Sieger 1997 und Weltpokalsieger 1997. 23 Länderspiele / 6 Tore für die DDR, 51 A-Länderspiele / 8 Tore für den DFB. Europameister 1996. Fußballer der Jahre 1995 und 1996.*

> **EINWURF**
> „Lernen ist das Spannendste im Leben. Wenn das Lernen aufhört, ist das Leben vorbei."
> *Matthias Sammer*

Sandmann, Herbert. Nach einem Beinbruch war der Verteidiger bei den Borussen nicht mehr erste Wahl und wechselte deshalb 1949 für zwei Spielzeiten zu Schalke 04, wo er sogar zum Publikumsliebling avancierte. „Ich bin zur BVB-Versammlung gegangen und habe Tage später gegen Dortmund gespielt." Umsonst sei die Zeit in Blau-Weiß keineswegs gewesen. „In Schalke habe ich erst richtig Fußballspielen gelernt, dank des guten Abspiels der Alten." Sein Wackelknie brachte ihn 1958 um die WM-Teilnahme. 1960 zwang es ihn zur Beendigung seiner Karriere. Danach noch als Obmann für den BVB tätig und u.a. für die Verpflichtung von Tilkowski und Wosab verantwortlich. Sandmann gilt als Vater des Teams von 1966.

★ *20.6.1928. 231 Spiele / 61 Tore in der Oberliga West, davon 183 Spiele / 38 Tore für den BVB (1951-60). Mit dem BVB Deutscher Meister 1956 und 1957.*

Scala, Nevio. Der Italiener wurde im Sommer 1997 als Nachfolger von Ottmar Hitzfeld verpflichtet und war Borussias erster Ausländer auf der Trainerbank seit Pal Csernai (1985/86). In Italien hatte Scala den AC Parma in die Erstklassigkeit und anschließend zum Gewinn europäischer Trophäen geführt. In Dortmund stieß seine pragmatisch-defensive Spielweise auf Vorbehalte und widersprach auch der Identität des noch von Hitzfeld geprägten und zusammengestellten Teams. Nach einer für ihn – trotz Weltpokalsiegs 1997 – enttäuschenden Saison kehrte Scala dem BVB im Sommer 1998 wieder den Rücken.

■ **Schalke 04.** → Blau-Weiß, → Herne-Ost, → Revierderby

Schanko, Erich. Kam 1947 von Bövinghausen 04 zum BVB. Der linke Läufer zählte in den 50er Jahren zu den populärsten Spielern. Im DM-Finale 1949 verlor er mehrere Zähne. Als er schon über 30 war, berief ihn Herberger in die Nationalelf. Schankos letzter Auftritt im DFB-Trikot erfolgte im März 1954 im WM-Qualifikationsspiel gegen das Saarland (3:1). Aufgrund häufiger Verletzungen verlor er seinen Stammplatz in der BVB-Elf und war deshalb an den Meisterschaften 1956 und 1957 nicht beteiligt.

★ 4.10.1919. 208 Spiele / 11 Tore für den BVB in der Oberliga West (1947-57). 14 A-Länderspiele.

Scheffler, Alois. Der Ehrenvorsitzende des BVB-Ältestenrates diente dem Verein viele Jahre als Funktionär. In seiner aktiven Zeit war er Leichtathlet, Hand- und Fußballer. 1934 wurde Scheffler zum „Unbekannten Sportler des Jahres" von Dortmund gekürt.

Schlebrowski, Erwin. Der im ostpreußischen Klein-Kamionken geborene Kämpfer und Dauerläufer kam 1950 aus Wanne-Eickel, wo er für die DSC-Vorläufer Preußen und Sportfreunde gekickt hatte. Sein Vorname war umstritten. Hieß er nun Erwin, Albin oder Elwin? Man einigte sich schließlich auf „Schlebro". Vor seiner Ankunft in Dortmund schuftete Schlebrowski zunächst im Bergbau. In Dortmund besorgte ihm der BVB eine Umschulung zum kaufmännischen Angestellten. „Schlebro" arbeitete bei den Hoesch-Hüttenwerken in Wellinghofen. Nach der Beendigung seiner Karriere trainierte Schlebrowski noch fünf Jahre die A-Jugend der Borussen. Ein Journalist charakterisierte den Halbstürmer und Außenläufer als einen „Fußballbesessenen".

★ 31.8.1925. 184 Spiele / 15 Tore für den BVB in der Oberliga West (1950-60). Mit dem BVB Deutscher Meister 1956 und 1957. 2 A-Länderspiele.

Schmidt, Alfred. Kam 1956 vom Vorortklub Berghofen. Auch wenn „Aki" beim DM-Finale 1957 nur auf der Bank saß, ist er der einzige Borusse, der beide Glanzzeiten des BVB zwischen 1956 und 1966 miterlebte. Obwohl bereits Nationalspieler, fand Schmidt bei Trainer Schneider im Finale 1957 keine Berücksichtigung, da der Trainer mit der gleichen Mannschaft wie im Vorjahr Meister werden wollte. Dabei hatte Schmidt mit seinem Tor zum 2:1 über Kickers Offenbach die Borussen ins Finale geschossen. Nach dem Ende seiner Karriere arbeitete Schmidt einige Jahre als Trainer und gewann in dieser Funktion mit dem Zweitligisten Kickers Offenbach 1970 den DFB-Pokal. Danach als Sportlehrer tätig. Seit dem 1. Februar 1997 ist „Aki" Fan-Beauftragter des BVB. BVB-Präsident Niebaum: „Aki hat Bekanntheitsgrad und Popularität hervorragend genutzt, junge Menschen enger an den BVB zu binden."

★ 5.9.1939. 81 Bundesligaspiele / 19 Tore für den BVB (1963-67), 195 Spiele / 57 Tore für den BVB in der Oberliga West (1956-63). Mit dem BVB Deutscher Meister 1957 und 1963, DFB-Pokalsieger 1965 und Europapokalsieger 1966. 25 A-Länderspiele / 8 Tore, WM-Vierter 1958.

Schmidt, Bodo. Der Namenlose in einem Team von Stars konnte seinen Stammplatz über Erwarten lange erfolgreich verteidigen. Sein Stammverein hieß TSV Rot-Weiß Niebüll, unweit der deutsch-dänischen Grenze. Vom hohen Norden wechselte das Kind einer Lehrerfamilie in den tiefen Süden der Republik, zunächst zu den Amateuren des FC Bayern und anschließend zur SpVgg. Unterhaching; von dort dann zur Saison 1991/92 ins Herz der Republik. 1996 verließ Schmidt den BVB und wechselte zum 1. FC Köln.

★ *9.9.1967. 180 Bundesligaspiele / 3 Tore, davon 116 Spiele / 2 Tore für den BVB (1991-96). Mit dem BVB Deutscher Meister 1995 und 1996.*

Schmidt, Hans. Hans „Bumbes" Schmidt wurde zur Saison 1951/52 vom BVB als Trainer verpflichtet. Dem ehemaligen Nationalspieler des 1. FC Nürnberg (16 A-Länderspiele) eilte der Ruf eines „Meistermachers" voraus. Als Trainer war er dreimal mit Schalke (1934, 1935, 1937) und einmal mit dem VfR Mannheim (1949 gegen den BVB) Meister geworden. In Dortmund blieb dem Mann mit der krummen Virginia im Mundwinkel der ganz große Erfolg versagt. Zwar wurde Schmidt 1953 mit den Borussen Westmeister, scheiterte aber in der Endrunde zur Deutschen Meisterschaft. Nach der Saison 1953/54 und einem enttäuschenden 5. Platz in der Oberliga verließ Schmidt die Borussen wieder.

Schneck, Josef. Der Leiter der Abteilung Öffentlichkeitsarbeit beim BVB stammt aus Unna (geb. 7.6.1947). Vor seinem Engagement beim BVB (1997) war Schneck Redakteur bei den „Ruhr-Nachrichten" in Dortmund, zuletzt als Leiter der Dortmunder Stadtredaktion.

Schneider, Helmut. Der ehemalige Mannheimer (geb. 17.3.1913) kam zur Saison 1954/55 als Trainer zum BVB und führte diesen 1956 und 1957 zur Deutschen Meisterschaft. In den Endspielen ließ Schneider beide Male dieselbe Mannschaft auflaufen. Im Dezember 1968 kehrte Schneider noch einmal zum BVB zurück, allerdings unter gänzlich anderen Vorzeichen als bei seinem ersten Engagement. Schneider beerbte den plötzlich verstorbenen Oswald Pfau, wurde aber schon drei Monate später von Hermann Lindemann abgelöst. Vor seiner Rückkehr zum BVB hatte Schneider den 1. FC Saarbrücken und den Karlsruher SC trainiert.

Schneider, Theo. Kam 1978 aus Selm über Werne a.d.Lippe zum BVB. Nach seinem Abschied aus der Bundesliga spielte Schneider u.a. für den Dortmunder Amateuroberligisten VfR Sölde. Zur Saison 1998/99 beerbte Schneider den zum Cheftrainer aufgerückten Michael Skibbe als Übungsleiter der Amateure. Zuvor hatte er zwei Jahre den Oberligisten Hammer Spvg. trainiert, wo man ihn anschließend in höchsten Tönen lobte. Schneider ist aktuell im Jugendbereich des BVB tätig.

★ *23.6.1960. 71 Bundesligaspiele / 7 Tore, davon 44 Spiele / 6 Tore für den BVB (1978-82).*

Schulz, Michael. Kam wie vor ihm Ackermann und Huber vom 1. FC Kaiserslautern. Die Ablösesumme betrug 2 Mio. DM. Der vielseitig verwendbare Abwehrrecke wurde beim BVB 1991 A-Nationalspieler. 1988 gehörte Schulz zum Olympia-Aufgebot, das in Südkorea die Bronzemedaille gewann. Schulz war einst der „böse Bube" der Liga, auf den jeder Schiri ein besonders scharfes Auge warf. Unvergessen bleibt die Szene, als er nach einem Platzverweis in Karlsruhe einen Wassereimer umtrat. Auch die Tür einer Schiedsrichterkabine hielt seinen Tritten nicht stand. 1994 war Schulz endlich alt genug, um das Interesse Otto Rehhagels in Bremen zu wecken. Aufgrund seines kämpferischen Einsatzes gehörte Schulz in seinen Jahren beim BVB zu den Lieblingen der Südtribüne.
★ *3.9.1961. 243 Bundesligaspiele / 9 Tore, davon 133 Spiele / 5 Tore für den BVB (1989-94). 7 A-Länderspiele.*

Schütz, Jürgen. Kam 1959 von Urania Lütgendortmund zum BVB. Bildete mit Timo Konietzka ein gefürchtetes Sturmduo. 1963 gehörte „Charly" Schütz zu den ersten deutschen Kickern, die ins italienische Lira-Paradies abwanderten. Für 450.000 DM ließ der BVB den Spieler zum AS Rom ziehen, 280.000 DM kassierte der DFB. In der „Ewigen Stadt" erhielt er einen Dreijahresvertrag und ein Handgeld von 570.000 DM. Anschließend kickte er beim AC Turin und bei AC Brescia. 1968 kehrte Schütz in die Bundesliga zurück, wo er eine Saison für 1860 München spielte, bevor er sich wieder der Borussia anschloss, mit der er 1972 die Erstklassigkeit verlassen musste. Trotz seiner Einkünfte aus dem Fußball und eines Millionengewinns im Lotto geriet „Charlie", der in Dortmund zeitweise die Gaststätten „Zum Zöllner" und „Gildenstube" betrieb, in finanzielle Bedrängnis. Nach dem Ende seiner Bundesligakarriere spielte der 1995 an Kehlkopfkrebs verstorbene Schütz noch für Rot-Weiß Lüdenscheid in der Regionalliga West.
★ *1.7.1939. 93 Bundesligaspiele / 32 Tore, davon 73 Spiele / 26 Tore für den BVB (1969-72). 113 Spiele / 87 Tore für den BVB in der Oberliga West (1959-63). Torschützenkönig der Oberliga West 1960, 1961 und 1963. Deutscher Meister 1963. 6 A-Länderspiele / 2 Tore.*

Schröder, Gerd. Der SPD-Vorsitzende und Bundeskanzler (Stand: August 2002) ist Fan und Ehrenmitglied des BVB. In einem Interview übersetzte Schröder das Kürzel BVB mit „Begeisterung, Vereinsführung und Ballzauber."

Schwaben, Heinrich. Der Brauereidirektor (Union-Brauerei) war von 1923 bis 1928 Präsident des BVB. Schwabens Wahl stand in Zusammenhang mit dem Ausbau des Borussia-Sportplatzes „Weiße Wiese", als dessen Vater er gilt. Mit Schwaben, BVB-Mitglied seit 1912, stand erstmals ein Mann aus der lokalen Geschäftswelt an der Spitze des BVB. Als die Borussen 1939 ihr 30-jähriges Bestehen feierten, nutzte Schwaben die Gelegenheit, um im Festbuch die Wegnahme der „Weißen Wiese" durch die Nazis zu kritisieren.

■ **schwatzgelb.de.** Die vielleicht beste der mittlerweile zahlreichen inoffiziellen BVB-Internetseiten mit inzwischen ca. 30.000 Zugriffen pro Monat. schwatzgelb.de will der großen und vielfältigen Fanlandschaft von Borussia Dortmund als Plattform der Kommunikation und Forum für den Austausch von Aktionen dienen. Die Macher wollen die Entwicklung des Vereins kritisch begleiten und dabei auch „uns Fans selbst" hinterfragen.

Simmes, Daniel. Kam 1984 aus dem Dortmunder Stadtteil Dorstfeld zum BVB. Simmes erzielte am 6. Oktober 1984 gegen Leverkusen eines der schönsten Tore der bisherigen Bundesligageschichte des BVB, das später auch zum „Tor des Monats" gewählt wurde. 1988 wechselte Simmes zum Karlsruher SC.
★ *12.8.1966. 186 Bundesligaspiele / 18 Tore, davon 106 Spiele / 11 Tore für den BVB (1984-88).*

Skibbe, Michael. Als Aktiver musste Skibbe seine Profikarriere nach nur 14 Bundesligaeinsätzen für Schalke 04 vorzeitig beenden. 1989 kam er als Jugendkoordinator zum BVB. Zuvor hatte der Ex-Profi die Schalker B-Jugend trainiert. Ab 1994 war Skibbe für die A-Jugend des BVB verantwortlich, mit der er 1995, 1996 und 1997 Deutscher Meister wurde. Der am 4.8.1965 geborene Skibbe avancierte zum erfolgreichsten Nachwuchstrainer Deutschlands. 1997 wechselte er hausintern zu den Amateuren, die er auf Anhieb in die Regionalliga führte. 1998 wurde der „geborene Trainer" (Niebaum) Cheftrainer beim BVB. In der Saison 1998/99 wurde Skibbe mit dem BVB Vierter, doch nur eine Saison später gerieten die Borussen nach einem starken Saisonstart in den Abstiegsstrudel. Der BVB und Skibbe trennten sich im gegenseitigen Einvernehmen. Der Trainer war an der damaligen personellen Situation in Dortmund, der Macht der Spieler und der Medien sowie der Ungeduld bei einem Teil des mittlerweile erfolgsverwöhnten Borussen-Umfelds gescheitert. Nach der EM 2000 wurde Skibbe neben Rudi Völler zum neuen Verantwortlichen für die Nationalmannschaft bestellt, mit der ihm zunächst die Qualifikation für die WM 2002 und dort die Vizeweltmeisterschaft gelang.

Sörensen, Jan Derek. Kam in der Winterpause 2000/01 vom norwegischen Topklub Rosenborg Trondheim. Eineinhalb Jahre zuvor hatte der antrittsschnelle Offensivspieler mit dem starken Fuß den BVB fast im Alleingang aus der Champions League gekickt, als er im Westfalenstadion gleich dreimal traf. Beim BVB konnte sich Sörensen allerdings nicht etablieren.
★ *26.12.1971. 24 Bundesligaspiele / 0 Tore für den BVB (2000-2002). Mit dem BVB Deutscher Meister 2002. Norwegischer Nationalspieler.*

Sousa, Paulo. Der portugiesische Nationalspieler war beim BVB zunächst als verletzungsanfälliger fußballerischer Schöngeist verschrien, der sich den im Westfalenstadion geforderten harten Zweikämpfen verweigere. Sousa, der für 7 Mio. DM von Juventus Turin kam, war anfangs durch langwierige Knieprobleme gehandicapt. Hinzu kamen Kontaktprobleme. 1997/98, der BVB steckte im Tabellenkeller, offenbarte Sousa ungeahnte Qualitäten. Sogar im eigenen Strafraum grätschte der endlich gesundete Techniker die Bälle weg. Der vermeintliche Fehleinkauf wurde zu einem der wichtigsten BVB-Spieler. Als Sousa mit dem BVB 1997 die Champions League gewann, war

Paulo Sousa

dies für den Portugiesen der zweite Sieg in diesem Wettbewerb in Folge. Während der Winterpause 1997/98 wurde Sousa überraschend für 15 Mio. DM an Inter Mailand verkauft.
★ *30.8.1970. 27 Bundesligaspiele / 1 Tor für den BVB (1996-98). Mit dem BVB Champions-League-Sieger 1997 u. Weltpokalsieger 1997. 50 A-Länderspiele für Portugal.*

■ **Spielstätten.** → Brackeler Straße, → Hoeschpark, → Rote Erde, → Trainingsgelände, → Weiße Wiese, → Westfalenstadion.

■ **Sports & Bytes.** Die Internetfirma Sports & Bytes wurde 1999 als Tochtergesellschaft der Borussia Dortmund GmbH & Co. KGaA gegründet und hieß zunächst Absolute Sports GmbH. Die Firma entwickelt Internet-Auftritte im Sportbereich. Aushängeschild von Sports & Bytes ist das Fußballportal kickbase.de, das Fans und Experten viele Hintergrundinformationen und eine Presseschau bietet. Weitere Kunden sind TSV 1860 München, Hannover 96, Oliver Bierhoff, Michael Ballack, Fredi Bobic und Christoph Metzelder.

Die Südtribüne nach dem Ausbau.

Steegmann, Willy. Der Hoesch-Prokurist war BVB-Boss, als die Borussen 1966 den Europapokal gewannen. Der als integer beschriebene Verwaltungsfachmann war ein Gegner der Verpflichtung großer Namen und propagierte eine zurückhaltende Transferpolitik. Die Folge war, dass attraktive Trainer – wie z.B. Branco Zebec – nicht kamen und die besten Spieler abwanderten. „Sanieren durch Investieren" war nicht Steegmanns Philosophie.

Stevic, Miroslav. Der Jugoslawe kam während der Saison 1998/99 von 1860 München, wo er zu den wichtigsten Leistungsträgern zählte. Auch beim BVB sollte sich „Micky" für drei Jahre zu einer festen Größe im Team entwickeln.
★ 7.1.1970. 250 Bundesligaspiele / 15 Tore, davon 91 / 8 Tore für den BVB (1998-2002). Mit dem BVB Deutscher Meister 2002. 6 A-Länderspiele für Jugoslawien.

Straschitz, Hermann. Kam 1964 von Fortuna Düsseldorf, wo er der Torjäger war. Der „Blaue", wie Straschitz aufgrund seiner Haare genannt wurde, konnte in Dortmund die in ihn gesetzten hohen Erwartungen nicht erfüllen. Wechselte 1966 zu Hannover 96.
★ 17.8.1940. 74 Bundesligaspiele / 16 Tore, davon 24 Spiele / 4 Tore für den BVB (1964-66). Mit dem BVB DFB-Pokalsieger 1965.

Sturm, Willi. Kam 1961 vom Wattenscheider Vorortverein Union Günnigfeld. Dem vielfach verwendbaren und sehr mannschaftsdienlich agierenden Halbstürmer wurde nach dem Finalsieg von Glasgow ein Angebot von Matt Busby (Manchester United) unterbreitet, doch Sturm lehnte ab. Der Angestellte einer Dortmunder Brauerei starb bereits 56-jährig.
★ 8.2.1940. 186 Bundesligaspiele / 12 Tore für den BVB (1863-71). 53 Spiele / 9 Tore für den BVB in der Oberliga West (1961-63). Mit dem BVB Deutscher Meister 1963, DFB-Pokalsieger 1965 und Europapokalsieger 1966. 1 A-Länderspiel.

■ **Südtribüne.** Die größte frei stehende Stehtribüne im europäischen Fußball steht für die BVB-

Verantwortlichen unter „Denkmalschutz". Ihr Fassungsvermögen entspricht mit 25.000 etwa dem der gesamten „Bay Arena" in Leverkusen. Ihre Fläche beträgt 4.200 Quadratmeter. Für jeden stehenden Fan ist die Fläche einer aufgeschlagenen Zeitung vorgesehen. Für internationale Begegnungen kann die Tribüne binnen weniger Stunden mit Sitzplätzen ausgerüstet werden und hat dann eine Kapazität von 10.500 Plätzen. Die Südtribüne ist das Epizentrum des BVB-Supports und stets für einen Punkt gut. Nicht von ungefähr bevorzugt es die Mannschaft bei der Seitenwahl, die zweiten 45 Minuten in Richtung Südtribüne zu spielen.

Tanko, Ibrahim. Der Ghanese kam 1992 von King Feisals Babies FC Kumasi zum BVB. Sein Bundesligadebüt feierte Tanko als 17-Jähriger am 6. Spieltag der Saison 1994/95. Mit Lars Ricken bildete Tanko den so genannten „Baby-Sturm", der nach den Verletzungen von Chapuisat und Riedle einspringen musste. Der zweitjüngste Bundesligatorschütze aller Zeiten, ein überragender Dribbler und Techniker, dem Juve-Star Fabrizio Ravanelli Mitte der 90er das Zeug zum „absoluten Weltklassespieler" attestierte, konnte sich beim BVB jedoch nie einen Stammplatz erkämpfen. Verantwortlich waren hierfür die Verletzungsanfälligkeit, ein zu geringer Tordrang sowie ein „unsteter Lebenswandel". Nach 8½ Jahren beim BVB wechselte Tanko im Januar 2001 zum SC Freiburg.
★ *25.7.1977. 73 Bundesligaspiele / 6 Tore , davon 52 Spiele / 3 Tore für den BVB (1995-2001). Mit dem BVB Deutscher Meister 1995 und 1996, Champions-League-Sieger 1997 und Weltpokalsieger 1997. 4 A-Länderspiele für Ghana.*

Tenhagen, Josef. Der langjährige Leistungsträger des VfL Bochum kam 1981 zum BVB. Seine Profikarriere begann Tenhagen bei Rot-Weiß Oberhausen.
★ *31.10.1935. 457 Bundesligaspiele / 25 Tore, davon 87 Spiele / 0 Tore für den BVB (1981-84).*

Tilkowski, Hans. „Til" wurde als Sohn eines Bergmanns im Dort-

Hans Tilkowski im WM-Endspiel 1966.

munder Vorort Husen geboren. Spielte zunächst für VfL Husen 19, SuS Kaiserau und Westfalia Herne. Mit der Westfalia 1959 Meister der Oberliga West. Tilkowski kassierte während der gesamten Saison 1958/59 nur 23 Gegentreffer. Zum Bundesligastart 1963 schloss sich Tilkowski dem BVB an, beerbte Heini Kwiatkowski und verdrängte Bernhard Wessel. In der Saison 1966/67 gab Trainer Heinz Murach Wessel den Vorzug, woraufhin Tilkowski den BVB am Saisonende in Richtung Eintracht Frankfurt verließ. Mit 39 Länderspielen ist Tilkowski bis heute der erfolgreichste der Nationaltorhüter des BVB. Sein letztes Länderspiel absolvierte Tilkowski am 8.4.1967 gegen Albanien (6:0) in der „Roten Erde", womit er den Regensburger Hans Jakob als deutschen Rekord-Nationaltorhüter ablöste. 1965 wurde „Til", der als Prototyp des besonnenen Schlussmanns und Meister des Stellungsspiels galt, als erster Borusse und Torwart zum „Fußballer des Jahres" gewählt.

⭐ *12.7.1935. 121 Bundesligaspiele / 0 Tore, davon 81 Spiele / 0 Tore für den BVB (1963-67). Mit dem BVB DFB-Pokalsieger 1965 und Europapokalsieger 1966. 39 A-Länderspiele/0 Tore für den DFB. Vize-Weltmeister 1966.*

■ **Tischtennis.** Die BVB-Tischtennisabteilung besteht aus sechs Herrenteams. Die 1. Herrenmannschaft spielt in der 2. Bundesliga. Trainings- und Spiellokal ist die Turnhalle Brügmannstraße. Internet: www.tischtennis.borussia-dortmund.de

Torjubel mit Marcio Amoroso.

■ **Torschützenkönig.** Die vom „Kicker" verliehene Torjägerkanone für den erfolgreichsten Bundesligatorschützen wurde bislang dreimal von einem Dortmunder gewonnen. 1965/66 und 1966/67 hieß der Bundesligatorschützenkönig Lothar Emmerich, der 31 bzw. 28 Tore erzielte. 1966/67 musste „Emma" sich die Trophäe mit seinem aufstrebenden Münchener Kollegen Gerd Müller teilen.

Timo Konietzka wurde 1963/64 und 1964/65 mit 20 bzw. 22 Treffern Zweiter. Auch 1965/66 belegte Konietzka den 2. Platz, nun allerdings im Trikot von TSV 1860 München. 1969/70 wurde Werner „Acka" Weist mit 20 Toren Zweiter, 1980/81 und 1981/82 „Manni" Burgsmüller (27 und 22 Tore), 1990/91 Stephane Chapuisat (20 Tore).

Es dauerte bis zur Saison 2001/02, bevor mit Marcio Amoroso wieder ein Dortmunder die Kanone gewann. Auch Amoroso musste sich die Trophäe teilen, wie Emmerich mit einem Münchener: Martin Max vom TSV 1860 München. Amoroso reichten lediglich 18 Treffer.

■ **Trainer.** In den 39 Jahren seit Einführung der Bundesliga beschäftigte der BVB 41 Übungsleiter, wobei sich Kontinuität und Turbulenzen abwechselten. 1972/73 und 1983/84 versuchten sich beim BVB mit Herbert Burdenski, Detlev Brüggemann, Dieter Kurrat und Max Michallek bzw. Uli Maslo, Helmut Witte, Horst-Dieter Tippenhauer und Horst Franz jeweils vier Trainer pro Saison, 1975/76 und 1999/2000 mit Otto Knefler, Horst Buhtz und Otto Rehhagel bzw. Michael Skibbe, Bernd Krauss und Udo Lattek deren drei. Die längste Amtszeit kann bislang Ottmar Hitzfeld mit sechs Spielzeiten verbuchen (1991/92 bis 1996/97) (siehe auch: Statistischer Anhang).

■ **Trainingsgelände.** Der BVB verfügte bislang über kein mit dem FC Bayern München und seiner Säbener Straße vergleichbares Trainingsgelände. Als der BVB noch in der „Roten Erde" kickte, wurde auf dem Gelände neben dem Stadion trainiert, das man allerdings mit Baubeginn des Westfalenstadions räumen musste. Anschließend wurde in der alten Kampfbahn trainiert. In den 90ern entstand dann „Am Burloh", wenige Schritte vom Westfalenstadion entfernt, ein Trainingsplatz mit Spielergebäude. Noch immer eine bescheidene Angelegenheit, die zudem nur den Profis eine Heimat bot. Dies wird sich nun ändern. Inmitten eines 1.600 Hektar großen, in Dortmund-Brakel gelegenen ehemaligen Kasernengeländes wird der BVB im Sommer 2002 mit dem Bau eines großen Trainingszentrums beginnen. Das Gelände wird auch das Fußball-Leistungszentrum des BVB beherbergen und somit auch vom Nachwuchs genutzt werden. Insgesamt entstehen zehn Rasenplätze. Einer davon wird mit einer Tribüne für 5.000 Zuschauer versehen; dort sollen die Pflichtspiele der Amateure und A-Junioren stattfinden.

■ **Trikotsponsoren.** Erster Trikotsponsor war 1974 die Stadt Dortmund. Genauer: Die Stadt stand als erste auf dem BVB-Trikot. Ein Dankeschön des Vereins für das Westfalenstadion und die Hilfe in der Krise. Es folgten: Samson (der Löwe verunzierte das Vereinsemblem auf dem Trikot), Prestolith, Uhu (Klebstoff), Artic (Eiskrem) und die Continentale (Versicherung), die die längste Zeit auf dem Trikot verbrachte und die einen Pokalsieg, zwei Meisterschaften, den Champions-League-Sieg sowie den Gewinn des Weltpokals miterleben durfte. Danach dann S. Oliver (Bekleidung) und e.on (Energieversorgung).

■ **Trimhold, Horst.** Der „Schotte", wie Trimhold gerufen wurde, war Borussias teuerster Einkauf in

Horst Trimhold

der Saison nach dem Europapokaltriumph. Kam von Eintracht Frankfurt, stammt aber ursprünglich aus Essen (ETB Schwarz-Weiß).

★ *4.2.1941. 167 Bundesligaspiele / 27 Tore, davon 96 Spiele / 12 Tore für den BVB (1966-71).*

■ **Trott, Heinrich.** Wirt der BVB-Gründungsstätte „Zum Wildschütz" in der Oesterholzstraße. Über Heinrich Trott weiß der Zeitzeuge Peter Paul Elisko in der Kolbe-Studie „Der BVB in der NS-Zeit" zu berichten: „Der nahm den Mund gegen die Hitler-Anhänger zeitweise ganz schön voll. Er war einflussreich und wohlhabend – dem gehörten viele Häuser in der Oesterholzstraße, er war auch Aktionär bei der Hansa-Brauerei; außerdem wusste er sehr viel über die Braunen. Deshalb ist ihm nie etwas passiert. Wir haben immer damit gerechnet, dass sie ihn mal einsperren würden." Trotts Schwiegersohn war der langjährige BVB-Vorsitzende und Vereins-Mitbegründer Franz Jacobi, der die Trott-Tochter Lillie ehelichte.

■ **Türken.** Der in Kamen beheimatete Fanklub „BVB-International" hat sich zum Ziel gesetzt, den Dialog und den Austausch zwischen den Kulturen in Deutschland und Europa zu fördern. Dabei widmet sich der Fanklub insbesondere den Beziehungen der türkischstämmigen Community zum BVB sowie dem Kampf gegen den Rassismus. Präsident ist Prof. Dr. Recep Keskin, sein Stellvertreter der Journalist Levent Aktoprak. www.bvb-international.de.

■ **UEFA-Pokal.** Der UEFA-Pokal trat 1972 das Erbe des Messepokals an. Der Wettbewerb diente als Auffangbecken für Klubs, die am Saisonende in ihren Nationalligen hinter dem Landesmeister rangierten. Der erste UEFA-Pokal-Auftritt des BVB datiert aus der Saison 1982/83, als der BVB gegen Glasgow Rangers bereits in der 1. Runde ausschied. Seither war der BVB noch in den Spielzeiten 1987/88, 1990/91, 1992/93, 1994/95, 1999/2000 und 2001/02 dabei. Der BVB erreichte dreimal das Halbfinale (1992/93, 1994/95 und 2001/02) und zweimal das Finale (1992/93 und 2001/02). Gewinnen konnte der BVB den Pokal noch nicht. Dennoch spielt der Wettbewerb für den zweiten Aufstieg der Borussen zu einer europäischen Topadresse eine wichtige Rolle. 1992/93 drang der BVB im UEFA-Pokal bis ins Finale vor, wo er Juventus Turin klar unterlegen war. Dennoch beendeten die Borussen den Wettbewerb als Gewinner, da sie die für die damalige Zeit immense Summe von ca. 25 Mio. DM einstreichen konnten. Das Geld ermöglichte den Borussen den Kauf von Spielern wie Sammer, Riedle und Möller.

■ **UFA Sports.** Viele Bundesligavereine haben ihre Vermarktung Spezialisten übertragen. So auch der BVB, bei dem inzwischen die UFA Sports für diesen Bereich zuständig ist (Vermarktungschef seit 1.8.2002: Carsten Cramer). Laut BVB-Manager Michael Meier garantiert der 10-Jahres-Vertrag mit der UFA dem Verein 100 Mio. DM. UFA-Sports fusionierte im Dezember

2001 mit französischen Agenturen zum Sportrechtevermarkter SPORT-FIVE. Neuer Hauptsitz ist Paris. UFA Sports / Sportfive ist auch bei Bayer Leverkusen, Hamburger SV, Hertha BSC Berlin, 1860 München und 1. FC Nürnberg engagiert.

Varga, Zoltan. Einer der genialsten Spieler, die jemals das BVB-Trikot getragen haben. Der ungarische Ballvirtuose von Ferencvaros Budapest galt als größtes Talent seines Landes. 1968 setzte er sich in Mexiko von der ungarischen Olympiamannschaft ab und flüchtete in den Westen. Über die USA und Belgien kam Varga nach Berlin. Wegen seiner Flucht wurde er für zwei Jahre weltweit gesperrt. 1971 wurde Varga in den Bundesligaskandal verwickelt und mit einer erneuten Sperre bedacht. Der Ungar verließ die Hertha daraufhin und heuerte zunächst beim FC Aberdeen und anschließend bei Ajax Amsterdam an. Von dort wechselte Varga 1974 zum BVB. Der Spielmacher hatte am sportlichen Aufschwung und Wiederaufstieg des BVB erheblichen Anteil. Seit dem Ende seiner Karriere arbeitet Varga als Trainer.

★ *11.1.1945. 53 Spiele / 10 Tore für den BVB in der 2. Bundesliga Nord (1974-76). 13 A-Länderspiele für Ungarn.*

Vereinsfarben. Die erste Wettkampfkleidung des BVB bestand aus einem blau-weiß (!) längsgestreiften Jersey mit roter Schärpe. Am 14.2.1913 genehmigte der WSV dem BVB ein „zitronengelbes" Trikot. Seither lauten die Vereinsfarben „schwarz-gelb".

Schwarz-Gelb im Fußballhimmel.

Vereinslied. Borussias ältestes Vereinslied stammt von 1934 und wurde vom BVB-Schriftwart Heinrich Karsten zum 25-jährigen Vereinsjubiläum getextet. Sein Refrain lautet: „Wir halten fest und treu zusammen / Ball-Heil-Hurra! Borussia!" Der heutige BVB-Archivar Gerd Kolbe hat vorgeschlagen, das politisch diskreditierte „Ball-Heil" zu streichen und beispielsweise durch „Hipp-Hipp-Hurra! Borussia!" zu ersetzen. 1995 wurde bereits eine derartige Version anlässlich der Deutschen Meisterschaft des BVB veröffentlicht.

In den 70er Jahren wurde das von einem BVB-Fan verfasste „Heja BVB!" populär, das auch noch heute vor jedem Heimspiel gesungen wird. Aktuell firmiert als Vereinshymne auch „Leuchte auf, Borussia", getextet und komponiert von Bruno Knust. Von ihm stammt auch das Lied „Borussia" (genauer: Boooorussia..."), das stets nach dem Abpfiff der BVB-Spiele ertönt.

Borussia

Bei uns in Dortmund gibt's ein Phänomen, / dass alle Menschen hinter der Borussia steh'n. / Hier geht man schon aus Tradition / zu jedem Spiel ins Stadion. / Als Kind bin ich mit meinem Vater gekommen, / und der wurd' auch schon von seinem mitgenommen. / Borussia verbindet Generationen, / Männer und Frauen, aller Nationen. / Hier fragt man nicht nach arm oder reich, / wir Fans auf der Tribüne, wir sind alle gleich. / Bei Wind und Wetter sind wir da, wir alle wollen nur:

Borussia, Borussia, Borussia.

Borussia ist Leidenschaft / eine Leidenschaft, die Freude schafft. / Borussia, du verkörperst die Region, / für manche von uns sogar Religion. / An dir schauen viele Menschen auf, / du findest immer einen Weg, du stehst immer wieder auf. / Borussia, du bist meisterlich / und gerade deswegen lieben wir dich:

Borussia, Borussia, Borussia.

■ **Vereinsmagazin.** Das ca. 56 Seiten starke Magazin „Borussia aktuell" erscheint vor jedem Heimspiel. Es wird an die Mitglieder versandt und vor dem Westfalenstadion für 1,50 € verkauft.

Vöge, Wolfgang. Kam 1975 19-jährig aus Ahlen (Westfalen) zum BVB. Am Wiederaufstieg 1976 beteiligt. In der Saison 1978/79 erzielte Vöge beim DFB-Pokalspiel gegen den BSC Schwennigen sechs Tore. Wechselte 1980 zu Bayer Leverkusen, wo er vier Jahre lang zur Stammformation gehörte.
★ *15.9.1955. 223 Bundesligaspiele / 44 Tore, davon 98 Spiele / 20 Tore für d. BVB (1976-80). 14 Spiele / 1 Tor für d. BVB in der 2. Bundesliga Gruppe Nord (1975-76).*

Votava, Miroslav. Die Votava-Brüder Miroslav (Mirko) und Joschi kamen ursprünglich aus der ehemaligen CSSR. Die Brüder waren nach der Niederschlagung des Prager Frühlings in den Westen geflüchtet und landeten in Witten a.d. Ruhr, wo sie sich dem lokalen VfL anschlossen. Dort wurden sie von BVB-Spähern entdeckt. Noch vor Mirko unterzeichnete der eigentlich talentiertere Joschi beim BVB, war aber mit 13 Einsätzen in der Zweitklassigkeit (1973-75) deutlich weniger erfolgreich. Joschi plagte eine Knieverletzung, die ihn schließlich zur frühzeitigen Beendigung seiner Karriere zwang. Nach seiner Einbürgerung 1978 kam Mirko auch in der deutschen Nationalelf zum Einsatz. Er wechselte 1982 für 900.000 DM zu Atletico Madrid. 1985 kehrte er in die Bundesliga zurück und feierte mit Werder Bremen nationale und europäische Triumphe. In der Rangliste der Bundesligarekordspieler belegt Votava den 4. Platz.
★ *25.4.1956. 546 Bundesligaspiele / 43 Tore, davon 189 Spiele / 25 Tore für den BVB (1976-82). 10 Spiele / 0 Tore in der Regionalliga West (1973-74) und 68 Spiele / 3 Tore in der 2. Bundesliga Gruppe Nord (1974-76) für den BVB. 5 A-Länderspiele.*

Mirko Votava in einem Bundesligaspiel 1981.

Wagner, Joachim. Der Abwehrspieler kam 1974 aus der Schalker A-Jugend und war am Wiederaufstieg 1976 beteiligt.
★ 31.1.1955. 149 Bundesligaspiele / 6 Tore für den BVB (1976-83). 72 Spiele für den BVB in der 2. Bundesliga Nord (1974-76).

Watzke, Hans-Joachim. Der Geschäftsführende Gesellschafter der WATEX Schutzbekleidungs GmbH wurde auf der Jahreshauptversammlung 2001 zum BVB-Schatzmeister gewählt.

Wegmann, Jürgen. Der Stürmer kam 1983 für 600.000 DM von Rot-Weiß Essen zum BVB. Sicherte 1986 mit seinem Tor zum 3:1 in der letzten Sekunde des Relegationsspiels gegen Fortuna Köln ein drittes Spiel auf neutralem Boden und somit den Klassenerhalt. Nach einem kurzen Intermezzo bei Schalke 04 wechselte Wegmann 1986 zum FC Bayern München, mit dem er 1989 Deutscher Meister wurde. Trotzdem verlernte er in München das Kicken. Bei seiner Rückkehr ins Westfalenstadion sprach Wegmann zwar von einer „Mission", konnte aber an seine besten Tage nur selten anknüpfen. Den Spitznamen „Kobra" verdankt er seiner etwas übertriebenen Aussage, er sei „giftiger als die giftigste Schlange".
★ 31.3.1964. 203 Bundesligaspiele / 69 Tore, davon 117 Spiele / 33 Tore für den BVB (1983-86 und 1989-93).

EINWURF

„Heute hat mir das Glück gefehlt, dann kam auch noch Pech dazu." *Jürgen Wegmann*

Weidenfelder, Roman. Kam zur Saison 2002/03 vom 1. FC Kaiserslautern und gilt als derzeit größtes Torwarttalent des deutschen Fußballs.
★ 6.8.1980. 6 Bundesligaspiele.

Weist, Werner. „Acka" sollte der Nachfolger von „Emma" werden und entwickelte sich auch viel versprechend. Doch nach drei Jahren im BVB-Trikot wurde der torgefährliche Stürmer von den finanzkräftigeren Bremern abgeworben.
★ 11.3.1949. 217 Bundesligaspiele / 87 Tore, davon 72 Spiele / 34 Tore für den BVB (1968-71).

Auf der Weißen Wiese wurde schon vor der Gründung des BVB gekickt – hier im Jahr 1906.

■ **Weiße Wiese.** Die erste Heimat der Borussia war die an der Wambeler Straße gelegene Weiße Wiese. Seinen Namen erhielt der Platz – offiziell „Borussia Sportplatz" – von den umrandenden Pappeln, deren abgeworfene Blüten den Platz in eine „weiße" Wiese verwandelten. 1923 wurde die Weiße Wiese vom BVB bei der Stadt Dortmund angemietet, eingezäunt und zu einem richtigen Sportplatz ausgebaut. Am 14. August 1924 wurde die ausgebaute Anlage, deren Fassungsvermögen 12.000 betragen haben soll, von Oberbürgermeister Eickhoff eingeweiht und den Borussen übergeben.

Der 50.000 RM teure Ausbau – für die damalige Zeit eine sehr hohe Summe – wurde u.a. durch den Verkauf von „Bausteinen" an Mitglieder, Freunde und Gönner finanziert. Viele Arbeiten wurden von freiwilligen Helfern ausgeführt. Neben dem Spielfeld gab es auch eine Laufbahn, Sprunggruben für die Leichtathleten und einen kleinen Umkleidetrakt. Die recht spartanische Anlage hatte keine richtige Tribüne. Die Zuschauer versammelten sich auf einem aufgeschütteten Wall. 1937 musste die Weiße Wiese den Planungen des Hoeschparks weichen, ohne dass der BVB auch nur einen Pfennig Entschädigung erhielt. Fortan musste der BVB seine Spiele im Stadion Rote Erde bestreiten. Der BVB appellierte an die NS-Machthaber, ihm in der Nähe des Borsigplatzes und des alten Platzes Ersatz zu beschaffen, fand damit aber kein Gehör. Erst 1959 kehrte der BVB in die alte Heimat zurück, allerdings nur zu Trainingszwecken und nur für 15 Jahre.

■ **Wessel, Bernhard.** Der Torhüter zeigte im DM-Finale 1963 eine großartige Vorstellung. Doch in der folgenden Saison setzte der BVB dem vermeintlichen Kwiatkowski-Nachfolger den Neuzugang Hans Tilkowski vor die Nase. Der für einen Torwart relativ kleine, aber sprungstarke Wessel blieb ein harter Konkurrent. In der Saison 1966/67 wurde Wessel mit 25 Einsätzen wieder die Nr. 1 im Borussen-Tor und blieb dies auch in der Saison 1967/68.

★ *20.8.1936. 87 Bundesligaspiele / 0 Tore (1963-69) und 20 Spiele / 0 Tore in der Oberliga West (1961-63) für den BVB. Mit dem BVB Deutscher Meister 1963.*

■ **Westfalenstadion.** In den 50er und 60er Jahren plagte den BVB die zu geringe Kapazität seiner Arena Rote Erde, mit ein Grund für den folgenden Niedergang des Vereins. Der zur WM 1974 erfolgte Bau des Westfalenstadions war für den BVB dann ein ähnlicher Glücksfall wie das Münchener Olympiastadion einige Jahre zuvor für den FC Bayern. Allerdings mit dem Unterschied, dass das Westfalenstadion dem BVB nicht nur höhere Einnahmen bescherte, sondern auch eine Atmosphäre, die für so manchen Punkt sorgte.

Zwischen 1995 und 1998 wurde das Westfalenstadion für rund 110 Mio. DM in zwei Ausbaustufen von 48.000 auf 68.600 Plätze ausgebaut; nach dem Ende der Saison 2001/02 beginnt die dritte Ausbauphase des Westfalenstadions. Bis zum Beginn der Saison 2003/04 soll das Fassungsvermögen der Arena auf 66.343 Sitzplätze für internationale Begegnungen und ca. 80.000 Sitz- und Stehplätze für nationale Begegnungen ausgebaut werden. Die Kapazitätserhöhung erfolgt durch Ausbau der bislang offenen Ecken. Damit erhofft man sich auch ein geschlosseneres Agieren des Publikums, das bislang auf der Süd-, Nord-, Ost- und Haupttribüne jeweils eigene Kulturen entwickelte. Die Kosten der Maßnahme wurden mit 35 Mio. € veranschlagt.

Neben den BVB-Spielen fungierte das Westfalenstadion als Bühne folgender Fußball-Highlights: 1974 fand hier das WM-„Halbfinale" zwischen den Niederlanden und Brasilien statt, 2001 das UEFA-Cup-Finale zwischen FC Liverpool und Alaves sowie das WM-„Qualifikationsfinale" zwischen Deutschland und der Ukraine.

Vor Beginn der dritten Ausbaustufe rangierte das Westfalenstadion in der Rangliste der größten Stadien Europas auf Platz 17. Mit Beendigung der Ausbaumaßnahme wird die Arena hier auf den 5. Platz vorrücken. Nur Nou Camp (Barcelona, 98.600), Giuseppe Meazza (Mailand, 85.700), Stadio

Olympico (Rom, 82.307) und Olimpijskyj (Kiew, 82.000) werden über eine größere Kapazität verfügen.

■ **Wiegandt, Hartmut.** Der gelernte Elektriker steuerte von 1982 bis 1998 den Mannschaftsbus des BVB. Als Zeugwart diente der am 6.2.1942 geborene Wiegandt den Profis sogar bis 2002. In seinen 20 Jahren beim BVB legte der „Bomber" nicht eine Krankmeldung vor. Als Aktiver war der Mittelstürmer Wiegandt ein gefürchteter Torjäger der Sportfreunde Sölderholz und kickte noch mit 40 Jahren in der Bezirksliga. Berühmt war auch sein selbst gebackener Zitronenkuchen, den die BVB-Profis vor dem Spiel verspeisten.

■ **WM-Stadt.** Dortmund und das Westfalenstadion gehören zu den 12 Austragungsorten der WM 2006. Mit einer Kapazität von dann 66.343 Sitzplätzen spekuliert man auf die Austragung eines der Halbfinale.

Dortmund war bereits 1974 WM-Stadt. Das Westfalenstadion wurde zum „Wohnzimmer" des niederländischen Teams und seines genialen Regisseurs Johan Cruyff. Folgende Begegnungen fanden damals in Dortmund statt: Schottland – Zaire (2:0), Niederlande – Schweden (0:0), Niederlande – Bulgarien (4:1) und Niederlande – Brasilien (2:0). Insbesondere das Spiel Niederlande gegen Brasilien ist in Erinnerung geblieben, Auftakt weiterer faszinierender WM-Begegnungen zwischen diesen beiden Ländern und ihren technisch begabten Fußballern.

■ **W-M-System.** Das von der englischen Trainerlegende Herbert Chapman kreierte „W-M-System" wurde beim BVB 1935 von Fritz Thelen eingeführt, erster „professioneller" Trainer der Borussen. Mit dem „W-M-System", das den Borussen-Spielern wie auf den Leib geschneidert war, begann der sportliche Aufstieg des BVB. Das „W-M-System" sah drei Sturmspitzen und zwei Halbstürmer vor. Zuvor waren beim BVB alle Stürmer in einer Linie nach vorne marschiert.

■ **Wolf, Egwin.** Kam zum BVB und war am Wiederaufstieg 1976 beteiligt. Im ersten Relegationsspiel beim Südzweiten 1. FC Nürberg schoss „Ede" Wolf in der 85. Minute das Tor zum 1:0-Sieg der Borussen.

★ *28.1.1951. 40 Bundesligaspiele / 1 Tor für den BVB (1976-79), 56 Spiele / 7 Tore für den BVB in der Regionalliga West (1972-74) und 64 Spiele / 16 Tore in der 2. Bundesliga Nord (1974-76).*

■ **Wörns, Christian.** Der Abwehrspieler begann seine Karriere in Mannheim bei den dortigen Klubs Phönix und Waldhof. Über Bayer Leverkusen, wo er zum Leistungsträger und Nationalspieler avancierte, und PSG Paris fand Wörns 1999 für 12,5 Mio. DM zum BVB. Wörns musste sowohl bei den Fans wie gegenüber der allgemeinen Fußballöffentlichkeit um Akzeptanz kämpfen. Für Matthias Sammer dagegen war Wörns sein Spieler der Saison 2001/02. An der WM 2002 konnte er verletzungsbedingt nicht teilnehmen.

★ 10.5.1972. 307 Bundesligaspiele / 20 Tore, davon 78 Spiele / 7 Tore für den BVB (ab 1999) Mit dem BVB Deutscher Meister 2002. 36 A-Länderspiele.

Wosab, Reinhold. Kam 1962 von der Spvg. Marl zum Borsigplatz. Wurde vom BVB zu früh verkauft. Absolvierte anschließend noch zwei Spielzeiten beim VfL Bochum, wo er eine tragende Rolle spielte. Wosab gehörte auch eine Zeit lang dem BVB-Vorstand an.

★ 25.2.1938. 257 Bundesligaspiele / 70 Tore, davon 198 Spiele / 61 Tore für den BVB (1963-71), 36 Spiele / 15 Tore für den BVB in der Oberliga West. Mit dem BVB Deutscher Meister 1963, DFB-Pokalsieger 1965 und Europapokalsieger 1966.

Zebec, Branco. Der jugoslawische Trainer (Jahrgang 1929) wurde zur Saison 1981/82 von Reinhard Rauball zum BVB geholt. Unter dem international anerkannten Fachmann gewann der BVB an taktischer Reife, erreichte den 6. Platz und war damit erstmals wieder seit 16 Jahren in einem europäischen Wettbewerb vertreten. 1969 hatte Zebec den FC Bayern, 1979 den Hamburger SV zu ihren ersten Bundesligameisterschaften geführt. Aufgrund seiner schweren Alkoholkrankheit wurde Zebec' Engagement bereits nach einem Jahr wieder beendet – zum Bedauern vieler Spieler.

Zelic, Nedijelko. Der erste Australier in der Bundesliga. „Ned" war ein wunderbarer Techniker, der an guten Tagen an Franz Beckenbauer erinnerte. Seine Verletzungsanfälligkeit verhinderte allerdings, dass er sich beim BVB etablierte. Spielte anschließend für Queens Park Rangers, Eintracht Frankfurt, AJ Auxerre (hier gab es 1997 in der Champions League ein Wiedersehen mit dem BVB) und TSV 1860 München.

★ 4.7.1971. 160 Bundesligaspiele / 5 Tore, davon 41 Spiele / 1 Tor für den BVB (1992-95). 32 A-Länderspiele für Australien.

Zorc, Michael. Als Jugendlicher feuerte Michael Zorc den BVB von der Südtribüne aus an. Jahre später war er selbst ein Held der berühmtesten Stehtribüne des deutschen Fußballs. 1978 holte ihn der BVB noch als Jugendspieler vom TuS Eving Lindenhorst. 1981 erhielt Zorc seinen ersten Profivertrag beim BVB. Er blieb bis 1998 im Kader und wurde Borussias Bundesliga-Rekordspieler. Zu seinen 463 Bundesligaeinsätzen kommen

BVB-Urgestein Zorc mit der Meisterschale 1995.

auch noch 66 Europapokal- (13 Tore) und 28 DFB-Pokalspiele (10 Tore). 1981 wurde Zorc Junioren-Weltmeister, 1988 gehörte er zur Olympiaauswahl. Mit 49 verwandelten Strafstößen ist Zorc einer der sichersten Schützen in der Bundesligageschichte. Dass der defensive Mittelfeldmann relativ viele Tore erzielte, hatte er aber nicht nur seinen Strafstößen zu verdanken: Zorc besaß einen Instinkt dafür, „immer an der richtigen Stelle zu sein".

Nach dem Ende seiner Karriere wurde das BVB-„Urgestein" Sportmanager der Borussen. Der langjährige Spielführer mit Abitur und Sinn fürs Ökonomische hatte sich bereits während seiner letzten Saison als Spieler präzise Kenntnisse über „Geschäftsgebaren, Ideologie und Identität des Vereins" angeeignet. Zu seinen Aufgaben gehört die Vorbereitung und Durchführung von Transfers.

★ *25.8.1962. 463 Bundesligaspiele / 131 Tore für den BVB (1981-98). Mit dem BVB Deutscher Meister 1995 und 1996, DFB-Pokalsieger 1989, Champions-League-Sieger 1997 und Weltpokalsieger 1997. 7 A-Länderspiele.*

> **EINWURF**
> „Du hast den Gipfel erklommen, wanderst ins Tal zurück, beginnst den nächsten Aufstieg und musst dabei den inneren Schweinehund überwinden."
> *Michael Zorc*

■ **„Zum Wildschütz".** Gründungsstätte des BVB, wo sich die späteren BVB-Kicker schon zu ihren Zeiten als katholische Jünglingssodalität trafen. In den Anfangsjahren diente die Gaststätte dem BVB auch als Umkleidekabine.

■ **Zuschauer.** Der BVB ist der Zuschauerkrösus der Bundesliga. In den Spielzeiten 1998/99, 1999/2000 und 2000/01 belegte er jeweils den 1. Platz. Der beste Zuschauerschnitt wurde dabei mit 65.471 in der Saison 1998/99 erzielt. Dass die Borussen hier in den Jahren zuvor dem FC Bayern den Vortritt lassen

Gemeinsamer Jubel, so hautnah es geht: Koller, Evanilson, Rosicky, Sörensen und Ricken bei den Zuschauern.

mussten, lag allein am damals noch erheblich größeren Fassungsvermögen des Olympiastadions.

Borussias Aufstieg in die Spitze der Zuschauertabelle begann mit dem Bau des Westfalenstadions und dem Wiederaufstieg in die Erstklassigkeit 1975/66. Auch in den Spielzeiten 1976/77, 1987/88, 1988/89, 1989/90 und 1990/91 war der BVB die Nr. 1. In den seither 26 Spielzeiten belegte der BVB neunmal den 1. Platz, neunmal den 2. Platz und viermal den 3. Platz.

Bis zum Abstieg 1971/72 und dem Bau des Westfalenstadions war Borussias beste Platzierung ein 6. Platz in der Saison 1966/67 (25.647 Zuschauer). Hauptursache war das relativ geringe Fassungsvermögen der Roten Erde. Der schlechteste Zuschauerschnitt in der Bundesliga überhaupt datiert mit 18.118 aus der Abstiegssaison 1971/72. Die Minusrekorde für Rote Erde und Westfalenstadion: 3.000 am 13.5.1973 gegen Preußen Münster (Regionalliga West) bzw. 11.000 am 19.12.1981 gegen den 1. FC Nürnberg (1. Bundesliga). (Siehe auch: Statistischer Anhang.)

■ **Zweistellig.** In der Bundesliga hat der BVB bislang „nur" einen zweistelligen Sieg zu verbuchen. Am 6.11.1982 besiegte er Arminia Bielefeld mit 11:1. Zehn der elf Borussen-Tore fielen in der 2. Halbzeit. Zweistellig verloren hat der BVB bislang zweimal: Am 27.11.1971 unterlag der spätere Absteiger beim FC Bayern München mit 1:11. Noch dicker kam es am 29.4.1978, als der BVB gegen Mönchengladbach mit 0:12 unterlag – die höchste Niederlage eines Vereins in der Bundesliga überhaupt.

1:11 gegen Bayern – leider nicht die höchste Niederlage des BVB in der Bundesliga.

Im **Ruhrgebiet** zuhause, europaweit aktiv.

Deutschland
Österreich
Ungarn
Bulgarien
Kroatien
Tschechien
Rumänien
Jugoslawien

PRINT • RADIO/TV • ONLINE • Dienstleistungen

WAZ MEDIEN GRUPPE

Statistik

Daten zum Verein

Name: BV Borussia Dortmund 09
Gründung: 19. Dezember 1909

Anschrift: Strobelallee, Postfach 10 05 09, 44005 Dortmund
Telefon: 0231/90200
Fax: 0231/9020105
Internet: www.borussia-dortmund.de

Titel:
Deutscher Meister: 1956, 1957, 1963, 1995, 1996, 2002
Deutscher Pokalsieger: 1965, 1989
Deutscher Superpokalsieger: 1989, 1995, 1996
Meister Oberliga West: 1948, 1949, 1950, 1953, 1956, 1957
Europapokalsieger: 1966 (Pokalsieger), 1997 (Champions League)
Weltpokal: 1997

Mitglieder: 11.000
Abteilungen: Fußball, Handball, Tischtennis
Vereinsfarben: Schwarz-Gelb

Vorstand:
Präsident: Dr. Gerd Niebaum
Vize-Präsident: Dr. Henning Kreke
Schatzmeister: Hans-Joachim Watzke
Geschäftsführ. Vorstandsmitglied: Michael Meier

Abteilungsleiter:
Marketing u. Organisation: Dr. Christian Hockenjos
Presse- und Öffentlichkeitsarbeit: Josef Schneck
Event Marketing: Norbert Dickel
Controlling/Rechnungswesen: Marcus Knipping
Merchandising: Willi Kühne
Sport-Management: Michael Zorc

Vereinsarzt: Dr. Michael Preuhs
Masseure: Peter Kuhnt, Ralph Frank,
    Frank Zöllner

Trainer: Matthias Sammer
Co-Trainer: Christian Kolodziej, Uwe Neuhaus
Torwarttrainer: Michael Stahl

Fan-Beauftragter: Aki Schmidt, Lothar Emmerich

Ältestenrat:
Wolfgang Paul (Vorsitzender), Alois Scheffler (Ehrenvorsitzender), Adi Preißler,
Wilhelm Burgsmüller, Herbert Sandmann, Paul Kolt, Erich Schanko,
Heinrich Kwiatkowski, Alfred Niepieklo, Helmut Bracht, Theo Redder, Gerd Cyliax

Statistik

Spieler, Einsätze und Tore

Alle Einsätze/Tore der BVB-Spieler 1945 bis Saisonende 2001/02

Spieler	1. Bundesliga	Europa-Pokal	DFB-Pokal	2. Bundesliga	Regionalliga West	Oberliga West	Endrunde DM	Gesamt
Abramczik, Rüdiger	90/30	1/0	11/4					102/34
Ackermann, Klaus	43/1		15/2	56/8				114/11
Addo, Otto	61/11	11/1	3/0					75/12
Amoroso, Marcio	31/18	13/8	1/0					45/26
Anderbrügge, Ingo	76/7	1/1	6/2					83/10
Andree, Hans-Joachim	45/1		3/0		27/1			75/2
Arnold, Marc	9/0	1/0						10/0
Assauer, Rudolf	119/8	8/0	5/0					132/8
Augustin, Ralf	12/2		3/1					15/3
Bakine				1/3	6/1			7/4
Banach, Maurice	14/2	2/0	3/1					19/3
Barbarez, Sergej	36/6	8/1	3/0					47/7
Baumann, Carsten	41/0	2/0	3/1					46/1
Beckfeld, Klaus	4/0							4/0
de Beer, Wolfgang	181/0	16/0	19/0					216/0
Belarczak					11/0			11/0
Berg, Horst			5/0	11/0	22/0			38/0
Berger, Patrik	27/4	6/0	3/0					36/4
Bergs, Magnus	2/0							2/0
Bering						46/13		46/13
Berlau					9/0			9/0
Berning		2/0						
Bertl, Horst			1/0		51/17			52/17
Bertram, Horst	94/0		20/0	75/0	58/0			247/0
Beyer, Harald	3/0	3/0	1/0					7/0
Binz, Manfred	13/0	2/0						15/0
Bittcher, Ulrich	84/3		6/1					90/4
Bobic, Fredi	56/17							
Böninghausen, Siegfried	44/2	2/0	4/0					50/2
Booth, Scott	10/1	3/1						13/2
Bracht, Helmut	11/0	13/1	4/1			201/5	14/1	243/8
Brakelmann, Klaus	49/0		1/0					50/0
Breczinski						1/0		1/0
Breitzke, Günter	89/18	2/0	9/1					100/19
Brock				2/0				2/0
Brücken, Karl-Heinz					29/6			29/6
Brungs, Franz	54/23	9/8	6/0					69/31
Bücker, Theo	62/13		4/0		50/19			116/32
Buddenberg						5/0	4/0	9/0

137

Statistik

Spieler	1. Bundesliga	Europa-Pokal	DFB-Pokal	2. Bundesliga	Regionalliga West	Oberliga West	Endrunde DM	Gesamt
Bugri, Francis	4/0	2/0						6/0
Burgsmüller, Manfred	224/135	2/0	26/23					252/158
Burgsmüller, Wilhelm	19/0	16/0	4/0			222/0	22/0	283/0
But, Vladimir	76/8	14/1	6/1					96/10
Cesar, Julio	80/7	28/1	4/0					112/8
Chapuisat, Stephane	218/102	45/15	13/5					276/122
Cieslarczyk						35/6	3/0	38/6
Conrad, Alexander	8/0							8/0
Cyliax, Gerhard	101/6	11/2	12/1			104/22	14/3	242/34
Czernotzky, Peter			1/0	63/4				64/4
Dechevier, Harry	8/3	5/0						13/3
Dede, Leonardo	112/5	27/0	7/0					146/5
Demel			1/0					1/0
Demond						10/4		10/4
Dickel, Norbert	90/40	6/3	12/7					108/50
Dörmann, Norbert	33/0		5/1					38/1
Dreßel, Werner	52/4		4/1					56/5
Driller, Martin	41/5	5/1	2/0					48/6
Dulz		2/1				36/10		38/11
Edvaldson, Atli	30/11		3/0					33/11
Eggeling, Heinz-Werner	27/3	1/0	4/0					32/3
Egli, André	31/6		2/0					33/6
Emmerich, Lothar	183/115	21/14	13/7			32/11		249/147
Endrulat, Peter	6/0							6/0
Erdmann, Herbert						18/8	5/4	23/12
Erdmann, Werner			3/2			120/58		123/60
Erler, Dietmar	28/2		1/0					29/2
Evanilson	80/4	25/0	4/0					109/4
Ewerthon	27/10	8/2						35/12
Falke						76/17	2/1	78/18
Feiersinger, Wolfgang	57/0	21/0	3/0					81/0
Fijalkowski						1/0		1/0
Fink			1/0					1/0
Flügel, Hans			1/0			122/44	6/5	129/49
Franck, Thomas	104/3	16/1	2/0					122/4
Frank						3/0		3/0
Frank, Wolfgang	34/10		5/4					39/14
Freund, Horst	8/0		4/0					12/0
Freund, Steffen	117/6	32/0	1/0					150/6
Gambo, Bashiru	8/0		1/0					9/0
Geisler, Lothar	54/1	7/0	5/0			63/0	12/0	141/1
Geitz						7/0		7/0

Statistik

Spieler	1. Bundesliga	Europa-Pokal	DFB-Pokal	2. Bundesliga	Regionalliga West	Oberliga West	Endrunde DM	Gesamt
Gerl, Rupert	4/0	1/0	3/0					8/0
Geschwendt					1/0			1/0
Geschwind						7/0		7/0
Geyer, Peter	159/25		18/9	26/13				203/47
Goldbach			6/0	22/0				28/0
Gorlukowitsch, Sergej	44/1	6/1	3/0					53/2
Grau						3/1		3/1
Grauer, Uwe	20/1	5/0						25/1
Greif			1/0	16/0				17/0
Griehsbach, Michael	1/0							1/0
Grimm						10/1		10/1
Groppe, Friedhelm	35/0	4/0	4/0					43/0
Grünendahl					1/0			1/0
Günther, Klaus	39/0							39/0
Hahn, Andreas	1/0							1/0
Halfen, Erwin			1/0		100/1		5/0	106/1
Hammer						25/0	1/0	26/0
Hartl, Hans-Werner	29/7		9/4	58/23	30/7			126/41
Häßler, Thomas	18/2		1/1					19/3
Heeren, Helmut	9/2							9/2
Heidkamp, Ferdinand	50/2		2/0					52/2
Hein, Herbert	103/1		11/1					114/2
Heinrich, Jörg	127/18	26/3	7/0					160/21
Held, Siegfried	230/44	11/4	18/4					259/52
Helmer, Thomas	190/16	16/2	16/4					222/22
Hengen, Thomas	13/0		2/0					15/0
Henke, Karl-Heinz	5/0							5/0
Herrlich, Heiko	129/41	35/9	12/7					176/57
Hofmann, Dirk	1/0		1/0					2/0
Hofmeister, Josef	6/1		1/0					7/1
Hohnhausen, Walter	22/2		2/0					24/2
Holz, Paul	19/0		6/0					25/0
Homberg, Wolfgang	1/0		1/0					2/0
Horn, Jörg	1/0							1/0
Hrubesch, Horst	17/2		4/2					21/4
Huber, Lothar	254/28	2/0	16/0	76/18				348/46
Hupe, Dirk	93/6	3/1	11/2					107/9
Ihbel, Friedel			2/0			54/6	4/0	60/6
Ikpeba, Viktor	30/3	4/1	2/0					36/4
Immel, Eike	247/0	2/0	28/0					277/0
Janowski			7/2			17/2		24/4
Kanemann				1/0				1/0
Kapetanovic	9/0	2/0	1/0					12/0

Statistik

Spieler	1. Bundesliga	Europa-Pokal	DFB-Pokal	2. Bundesliga	Regionalliga West	Oberliga West	Endrunde DM	Gesamt
Kapitulski, Helmut		4/1				76/15	10/1	90/17
Karl, Steffen	72/2	10/1	2/0					84/2
Kasperski, Edmond			1/1			124/62	11/3	136/66
Kasperski, Gerd	4/0		2/2	30/15				36/17
Kehl, Sebastian	15/1							15/1
Kelbassa, Alfred		9/4				183/114	20/14	212/132
Keser, Erdal	106/27	2/0	8/3					116/30
Kirovski, Jovan	20/1	6/1	1/0					27/1
Kleppinger, Gerhard	33/1	6/0	4/0					43/1
Klos, Stefan	254/0	60/0	15/0					329/0
Klotz, Bernd	106/27	2/0	10/4					118/31
Knecht						1/0		1/0
Knoche, Benjamin	1/0							1/0
Koch, Meinolf	140/10	2/0						142/10
Köddermann, Werner	5/0		1/0					6/0
Kohler, Jürgen	191/14	40/2	11/1					242/17
Kohlhäufl, Alfred	22/1		1/0					23/1
Koller, Jan	33/11	14/6	1/0					48/17
Konietzka, Timo	53/42	11/6	9/6			110/79	11/8	194/141
Konopka, Harald	17/0							17/0
Kontriris, Manuel	3/0		1/0					4/0
Koschmieder, Paul						167/1	11/0	178/1
Koslowski						10/4		10/4
Kostedde, Erwin	48/18		6/8					54/26
Köstler, Siegfried	26/2		1/0	32/5				59/7
Krafft, Tadeusz	3/0		1/0					4/0
Krauss, Bernd	1/0							1/0
Kree, Martin	81/1	24/1	4/1					109/3
Kronsbein, Willi						46/0		46/0
Krontiris			1/0					1/0
Kroth, Thomas	53/0	3/0	7/0					63/0
Kurrat, Dieter	247/9	21/1	21/0	23/3		41/2	14/1	367/16
Kurrat, Hans-Jürgen	1/1	1/0						2/1
Kurz, Marco			2/0					2/0
Kutowski, Günter	288/3	28/0	20/2					336/5
Kwiatkowski, Heinz	3/0	10/0				297/0	24/0	334/0
Lambert, Paul	44/1	14/1	4/0					62/2
Landmann						1/0		1/0
Laux, Phillip	8/0	1/0	1/0					10/0
Lehmann, Friederich	9/2							9/2
Lehmann, Jens	105/0	29/0	4/0					138/0
Lenz, August						48/32	1/0	49/32
Libuda, Reinhard	74/8	10/2	1/1					85/11
Lindner						12/8		12/8

Statistik

Spieler	1. Bundesliga	Europa-Pokal	DFB-Pokal	2. Bundesliga	Regionalliga West	Oberliga West	Endrunde DM	Gesamt
Linneweber, Josef						37/20		37/20
Lippens, Willi	70/13		4/3					74/16
Loose, Ralf	120/11	2/0	13/2					135/13
Lorant, Werner	23/0			22/0				45/0
Luckenbach						39/2		39/2
Lusch, Michael	203/10	22/0	13/2					238/12
Mach				4/0				4/0
MacLeod, Murdoch	103/4	12/0	13/1					127/5
Madouni, Ahmed	7/0	3/0	1/0					11/0
Mallam, Yahaya	5/0							5/0
Margetic			1/0					
Massiske						1/0		1/0
Mathes, Reinhold	18/0		2/0					20/0
Mehnert, Björn	3/0	1/0						4/0
Meisen						3/0		3/0
Mensink, Friedel	12/0							12/0
Metzelder, Christoph	44/0	12/0	3/0					59/0
Meyer, Herbert						23/0		23/0
Meyer, Rolf	5/0		11/0					16/0
Michallek, Max		9/0				293/17	21/3	323/20
Michel						35/0		35/0
Michel, Uwe	1/0							1/0
Mietz, Dieter	29/0		2/0					31/0
Mikuda, Alfred						76/0	6/0	82/0
Mikulasch, Willibald	2/1		1/0					3/1
Mill, Frank	187/47	22/11	12/6					221/64
Möller, Andreas	228/68	45/10	19/5					292/83
Müller, Lars	6/0							
Mumme, Willi			1/0		32/4			33/4
Nerlinger, Christian	59/2	9/1	5/1					73/4
Nerlinger, Helmut	36/1		13/1	63/11	53/4			165/17
Neuberger, Willi	148/29	1/0	11/4					160/33
Niepieklo, Alfred		7/3	1/1			175/104	16/15	199/123
Nijhuis, Alfred	61/6	8/0	4/0					73/6
Nikolic, Robert	51/0	2/0	4/0					57/0
Odonkor, David	2/0	1/0						3/0
Oliseh, Sunday	40/1	13/1	2/0					55/2
Ondera					27/8			27/8
Otten						4/0	1/0	5/0
Otto			1/1					
Pagelsdorf, Frank	102/9		15/1					117/10
Palhammer						1/0		1/0
Paul, Wolfgang	148/6	15/0	17/1			50/1	7/0	237/8

Statistik

Spieler	1. Bundesliga	Europa-Pokal	DFB-Pokal	2. Bundesliga	Regionalliga West	Oberliga West	Endrunde DM	Gesamt
Pawlowski				4/0				4/0
Pedersen, Steinar	4/0	2/0						6/0
Peehs, Gerd	170/4	2/0	10/1	11/0				193/5
Peter, Ingo	5/0							5/0
Peters, Wolfgang		7/8				209/19	17/3	233/30
Pfeiffer, Manfred	6/0	3/0	2/0					11/0
Plechaty, Mario	1/0							1/0
Podgorski, Franz						18/5		18/5
Poltorak						4/0		4/0
Poschner, Gerhard	110/14	20/0	3/0					133/14
Povlsen, Flemming	116/20	21/1	4/2					141/23
Preißler, Alfred			1/1			241/145	19/14	261/160
Pritz						4/1		4/1
Quallo, Peter	22/0	6/0						26/0
Raducanu, Marcel	163/31	5/0	15/3					183/34
Raschke, Ulf	1/0	1/0						2/0
Rasovic, Branko	79/0		4/0		30/0			113/0
Rau, Günter		1/0				68/0	5/0	74/0
Reckels						4/1		4/1
Redder, Theo	115/2	16/0	10/0			2/0		143/2
Reich, Siegfried	14/2							14/2
Reina, Guiseppe	63/14	13/0	2/2					78/16
Reinhardt, Knut	170/5	35/0	9/0					214/5
Remmert						2/0		2/0
Reufert				7/0				7/0
Reupert						6/1		6/1
Reuter, Stefan	245/11	71/2	7/1					323/14
Ricken, Lars	214/34	57/12	12/8					283/54
Riedle, Karl-Heinz	87/24	23/11	1/0					111/35
Rieländer, Theodor	40/6		2/1					42/7
Riethmann, Frank	5/0		1/0					6/0
Ritschel, Manfred	57/6		5/2					62/8
Ritz, Stephan	1/0							1/0
Rodriguez, L. Adrian	6/0	1/0						7/0
Roggensack						11/2	1/0	12/2
Rosicky, Tomas	45/0	16/1	1/0					62/6
Roth, Oliver	1/0							1/0
Ruhmhofer, Heinrich						70/0	4/0	74/0
Ruländer, Matthias	11/1		1/0					12/1
Rummenigge, Michael	157/36	20/4	10/4					187/44
Runge, Norbert	19/5		5/0					24/5
Rüssmann, Rolf	149/18	1/0	11/0					161/18
Rylewicz, Burghard	11/5	2/1	1/0					14/6
Rynio, Jürgen	81/0		6/0	11/0				98/0

Statistik

Spieler	1. Bundesliga	Europa-Pokal	DFB-Pokal	2. Bundesliga	Regionalliga West	Oberliga West	Endrunde DM	Gesamt
Sahm, Kurt			1/0		38/4	6/0		45/4
Salou, Bachirou	26/5		3/1					29/6
Sammer, Mathias	115/21	27/0	5/2					147/23
Sandmann, Herbert		10/0			183/38	14/3		207/41
Sauerland, Jörg	2/0		1/0					3/0
Savkovic, Ernst			5/0	52/0				57/0
Schanko, Erich		1/0	1/0		208/11	12/0		222/11
Schaub, Fred	6/1		1/0					7/1
Schildt, Hans-Gerd	8/0		11/0	67/13				86/13
Schlebrowski, Elwin		10/0			184/15	10/0		204/15
Schmedding, Franz-Josef	3/0		2/1					5/1
Schmidt, Alfred	81/19	24/3	12/3		195/57	15/6		327/88
Schmidt, Bodo	116/2	27/0	4/1					147/3
Schmidt			5/0	51/3				56/3
Schneider, Rene	11/3	2/1	1/0					14/4
Schneider, Theo	44/6		10/2					54/8
Schneider, Werner	122/7		17/0					139/7
Schüler, Wolfgang	54/10		8/6					62/16
Schulz, Michael	133/5	25/3	4/0					162/8
Schulz, Rudolf					30/10	1/0		31/10
Schumacher					28/3			28/3
Schumacher, Harald	1/0							1/0
Schütz, Jürgen	73/26		7/0		113/87	13/11		206/124
Schwarze, Friedhelm	2/0		9/0	44/2	38/1			93/3
Schweinsberg					13/7			13/7
Segler, Burghard	88/13		20/6	54/14	31/18			193/51
Semlits, Oswald	4/1							4/1
Siewek			1/2					1/2
Sikora, Alfons	17/0		1/0					18/0
Simmer, Heinz		2/1			4/1			6/2
Simmes, Daniel	106/11	5/0	11/3					122/14
Sippel, Lothar	39/5	9/1						48/6
Sobieray, Jürgen	13/1		3/0					16/1
Sörensen, Jan Derek	24/0	7/1	1/0					32/1
Sosa, Ruben	17/3	5/0	3/0					25/3
Sousa, Paulo	27/1	9/0	2/1					38/2
Spyrka, Adrian	12/0	3/0	1/0					16/0
Steinforth						8/8		8/8
Steinkuhl					26/0	1/0		27/0
Stevic, Miroslav	91/8	12/0	4/0					107/8
Stork, Bernd	147/7	2/0	16/2					165/9
Straschitz, Herrmann	24/4	2/1	3/0					29/5
Strerath, Stefan	19/1	2/0						21/1
Strudal, Marc	12/1		1/0					13/1
Sturm, Wilhelm	186/12	21/1	19/0		53/9	1/0		280/22

Statistik

Spieler	1. Bundesliga	Europa-Pokal	DFB-Pokal	2. Bundesliga	Regionalliga West	Oberliga West	Endrunde DM	Gesamt
Szaule, Walter	4/0							4/0
Tanko, Ibrahim	52/3	12/0	4/0					68/3
Tenhagen, Franz-Josef	87/0	2/0	9/1					98/1
Theis, Amand	84/6		10/1					94/7
Thiemann, R.						37/1	7/0	44/1
Thiemann II						5/1		5/1
Tilkowski, Hans	81/0	15/0	3/0					99/0
Timm, Christian	15/0	4/0	1/0					20/0
Tretschok, Rene	61/8	20/2	2/1					83/11
Trimhold, Horst	96/12	2/1	5/0					103/13
Tschirna					5/0			5/0
Ulrich						1/0		1/0
Varga, Zoltan			8/1	62/10				70/11
Vöge, Wolfgang	98/20		15/11	14/0				127/31
Vogt			1/0			25/0		26/0
Votava, Joschi				3/0	10/0			13/0
Votava, Miroslav	189/25		30/4	68/3	10/0			297/32
Wagner, Hans-Joachim	149/6		22/3	72/3				243/12
Walz, Manfred	5/0		1/0					6/0
Weber, Jürgen	18/3	1/1	1/0					20/4
Wegmann, Jürgen	117/33	6/2	11/8					134/43
Weinkauff, Dieter	46/12		3/0					51/12
Weist, Werner	72/34		3/1					75/35
Wessel, Bernhard	87/0	7/0	14/0			20/0	6/0	134/0
Wieding			1/0			40/0		41/0
Wiercimok, Martin	2/0							2/0
Wieschner, Ewald						97/2	1/0	98/2
Wilhelm, Jürgen	7/3		1/0		24/6			32/9
Wohlert, Torsten	2/0		1/0					3/0
Wolf, Egwin	40/1		16/2	64/16	56/7			176/26
Wolters, Carsten	12/1	2/0	2/0					16/1
Wörns, Christian	78/7	25/1	4/0					107/8
Wosab, Reinhold	198/61	16/8	20/6			29/13	7/2	270/90
Zelic, Nedjeljko	41/1	12/0						53/1
Zideller, August			3/0			1/0		4/0
Zielasko						5/0		5/0
Zorc, Michael	463/131	65/12	28/10					556/153

Statistik

Spieler mit den meisten Spielen

(über 200 insgesamt, bis Saisonende 2001/02)

Spieler	1. Bundesliga	Europa-Pokal	DFB-Pokal	2. Bundesliga	Regionalliga West	Oberliga West	Endrunde DM	Gesamt
Zorc, Michael	463	65	28					556
Kurrat, Dieter	247	21	21	23		41	14	367
Huber, Lothar	254	2	38	72				366
Kutowski, Günther	288	28	20					336
Kwiatkowski, Heinz	3	10				297	24	334
Klos, Stefan	254	60	15					329
Schmidt, Alfred	81	24	12			195	15	327
Michallek, Max		9				293	21	323
Reuter, Stefan	245	71	7					323
Votava, Miroslav	189		30	68	10			297
Möller, Andreas	228	45	19					292
Burgsmüller, Wilhelm	19	16	4			222	22	283
Ricken, Lars	214	57	12					283
Sturm, Wilhelm	186	21	19			53	1	280
Immel, Eike	247	2	28					277
Chapuisat, Stephane	218	45	13					276
Wosab, Reinhold	198	16	20			29	7	270
Preißler, Alfred			1			241	19	261
Held, Siegfried	230	11	18					259
Burgsmüller, Manfred	224	2	26					252
Emmerich, Lothar	183	21	13			32		249
Bertram, Horst	94		20	75	58			247
Bracht, Helmut	11	13	4			201	14	243
Wagner, Hans-Joachim	149		22	72				243
Cyliax, Gerhard	101	11	12			104	14	242
Kohler, Jürgen	191	40	11					242
Lusch, Michael	203	22	13					238
Paul, Wolfgang	148	15	17			50	7	237
Peters, Wolfgang		7				209	17	233
Helmer, Thomas	190	16	16					222
Schanko, Erich		1	1			208	12	222
Mill, Frank	187	22	12					221
de Beer, Wolfgang	181	16	19					216
Reinhardt, Knut	170	35	9					214
Geyer, Peter	159		18	36				213
Kelbassa, Alfred		9				183	20	212
Sandmann, Herbert		10				183	14	207
Schütz, Jürgen	73		7			113	13	206
Schlebrowski, Elwin		10				184	10	204

8 x Top Ten

Die zehn Spieler mit den meisten Bundesligaeinsätzen

Zorc, Michael	463
Kutowski, Günther	288
Huber, Lothar	254
Klos, Stefan	254
Immel, Eike	247
Kurrat, Dieter	247
Held, Siegfried	230
Möller, Andreas	228
Burgsmüller, Manfred	224
Chapuisat, Stephane	218

Die zehn Spieler mit den meisten Europapokaleinsätzen

Reuter, Stefan	71
Zorc, Michael	65
Klos, Stefan	60
Ricken, Lars	57
Chapuisat, Stephane	45
Möller, Andreas	45
Kohler, Jürgen	40
Herrlich, Heiko	35
Reinhard, Knut	35
Freund, Steffen	32

Die zehn Spieler mit den meisten Toren

Preißler, Alfred	160
Burgsmüller, Manfred	158
Zorc, Michael	153
Emmerich, Lothar	147
Konietzka, Timo	141
Kelbassa, Alfred	132
Schütz, Jürgen	124
Niepieklo, Alfred	123
Chapuisat, Stephane	122
Wosab, Reinhold	90

Die zehn Spieler mit den meisten Bundesligatoren

Burgsmüller, Manfred	135
Zorc, Michael	131
Emmerich, Lothar	115
Chapuisat, Stephane	102
Möller, Andreas	68
Wosab, Reinhold	61
Mill, Frank	47
Held, Siegfried	44
Konietzka, Timo	42
Herrlich, Heiko	41

Die zehn Spieler mit den meisten Einsätzen in der Oberliga West und den Endrunden Spielen zur deutschen Meisterschaft

Kwiatkowski, Heinz	321
Michallek, Max	314
Preißler, Alfred	260
Burgsmüller, Wilhelm	244
Peters, Wolfgang	226
Schanko, Erich	220
Bracht, Helmut	215
Schmidt, Alfred	210
Kelbassa, Alfred	203
Sandmann, Herbert	197

Die zehn Spieler mit den meisten DFB-Pokaleinsätzen

Huber, Lothar	38
Votava, Miroslav	30
Immel, Eike	28
Zorc, Michael	28
Burgsmüller, Manfred	26
Kurrat, Dieter	21
Bertram, Horst	20
Kutowski, Günther	20
Segler, Burghard	20
Wosab, Reinhold	20

Die zehn Spieler mit den meisten Einsätzen in der 2. Liga (Regionalliga West und 2. Bundesliga Nord 1972-76)

Bertram, Horst	133
Wolf, Egwin	120
Nerlinger, Helmut	116
Hartl, Hans-Werner	88
Segler, Burghard	85
Schwarze, Friedhelm	82
Votava, Miroslav	78
Wagner, Hans-Joachim	72
Schildt, Hans-Gerd	67
Czernotzky, Peter	63

Die zehn Keeper mit den meisten Einsätzen für den BVB

Kwiatkowski, Heinz	334
Klos, Stefan	329
Immel, Eike	277
Bertram, Horst	247
de Beer, Wolfgang	216
Lehmann, Jens	138
Wessel, Bernhard	134
Tilkowski, Hans	99
Rynio, Jürgen	98
Rau, Günter	74

PUNKT FÜR PUNKT
BESTENS VERSORGT

ARAMARK-Gastronomie im Stadion

An Kiosken, auf den Tribünen und VIP-Bereichen sorgt ARAMARK professionell für das leibliche Wohl der Zuschauer. Vor, während und nach dem Spiel.

Leckere Snacks, frische Brezel, Eis, Bratwürste, kühle Getränke sind die „Volltreffer" für die Fans bei spannenden Spielen.

Damit niemand ein Tor versäumt, sind die ARAMARK-Teams vor Ort perfekt organisiert und schnell bei der Ausgabe.

Auch in 70 Sportstadien in den USA und bei Olympischen Spielen beweist ARAMARK Kompetenz in vorbildlicher Sportstätten-Gastronomie.

ARAMARK GmbH
Zentrale
Martin-Behaim-Str. 6
63263 Neu-Isenburg
Tel.: 0 61 02 / 7 45 - 0
Fax: 0 61 02 / 7 45 - 2 34
info@aramark.de
www.aramark.de

ARAMARK
Die Catering Company

Der Ball ist rund und fair! **Fair Pay – Fair Play**

- Hochwertige Profi- und Trainingsbälle sowie Volley- und Handbälle
- Hergestellt ohne Kinderarbeit
- Faire Löhne für die Produzenten

gepa
Fair Handelshaus

Postfach 260 147
42243 Wuppertal
Tel.: 02 02/2 66 83 - 0
Internet: www.gepa3.de

Statistik

Präsidenten und Trainer des BVB

Die Präsidenten des BVB

1909 Heinrich Unger
1910 Franz Jacobi
1923 Heinz Schwaben
1928 August Busse
1933 Egon Pentrup
1934 August Busse
1945 Willi Biezek
1946 Rudi Lückert
1952 Dr. Werner Wilms
1964 Kurt Schönherr
1965 Willi Steegmann
1968 Dr. Walter Kliemt
1974 Heinz Günther
1979 Dr. Reinhard Rauball
1982 Jürgen Vogt
1983 Frank Roring
1984 Dr. Reinhard Rauball
1986 Dr. Gerd Niebaum

Die Trainer des BVB seit 1963

Hermann Eppenhoff (1.7.1963 - 30.6.1965)
Willi Multhaup (1.7.1965 - 30.6.1966)
Heinz Murach (1.7.1966 - 10.4.1968)
Oßwald Pfau (18.4.1968 - 16.12.1968)
Helmut Schneider (17.12.1968 - 17.3.1969)
Hermann Lindemann (21.3.1969 - 30.6.1970)
Horst Witzler (1.7.1970 - 21.12.1971)
Herbert Burdenski (3.1.1972 - 30.6.1972)
Detlev Brüggemann (1.7.1972 - 31.10.1972)
Max Michallek (1.11.1972 - 1.3.1973)
Dieter Kurrat (1.11.1972 - 30.6.1973)
Janos Bedel (1.7.1973 - 30.6.1974)
Otto Knefler (1.7.1974 - 1.2.1976)
Horst Buhtz (1.2.1976 - 1.3.1976)
Otto Rehhagel (1.3.1976 - 30.4.1978)
Carl Heinz Rühl (21.5.1978 - 29.4.1979)
Uli Maslo (30.4.1979 - 30.6.1979)
Udo Lattek (1.7.1979 - 10.5.1981)
Rolf Bock (11.5.1981 - 30.6.1981)
Branko Zebec (1.7.1981 - 30.6.1982)
Karlheinz Feldkamp (1.7.1982 - 5.4.1983)
Helmut Witte (6.4.1983 - 30.6.1983)
Uli Maslo (1.7.1983 - 23.10.1983)
Helmut Witte (24.10. - 30.10.1983)
Horst-Dieter Tippenhauer (31.10. - 15.11.1983)
Horst Franz (16.11.1983 - 30.6.1984)
Friedhelm Konietzka (1.7.1984 - 24.10.1984)
Erich Ribbeck (28.10.1984 - 30.6.1985)
Pal Csernai (1.7.1985 - 20.4.1986)
Reinhard Saftig (20.4.1986 - 26.6.1988)
Horst Köppel (27.6.1988 - 30.6.1991)
Ottmar Hitzfeld (1.7.1991 - 30.6.1997)
Nevio Scala (1.7.1997 - 30.6.1998)
Michael Skibbe (1.7.1998 - 4.2.2000)
Bernd Krauss (5.2.2000 - 12.4.2000)
Udo Lattek (16.4.2000 - 30.6.2000)
Matthias Sammer (ab 1.7.2000)

Die Zuschauerbilanz des BVB

Saison	Schnitt	Platz		Saison	Schnitt	Platz		Saison	Schnitt	Platz
1963/64:	23.133	(11)		1978/79:	29.247	(6)		1990/91:	35.917	(1)
1964/65:	24.800	(11)		1979/80:	34.584	(3)		1991/92:	44.248	(2)
1965/66:	25.547	(10)		1980/81:	34.394	(2)		1992/93:	40.964	(3)
1966/67:	25.647	(6)		1981/82:	28.706	(3)		1993/94:	42.064	(2)
1967/68:	21.882	(9)		1982/83:	27.347	(5)		1994/95:	42.784	(2)
1968/69:	22.824	(7)		1983/84:	22.147	(7)		1995/96:	43.581	(2)
1969/70:	19.412	(11)		1984/85:	26.029	(3)		1996/97:	53.053	(2)
1970/71:	20.000	(9)		1985/86:	24.294	(5)		1997/98:	54.265	(2)
1971/72:	18.118	(9)		1986/87:	34.584	(2)		1998/99:	65.471	(1)
				1987/88:	29.424	(1)		1999/00:	64.718	(1)
1976/77:	43.282	(1)		1988/89:	31.263	(1)		2000/01:	63.729	(1)
1977/78:	37.843	(2)		1989/90:	37.185	(1)		2001/02:	64.458	(1)

(Jeweils Saisonschnitt; in Klammern die Platzierung im Vergleich zu den anderen Bundesligavereinen.)

ReVier Sport
DIE SPORTZEITUNG

2 mal pro Woche an Ihrem Kiosk …

ReVier Sport AM SONNTAG
1,45 € — 2.6.2002 — Nr. 22 / 16. Jg.

- **Borussia Dortmund** — Fall Frings: Lob und Irritationen
- **FC Schalke 04** — Die Einzelkritik
- **RW Oberhausen** — Radokis Kampf
- **MSV Duisburg** — „Diktator" Jaspert
- **RW Essen** — Ristau wartet ab, Owomoyela genannt

WM-Torjäger: Der „dreifache" Miro Klose

Amateure: ETB: Bilgin-Ausleihe
RS-Spezial: 16 Seiten Sportplatz Revier
RS-Exklusiv: Das WM-Tagebuch

VfL Bochum: Fall Tapalovic: Letzte Frist

Deutschland – Saudi-Arabien 8:0 / Rekordsieg
Klose: „Traum" – Ballack: „Marke gesetzt"

ReVier Sport AM DONNERSTAG
1,35 € — 6.6.2002 — Nr. 23 / 13. Jg.

- **Borussia Dortmund** — Frings da, Oliseh flirtet mit PSV
- **FC Schalke 04** — Die Bilanz der Saison 2001/02
- **VfL Bochum** — Abstiegs-Kampf kann kommen!
- **Regionalliga** — KFC gerettet, Magdeburg weg

Griffiges Duell: Gary Breen gegen Carsten Jancker
MSV-«Litti»: »Könnten nicht mal Chinas Nr. 22 holen«

Deutschland – Irland 1:1 – Last-Minute-Schock
Rudi Völler: »Spätes Tor nervt gewaltig!«

www.reviersport.de

Probeheft anfordern:

PROKOM Verlag – Vertrieb
Dickmannstraße 2-4 – 45143 Essen
Fax: 0201 / 86 206-66   eMail: info@reviersport.de

Der BVB in der Meisterschaft

Ligenzugehörigkeit und Platzierungen von 1909 bis 2002

1911/12: C-Liga (3. Liga), 1. Platz, Aufstieg in die B-Klasse
1912/13: B-Klasse (2. Liga), 3. Platz
1913/14: B-Klasse, 1. Platz, Aufstieg in die A-Klasse
1914/15: A-Klasse, 2. Platz
1915/16: Keine Meisterschaftsrunde wegen 1. Weltkrieg
1916/17: Keine Meisterschaftsrunde wegen 1. Weltkrieg
1917/18: Meisterschaftsrunde ohne BVB, da fast alle Spieler einberufen.
1918/19: A-Klasse, 2. Platz
1919/20: A-Klasse (durch Einführung einer neuen Eliteliga nur noch 2. Liga), 3. Platz
1920/21: A-Klasse, 1. Platz
Endrunde um d. Kreismeisterschaft:
Preußen Bochum - BVB 1:2
BVB - Sprockhövel 0:1
Sprockhövel - Bochum 1:3
1921/22: 1. Kreisliga (2. Liga), 9. Platz
1922/23: 1. Kreisliga, 1. Patz
1923/24: 1. Kreisliga, 13. Platz
1924/25: 1. Kreisliga, 1. Platz
1925/26: 2. Bezirksklasse (2. Liga), 2. Platz (Aufstieg in die 1. Bezirksklasse)
1926/27: 1. Bezirksklasse (1. Liga), 9. Platz (Abstieg in die 2. Bezirksklasse)
1927/28: 2. Bezirksklasse (2. Liga), 2. Platz
1928/29: 2. Bezirksklasse, 7. Platz
1929/30: 2. Bezirksklasse (durch Neueinteilung der Ligen nur noch 3. Liga), 4. Platz (Aufstieg in die 1. Bezirksklasse)
1930/31: 1. Bezirksklasse (2. Liga), 7. Platz
1931/32: 1. Bezirksklasse, 1. Platz
1932/33: 1. Bezirksklasse, 2. Platz
1933/34: Bezirksklasse (2. Liga), 6. Platz
1934/35: Bezirksklasse, 1. Platz
1935/36: Bezirksklasse, 1. Platz (Aufstieg in die Gauliga Westfalen)

Gauliga
1936/37: Gauliga Westfalen (1. Liga), 3. Platz (39:37 Tore, 19:17 Punkte)
1937/38: Gauliga Westfalen, 2. Platz (45:28 Tore, 26:10 Punkte)
1938/39: Gauliga Westfalen, 3. Platz (46:40 Tore, 20:16 Punkte)
1939/40: Gauliga Westfalen, 9. Platz (35:60 Tore, 11:25 Punkte)
1940/41: Gauliga Westfalen, 4. Platz (62:50 Tore, 24:20 Punkte)
1941/42: Gauliga Westfalen, 2. Platz (58:38 Tore, 24:12 Punkte)
1942/43: Gauliga Westfalen, 6. Platz (46:46 Tore, 17:19 Punkte)
1943/44: Gauliga Westfalen, 3. Platz (45:21 Tore, 24:12 Punkte)
1944/45: Wegen des 2. Weltkriegs Spiele nur auf lokaler Ebene.

1946: Westfalenliga (1. Liga, zweigleisig), 3. Platz

1946/47: Westfalenliga (zweigleisig), 1. Platz
Der BVB qualifiziert sich damit für die neue Oberliga West.
Endspiel um die Westfalenmeisterschaft:
Schalke 04 - BVB 2:3 (in Herne)

Meisterschaft Britische Zone 1947:
Vorrunde: BVB - Werder Bremen 4:2
Zwischenrunde: BVB - VfR Köln 5:4 n.V.
Endspiel: Hamburger SV - BVB 1:0 (in Oberhausen)

Statistik

Oberliga West

1947/48 Oberliga West

		Tore	Pkt.
1. Bor. Dortmund	24	62:22	36:12
2. SpFr Katernberg	24	47:30	34:14
3. STV H.-Emscher	24	55:43	29:19
4. SV Hamborn 07	24	40:29	28:20
5. RW Oberhausen	24	43:32	27:21
6. FC Schalke 04	24	40:35	24:24
7. Fort. Düsseldorf	24	41:41	24:24
8. SpVgg. Erkenschw.	24	48:48	21:27
9. Alemannia Aachen	24	29:46	21:27
10. TSG Vohwinkel 80	24	33:48	19:29
11. Preußen Dellbrück	24	37:55	19:29
12. VfR 04 Köln	24	23:43	17:31
13. VfL 07 Witten	24	30:56	13:35

Meisterschaft Britische Zone 1948:
Vorrunde:
Werder Bremen - BVB 2:3 n.V.
Zwischenrunde:
FC St. Pauli - BVB 2:2 und 1:0
Spiel um den 3. Platz:
BVB - TSV Braunschweig 2:0

1948/49 Oberliga West

1. Bor. Dortmund	24	79:30	38:10
2. Rot-Weiß Essen	24	39:22	30:18
3. STV H.-Emscher	24	51:40	27:21
4. Preußen Münster	24	33:35	25:23
5. RW Oberhausen	24	36:25	24:24
6. SV Hamborn 07	24	40:44	24:24
7. TSG Vohwinkel 80	24	41:45	23:25
8. Alemannia Aachen	24	33:39	23:25
9. SpVgg. Erkenschw.	24	42:53	21:27
10. Rhenan. Würselen	24	33:48	21:27
11. Fort. Düsseldorf	24	31:45	20:28
12. FC Schalke 04	24	33:43	18:30
13. Sportfr. Katernberg	24	29:51	18:30

Deutsche Meisterschaft Endrunde 1949:
Vorrunde: Berliner SV 92 - BVB 0:5
Michallek (2), Erdmann, Preißler, Kasperski
Zwischenrunde: BVB - 1. FC Kaiserslautern 0:0 (in München)
BVB - 1. FC Kaiserslautern 4:1 (in Köln) Preißler (2), Michallek, Erdmann
Endspiel: VfR Mannheim - BVB 3:2 n.V. (in Stuttgart). Erdmann (2)

1949/50 Oberliga West

1. Bor. Dortmund	30	76:36	43:17
2. Preußen Dellbrück	30	55:41	39:21
3. Rot-Weiß Essen	30	78:47	38:22
4. STV H.-Emscher	30	62:35	37:23
5. 1. FC Köln	30	61:39	37:23
6. FC Schalke 04	30	65:55	37:23
7. SpVgg. Erkenschw.	30	49:42	34:26
8. Preußen Münster	30	53:42	28:32
9. SV Hamborn 07	30	50:55	28:32
10. Duisburger SpV.	30	51:65	27:33
11. RW Oberhausen	30	46:60	27:33
12. Alemannia Aachen	30	37:56	27:33
13. Rhenan. Würselen	30	45:52	26:34
14. TSB Vohwinkel 80	30	42:68	21:39
15. Arminia Bielefeld	30	32:72	17:43
16. Duisburger FV 08	30	29:66	14:46

Deutsche Meisterschaft Endrunde 1950:
VfR Mannheim - BVB 3:1 (in Gladbeck). Kaperski

1950/51 Oberliga West

1. FC Schalke 04	30	69:36	42:18
2. Preußen Münster	30	58:36	41:19
3. Bor. Dortmund	**30**	**52:36**	**39:21**
4. 1. FC Köln	30	60:31	38:22
5. Fort. Düsseldorf	30	49:35	31:29
6. Rot-Weiß Essen	30	59:53	30:30
7. SV Hamborn 07	30	42:45	30:30
8. Preußen Dellbrück	30	49:52	28:32
9. Rheydter SpV.	30	47:57	28:32
10. STV H.-Emscher	30	47:51	27:33
11. SpVgg. Erkenschw.	30	34:39	27:33
12. SpFr Katernb.	30	55:64	26:34
13. RW Oberhausen	30	31:50	26:34
14. Bor. M.-Gladbach	30	47:72	25:35
15. Alemannia Aachen	30	56:66	24:36
16. Duisburger SpV.	30	27:59	18:42

1951/52 Oberliga West

1. Rot-Weiß Essen	30	78:41	45:15
2. FC Schalke 04	30	63:47	40:20
3. Alemannia Aachen	30	65:47	36:24
4. Bor. Dortmund	**30**	**79:53**	**34:26**
5. 1. FC Köln	30	57:40	33:27
6. B. Leverkusen	30	49:41	32:28
7. Preußen Münster	30	53:48	32:28
8. Meiderich. SpV.	30	57:55	29:31
9. Preußen Dellbrück	30	42:48	29:31
10. Sportfr. Katernberg	30	62:70	27:33

Statistik

11. Schwarz-W. Essen	30	43:57	27:33
12. Fort. Düsseldorf	30	43:48	26:34
13. STV H.-Emscher	30	48:61	26:34
14. SpVgg. Erkenschw.	30	53:71	24:36
15. Rheydter SpV.	30	58:88	23:37
16. SV Hamborn 07	30	30:65	17:43

■ 1952/53 Oberliga West

1. Bor. Dortmund	**30**	**87:36**	**46:14**
2. 1. FC Köln	30	86:42	43:17
3. Rot-W. Essen	30	86:40	40:20
4. Meidericher SpV.	30	63:51	36:24
5. Alemannia Aachen	30	61:57	34:26
6. FC Schalke 04	30	67:49	33:27
7. Preußen Münster	30	74:60	32:28
8. Preußen Dellbrück	30	52:39	31:29
9. Fort. Düsseldorf	30	68:60	30:30
10. Bayer Leverkusen	30	50:68	29:31
11. SV Sodingen	30	47:54	25:35
12. STV H.-Emscher	30	42:73	23:37
13. Schwarz-W. Essen	30	54:76	22:38
14. B. M'gladbach	30	31:80	21:39
15. Sportfr. Katernberg	30	57:91	19:41
16. SpVgg. Erkenschw.	30	41:90	16:44

Deutsche Meisterschaft Endrunde 1953, Gruppe II:
BVB - VfB Stuttgart 2:1 Niepieklo, Flügel
BVB - Hamburger SV 4:1 Flügel (2), Preißler, Kasperski
BVB - Union 06 Berlin 4:0 Preißler (2), Sandmann, Flügel
Union 06 Berlin - BVB 0:2 Sandmann (2)
Hamburger SV - BVB 3:4 Preißler (2), Niepieklo, Farke
VfB Stuttgart - BVB 2:1 Flügel

Tabelle DM '53, II	Tore	Punkte
1. VfB Stuttgart	16:6	10:2
2. BVB	17:7	10:2
3. Hamburger SV	11:15	3:9
4. Union 06 Berlin	4:20	1:11

■ 1953/54 Oberliga West

1. 1. FC Köln	30	83:43	41:19
2. Rot-Weiß Essen	30	75:49	40:20
3. FC Schalke 04	30	76:51	39:21
4. Preußen Münster	30	60:54	33:27
5. Bor. Dortmund	**30**	**69:58**	**32:28**
6. Schwarz-W. Essen	30	72:53	31:29
7. Bayer Leverkusen	30	58:67	31:29
8. VfL 1848 Bochum	30	50:58	31:29
9. Alemannia Aachen	30	59:59	28:32
10. Fort. Düsseldorf	30	53:49	27:33
11. Meidericher SpV.	30	46:55	27:33
12. Bor. M.-Gladbach	30	56:73	27:33
13. Preußen Dellbrück	30	41:55	27:33
14. SV Sodingen	30	46:56	26:34
15. Rheydter SpV.	30	45:76	20:40
16. STV H.-Emscher	30	43:76	20:40

■ 1954/55 Oberliga West

1. Rot-Weiß Essen	30	64:38	45:15
2. SV Sodingen	30	54:40	39:21
3. Bayer Leverkusen	30	54:42	36:24
4. Bor. Dortmund	**30**	**63:57**	**30:30**
5. FC Schalke 04	30	51:49	30:30
6. Fort. Düsseldorf	30	66:65	30:30
7. 1. FC Köln	30	60:55	29:31
8. Duisburg. SpV.	30	48:52	29:31
9. Preußen Münster	30	70:60	28:32
10. Preußen Dellbrück	30	51:58	28:32
11. Alemannia Aachen	30	56:64	28:32
12. Schwarz-W. Essen	30	52:55	27:33
13. Westf. Herne	30	57:63	26:34
14. Bor. M.-Gladbach	30	48:65	26:34
15. Meidericher SpV.	30	39:60	26:34
16. VfL 1848 Bochum	30	36:46	23:37

■ 1955/56 Oberliga West

1. Bor. Dortmund	**30**	**78:36**	**45:15**
2. FC Schalke 04	30	67:38	41:19
3. Alemannia Aachen	30	70:55	41:19
4. Duisburger SpV.	30	48:36	36:24
5. Rot-W. Essen	30	59:45	36:24
6. Fort. Düsseldorf	30	55:48	36:24
7. 1. FC Köln	30	59:48	32:28
8. Schwarz-W. Essen	30	44:45	27:33
9. SV Sodingen	30	44:49	27:33
10. Wuppert. SV	30	43:62	27:33
11. Bor. M.-Gladbach	30	60:70	26:34
12. Preußen Münster	30	51:64	26:34
13. Westfalia Herne	30	51:60	24:36
14. Preußen Dellbrück	30	49:69	24:36
15. Bayer Leverkusen	30	37:65	17:43
16. SpFr. Hamb. 07	30	45:70	15:45

Deutsche Meisterschaft Endrunde
1956, Gruppe II:
BVB - Hamburger SV 5:0 Preißler, Kelbassa, Niepieklo (3)
Hamburger SV - BVB 2:1 Kelbassa
BVB - VfB Stuttgart 4:1 Preißler (3), Niepieklo
VfB Stuttgart - BVB 0:2 Niepieklo (2)
BVB - Viktoria 89 Berlin 1:1 Niepieklo
Viktoria 89 Berlin - BVB 0:6 Kelbassa (2), Niepieklo (2), Peters, Bracht

Tabelle DM '56, II	Tore	Punkte
1. BVB	19:4	9:3
2. Hamburger SV	14:10	9:3
3. VfB Stuttgart	9:14	4:8
4. Viktoria 98 Berlin	7:21	2:10

Endspiel: BVB - Karlsruher SC 4:2 (in Berlin) Niepieklo, Kelbassa, Preißler, Peters

■ **1956/57 Oberliga West**
1. Bor. Dortmund **30** **73:33** **41:19**
2. Duisburger SpV. 30 56:39 39:21
3. 1. FC Köln 30 67:50 39:21
4. FC Schalke 04 30 76:49 36:24
5. Alemannia Aachen 30 65:54 34:26
6. Fort. Düsseldorf 30 65:53 33:27
7. Meiderich. SpV. 30 62:42 32:28
8. Rot-Weiß Essen 30 57:51 32:28
9. Wuppertaler SV 30 41:52 30:30
10. VfL 1848 Bochum 30 54:54 29:31
11. Westfalia Herne 30 33:38 27:33
12. SV Sodingen 30 41:44 26:34
13. Preußen Dellbrück 30 46:62 25:35
14. Preußen Münster 30 48:70 25:35
15. Schwarz-W. Essen 30 43:63 22:38
16. Bor. M.-Gladbach 30 39:112 10:50

Deutsche Meisterschaft Endrunde
1957, Gruppe II:
BVB - Kickers Offenbach 2:1 (in Stuttgart) Niepieklo, Schmidt
BVB - 1. FC Kaiserslautern 3:2 (in Hannover) Kelbassa, Preißler, Kapitulski
BVB - Hertha BSC Berlin 2:1 (in Braunschweig) Niepieklo (2)

Tabelle DM '57, II	Tore	Punkte
1. BVB	7:4	6:0
2. Kickers Offenb.	8:4	4:2
3. 1. FC Kaisersl.	17:8	2:4
4. Hertha BSC Berl.	3:19	0:6

Endspiel: BVB - Hamburger SV 4:1 (in Hannover) Kelbassa (2), Niepieklo (2)

■ **1957/58 Oberliga West**
1. FC Schalke 04 30 74:36 41:19
2. 1. FC Köln 30 74:45 40:20
3. Alemannia Aachen 30 47:38 37:23
4. Meidericher SpV. 30 56:37 36:24
5. Bor. Dortmund **30** **67:44** **35:25**
6. Preußen Münster 30 48:45 30:30
7. Rot-Weiß Essen 30 40:42 30:30
8. Fort. Düsseldorf 30 57:58 29:31
9. SC Viktoria Köln 30 57:58 29:31
10. Duisburger SpV. 30 41:48 29:31
11. RW Oberhaus. 30 45:56 28:32
12. Westfalia Herne 30 41:54 27:33
13. SV Sodingen 30 44:55 24:36
14. VfL 1848 Bochum 30 39:62 24:36
15. Wuppertaler SV 30 46:60 23:37
16. SpFr Hamborn 07 30 29:67 18:42

■ **1958/59 Oberliga West**
1. Westfalia Herne 30 60:23 45:15
2. 1. FC Köln 30 60:35 39:21
3. Fort. Düsseldorf 30 89:56 39:21
4. VfL 1848 Bochum 30 61:43 36:24
5. Bor. Dortmund **30** **59:47** **35:25**
6. Rot-Weiß Essen 30 51:42 32:28
7. Preußen Münster 30 50:51 32:28
8. Meidericher SpV. 30 44:44 30:30
9. Duisburger SpV. 30 55:46 28:32
10. Alemannia Aachen 30 52:56 28:32
11. FC Schalke 04 30 57:52 27:33
12. RW Oberhausen 30 48:65 27:33
13. B. M'gladbach 30 39:58 25:35
14. SC Viktoria Köln 30 57:83 23:37
15. SV Sodingen 30 34:57 21:39
16. STV H.-Emscher 30 32:90 13:47

Statistik

■ 1959/60 Oberliga West

#	Verein			
1.	1. FC Köln	30	85:39	44:16
2.	Westfalia Herne	30	56:37	37:23
3.	**Bor. Dortmund**	**30**	**81:62**	**35:25**
4.	FC Schalke 04	30	59:41	34:26
5.	Duisburger SpV.	30	47:51	30:30
6.	Rot-Weiß Essen	30	46:60	29:31
7.	SC Viktoria Köln	30	60:71	28:32
8.	Meidericher SpV.	30	35:45	28:32
9.	Alemannia Aachen	30	43:56	28:32
10.	Preußen Münster	30	37:52	28:32
11.	VfL 1848 Bochum	30	46:49	27:33
12.	SpFr Hamb. 07	30	45:48	27:33
13.	RW Oberhausen	30	40:49	27:33
14.	Bor. M.-Gladbach	30	38:52	27:33
15.	Fort. Düsseldorf	30	46:53	26:34
16.	Sch.-W. Essen	30	47:46	25:35

■ 1960/61 Oberliga West

#	Verein			
1.	1. FC Köln	30	79:33	42:18
2.	**Bor. Dortmund**	**30**	**70:46**	**39:21**
3.	FC Schalke 04	30	59:40	35:25
4.	RW Oberhausen	30	48:36	35:25
5.	Westfalia Herne	30	60:47	34:26
6.	Bor. M'gladbach	30	58:58	31:29
7.	SpFr Hamborn 07	30	46:48	31:29
8.	Alemannia Aachen	30	61:61	29:31
9.	Preußen Münster	30	41:50	27:33
10.	SC Viktoria Köln	30	49:62	27:33
11.	Meidericher SpV.	30	47:48	26:34
12.	TSV Marl-Hüls	30	41:61	26:34
13.	Duisburger SpV.	30	40:67	26:34
14.	SV Sodingen	30	47:58	25:35
15.	Rot-Weiß Essen	30	32:46	24:36
16.	VfL 1848 Bochum	30	45:62	23:37

Deutsche Meisterschaft Endrunde 1961, Gruppe I:
BVB - Eintracht Frankfurt 0:1
Eintracht Frankfurt - BVB 1:2 Schmidt, Peters
BVB - Hamburger SV 7:2 Schütz (4), Kelbassa (2), Konietzka
Hamburger SV - BVB 2:5 Kelbassa, Konietzka, Schütz (2), Schmidt
BVB - 1. FC Saarbrücken 2:2 Konietzka, Kelbassa
1. FC Saarbrücken - BVB 4:3 Cyliax (2), Kelbassa

Tabelle DM '61, I	Tore	Punkte
1. BVB	19:2	7:5
2. Eintr. Frankfurt	13:9	7:5
3. Hamburger SV	14:19	6:6
4. 1. FC Saarbrücken	11:17	4:8

Endspiel: 1. FC Nürnberg - BVB 3:0 (in Hannover)

■ 1961/62 Oberliga West

#	Verein			
1.	1. FC Köln	30	89:40	44:16
2.	FC Schalke 04	30	68:40	43:17
3.	RW Oberhausen	30	53:37	40:20
4.	Schwarz-W. Essen	30	64:39	38:22
5.	Meidericher SpV.	30	50:37	35:25
6.	Westfalia Herne	30	58:45	34:26
7.	Preußen Münster	30	60:47	34:26
8.	**Bor. Dortmund**	**30**	**67:51**	**32:28**
9.	Fort. Düsseldorf	30	57:50	32:28
10.	SC Viktoria Köln	30	62:72	29:31
11.	Alemannia Aachen	30	50:56	27:33
12.	SpFr Hamborn 07	30	38:68	22:38
13.	Bor. M'gladbach	30	42:57	21:39
14.	TSV Marl-Hüls	30	52:82	21:39
15.	SV Sodingen	30	31:57	18:42
16.	Duisburger SpV.	30	28:91	10:50

■ 1962/63 Oberliga West

#	Verein			
1.	1. FC Köln	30	65:37	42:18
2.	**Bor. Dortmund**	**30**	**77:39**	**40:20**
3.	Meiderischer SpV.	30	47:43	38:22
4.	Preußen Münster	30	51:32	37:23
5.	Alemannia Aachen	30	58:42	37:23
6.	FC Schalke 04	30	62:43	35:25
7.	Schwarz-W. Essen	30	44:37	33:27
8.	SC Viktoria Köln	30	81:69	30:30
9.	B. Leverkusen	30	50:54	30:30
10.	RW Oberhausen	30	49:58	29:31
11.	Bor. M'gladbach	30	44:60	24:36
12.	SpFr Hamborn 07	30	34:50	24:36
13.	Fort. Düsseldorf	30	43:64	22:38
14.	Westfalia Herne	30	43:65	21:39
15.	Wuppert. SV	30	43:66	20:40
16.	TSV Marl-Hüls	30	37:69	18:42

Endrunde Deutsche Meisterschaft 1963, Gruppe II
BVB - 1860 München 4:0 Schütz (2), Konietzka (2)

1860 München - BVB 3:2 Wosab, Konietzka
BVB - Borussia Neunkirchen 0:0
Borussia Neunkirchen - BVB 2:5 Schütz, Konietzka (2), Cyliax, Schmidt
BVB - Hamburger SV 3:2 Schmidt, Schütz, Kelbassa
Hamburger SV - BVB 0:1 Schütz

Tabelle DM '63, II	Tore	Punkte
1. BVB	15:7	9:3
2. 1860 München	10:12	6:6
3. Borussia Neunkir.	8:11	6:6
4. Hamburger SV	7:10	3:9

Endspiel: BVB - 1. FC Köln 3:1
(in Stuttgart) Kurrat, Wosab, Schmidt

Bundesliga

■ 1963/64 Bundesliga
1. 1. FC Köln 30 78:40 45:15
2. Meidericher SV 30 60:36 39:21
3. Eintr. Frankfurt 30 65:41 39:21
4. **Bor. Dortmund** **30** **73:57** **33:27**
5. VfB Stuttgart 30 48:40 33:27
6. Hamburger SV 30 69:60 32:28
7. TSV Münch. 1860 30 66:50 31:29
8. FC Schalke 04 30 51:53 29:31
9. 1. FC Nürnberg 30 45:56 29:31
10. Werder Bremen 30 53:62 28:32
11. Eintr. Braunschw. 30 36:49 28:32
12. 1. FC Kaisersl. 30 48:69 26:34
13. Karlsruher SC 30 42:55 24:36
14. Hertha BSC Berlin 30 45:65 24:36
15. Preußen Münster 30 34:52 23:37
16. 1. FC Saarbrücken 30 44:72 17:43

■ 1964/65 Bundesliga
1. Werder Bremen 30 54:29 41:19
2. 1. FC Köln 30 66:45 38:22
3. **Bor. Dortmund** **30** **67:48** **36:24**
4. TSV Münch. 1860 30 70:50 35:25
5. Hannover 96 30 48:42 33:27
6. 1. FC Nürnberg 30 44:38 32:28
7. Meidericher SV 30 46:48 32:28
8. Eintr. Frankfurt 30 50:58 29:31
9. Eintr. Braunschw. 30 42:47 28:32
10. Bor. Neunkirchen 30 44:48 27:33
11. Hamburger SV 30 46:56 27:33
12. VfB Stuttgart 30 46:50 26:34
13. 1. FC Kaisersl. 30 41:53 25:35
14. Hertha BSC Berlin 30 40:62 25:35
15. Karlsruher SC 30 47:62 24:36
16. FC Schalke 04 30 45:60 22:38

■ 1965/66 Bundesliga
1. TSV Münch. 1860 34 80:40 50:18
2. **Bor. Dortmund** **34** **70:36** **47:21**
3. Bayern München 34 71:38 47:21
4. Werder Bremen 34 76:40 45:23
5. 1. FC Köln 34 74:41 44:24
6. 1. FC Nürnberg 34 54:43 39:29
7. Eintr. Frankfurt 34 64:46 38:30
8. Meidericher SV 34 70:48 36:32
9. Hamburger SV 34 64:52 34:34
10. Eintr. Braunschw. 34 49:49 34:34
11. VfB Stuttgart 34 42:48 32:36
12. Hannover 96 34 59:57 30:38
13. Bor. M'gladbach 34 57:68 29:39
14. FC Schalke 04 34 33:55 27:41
15. 1. FC Kaisersl. 34 42:65 26:42
16. Karlsruher SC 34 35:71 24:44
17. Bor. Neunkirchen 34 32:82 22:46
18. Tasm. 1900 Berlin 34 15:108 8:60

■ 1966/67 Bundesliga
1. Eintr. Braunschw. 34 49:27 43:25
2. TSV Münch. 1860 34 60:47 41:27
3. **Bor. Dortmund** **34** **70:41** **39:29**
4. Eintr. Frankfurt 34 66:49 39:29
5. 1. FC Kaisersl. 34 43:42 38:30
6. Bayern München 34 62:47 37:31
7. 1. FC Köln 34 48:48 37:31
8. Bor. M'gladbach 34 70:49 34:34
9. Hannover 96 34 40:46 34:34
10. 1. FC Nürnberg 34 43:50 34:34
11. MSV Duisburg 34 40:42 33:35
12. VfB Stuttgart 34 48:54 33:35
13. Karlsruher SC 34 54:62 31:37
14. Hamburger SV 34 37:53 30:38
15. FC Schalke 04 34 37:63 30:38
16. Werder Bremen 34 49:56 29:39
17. Fort. Düsseldorf 34 44:66 25:43
18. Rot-Weiß Essen 34 35:53 25:43

■ 1967/68 Bundesliga
1. 1. FC Nürnberg 34 71:37 47:21
2. Werder Bremen 34 68:51 44:24
3. Bor. M'gladbach 34 77:45 42:26

Statistik

4. 1. FC Köln	34	68:52	38:30
5. Bayern München	34	68:58	38:30
6. Eintr. Frankfurt	34	58:51	38:30
7. MSV Duisburg	34	69:58	36:32
8. VfB Stuttgart	34	65:54	35:33
9. Eintr. Braunschw.	34	37:39	35:33
10. Hannover 96	34	48:52	34:34
11. Alemannia Aachen	34	52:66	34:34
12. TSV Münch. 1860	34	55:59	33:35
13. Hamburger SV	34	51:54	33:35
14. Bor. Dortmund	**34**	**60:59**	**31:37**
15. FC Schalke 04	34	42:48	30:38
16. 1. FC Kaisersl.	34	39:67	28:40
17. Bor. Neunkirchen	34	33:93	19:49
18. Karlsruher SC	34	32:70	17:51

■ 1968/69 Bundesliga

1. Bayern München	34	61:31	46:22
2. Alemannia Aachen	34	57:51	38:30
3. Bor. M'gladbach	34	61:46	37:31
4. Eintr. Braunschw.	34	46:43	37:31
5. VfB Stuttgart	34	60:54	36:32
6. Hamburger SV	34	55:55	36:32
7. FC Schalke 04	34	45:40	35:33
8. Eintr. Frankfurt	34	46:43	34:34
9. Werder Bremen	34	59:59	34:34
10. TSV Münch. 1860	34	44:59	34:34
11. Hannover 96	34	47:45	32:36
12. MSV Duisburg	34	33:37	32:36
13. 1. FC Köln	34	47:56	32:36
14. Hertha BSC Berlin	34	31:39	32:36
15. 1. FC Kaisersl.	34	45:47	30:38
16. Bor. Dortmund	**34**	**49:54**	**30:38**
17. 1. FC Nürnberg	34	45:55	29:39
18. Kickers Offenbach	34	42:59	28:40

■ 1969/70 Bundesliga

1. Bor. M'gladbach	34	71:29	51:17
2. Bayern München	34	88:37	47:21
3. Hertha BSC Berlin	34	67:41	45:23
4. 1. FC Köln	34	83:38	43:25
5. Bor. Dortmund	**34**	**60:67**	**36:32**
6. Hamburger SV	34	57:54	35:33
7. VfB Stuttgart	34	59:62	35:33
8. Eintr. Frankfurt	34	54:54	34:34
9. FC Schalke 04	34	43:54	34:34
10. 1. FC Kaisersl.	34	44:55	32:36
11. Werder Bremen	34	38:47	31:37
12. Rot-Weiß Essen	34	41:54	31:37
13. Hannover 96	34	49:61	30:38
14. RW Oberhausen	34	50:62	29:39
15. MSV Duisburg	34	35:48	29:39
16. Eintr. Braunschw.	34	40:49	28:40
17. TSV Münch. 1860	34	41:56	25:43
18. Alemannia Aachen	34	31:83	17:51

■ 1970/71 Bundesliga

1. Bor. M'gladbach	34	77:35	50:18
2. Bayern München	34	74:36	48:20
3. Hertha BSC Berlin	34	61:43	41:27
4. Eintr. Braunschw.	34	52:40	39:29
5. Hamburger SV	34	54:63	37:31
6. FC Schalke 04	34	44:40	36:32
7. MSV Duisburg	34	43:47	35:33
8. 1. FC Kaisersl.	34	54:57	34:34
9. Hannover 96	34	53:49	33:35
10. Werder Bremen	34	41:40	33:35
11. 1. FC Köln	34	46:56	33:35
12. VfB Stuttgart	34	49:49	30:38
13. Bor. Dortmund	**34**	**54:60**	**29:39**
14. Arminia Bielefeld	34	34:53	29:39
15. Eintr. Frankfurt	34	39:56	28:40
16. RW Oberhausen	34	54:69	27:41
17. Kickers Offenbach	34	49:65	27:41
18. Rot-Weiß Essen	34	48:68	23:45

■ 1971/72 Bundesliga

1. Bayern München	34	101:38	55:13
2. FC Schalke 04	34	76:35	52:16
3. Bor. M'gladbach	34	82:40	43:25
4. 1. FC Köln	34	64:44	43:25
5. Eintr. Frankfurt	34	71:61	39:29
6. Hertha BSC Berlin	34	46:55	37:31
7. 1. FC Kaisersl.	34	59:53	35:33
8. VfB Stuttgart	34	52:56	35:33
9. VfL Bochum	34	59:69	34:34
10. Hamburger SV	34	52:52	33:35
11. Werder Bremen	34	63:58	31:37
12. Eintr. Braunschw.	34	43:48	31:37
13. Fort. Düsseldorf	34	40:53	30:38
14. MSV Duisburg	34	36:51	27:41
15. RW Oberhausen	34	33:66	25:43
16. Hannover 96	34	54:69	23:45
17. Bor. Dortmund	**34**	**34:83**	**20:48**
18. Arminia Bielefeld	34	0:0	0:0

■ 1972/73 Regionalliga West

1. Rot-Weiß Essen	34	104:40	55:13
2. SC Fortuna Köln	34	85:29	50:18
3. Bayer Uerdingen	34	73:50	43:25
4. Bor. Dortmund	**34**	**77:45**	**41:27**
5. SG Wattenscheid	34	70:60	40:28

6. Alemannia Aachen	34	66:50	39:29
7. Spfr. Siegen	34	55:53	39:29
8. FC Mülheim-St.	34	46:56	38:30
9. DJK Gütersloh	34	51:56	37:31
10. SpVgg. Erkensch.	34	73:60	36:32
11. Arm. Bielefeld	34	46:66	30:38
12. Schwarz-W. Essen	34	41:58	29:39
13. Preußen Münster	34	47:66	29:39
14. Eintr. Gelsenkir.	34	44:65	26:42
15. Westfalia Herne	34	34:52	24:44
16. Arminia Gütersloh	34	44:68	24:44
17. Bayer Leverkusen	34	38:76	19:49
18. Lüner SV	34	43:87	13:55

■ **1973/74 Regionalliga West**

1. SG Wattenscheid	34	102:39	55:13
2. RW Oberhausen	34	85:43	54:14
3. Bayer Uerdingen	34	82:40	51:17
4. FC Mülheim-St.	34	76:49	44:24
5. Preußen Münster	34	57:49	38:30
6. Bor. Dortmund	**34**	**63:50**	**37:31**
7. Alemannia Aachen	34	57:55	37:31
8. Schwarz-W. Essen	34	57:53	34:34
9. DJK Gütersloh	34	54:55	32:36
10. RW Lüdenscheid	34	47:58	32:36
11. SpVgg. Erkensch.	34	54:69	30:38
12. Spfreunde Siegen	34	59:76	28:40
13. Arminia Gütersloh	34	47:66	28:40
14. Arminia Bielefeld	34	41:52	27:41
15. OSC Solingen	34	46:68	25:43
16. STVEintr. Gk-Horst	34	42:73	22:46
17. Westfalia Herne	34	44:78	19:49
18. Viktoria 04 Köln	34	42:82	19:49

■ **1974/75 2. Bundesliga Nord**

1. Hannover 96	38	93:39	54:22
2. Bayer Uerdingen	38	66:38	51:25
3. FC St. Pauli	38	77:48	50:26
4. Arminia Bielefeld	38	68:47	50:26
5. Fortuna Köln	38	69:43	46:30
6. Bor. Dortmund	**38**	**65:44**	**46:30**
7. SG Wattenscheid	38	72:53	46:30
8. VfL Osnabrück	38	81:62	42:34
9. Preußen Münster	38	73:63	42:34
10. 1. SC Göttingen 05	38	60:66	39:37
11. Mülheim-Styrum	38	47:64	36:40
12. Schwarz-W. Essen	38	55:69	34:42
13. Wacker 04 Reinick.	38	54:68	33:43
14. DJK Gütersloh	38	57:63	32:44
15. TSV Alem. Aachen	38	57:71	30:46
16. SpVgg. Erkensch.	38	49:70	29:47
17. Ol. Wilhelmshaven	38	54:81	27:49
18. RW Oberhausen	38	38:66	27:49
19. VfL Wolfsburg	38	61:89	26:50
20. Barmb. Uhlenhorst	38	34:86	20:56

■ **1975/76 2. Bundesliga Nord**

1. Tennis B. Berlin	38	86:43	54:22
2. Bor. Dortmund	**38**	**93:37**	**52:24**
3. Preußen Münster	38	65:42	49:27
4. SC Fortuna Köln	38	74:49	45:31
5. Wuppertaler SV	38	76:53	45:31
6. VfL Osnabrück	38	61:47	45:31
7. Essener TB SW	38	63:52	44:32
8. SG Wattenscheid	38	71:58	43:33
9. Arminia Bielefeld	38	49:46	42:34
10. Westfal. Herne	38	60:57	40:36
11. 1. SC Göttingen 05	38	63:54	37:39
12. Alemannia Aachen	38	45:53	36:40
13. Union Solingen	38	45:56	36:40
14. FC St. Pauli	38	70:82	34:42
15. B. Leverkusen	38	46:61	32:44
16. Wacker 04 Reinick.	38	51:82	31:45
17. 1. FC Mülheim	38	54:76	30:46
18. SpVgg. Erkensch.	38	45:69	29:47
19. DJK Gütersloh	38	52:70	28:48
20. Spandauer SV	38	33:115	8:68

Endscheidungsspiele um den Aufstieg in die 1. Bundesliga:
   1. FC Nürnberg - BVB 0:1
   BVB - 1. FC Nürnberg 3:2

■ **1976/77 Bundesliga**

1. Bor. M'gladbach	34	58:34	44:24
2. FC Schalke 04	34	77:52	43:25
3. Eintr. Braunschw.	34	56:38	43:25
4. Eintr. Frankfurt	34	86:57	42:26
5. 1. FC Köln	34	83:61	40:28
6. Hamburger SV	34	67:56	38:30
7. Bayern München	34	74:65	37:31
8. Bor. Dortmund	**34**	**73:64**	**34:34**
9. MSV Duisburg	34	60:51	34:34
10. Hertha BSC Berlin	34	55:54	34:34
11. Werder Bremen	34	51:59	33:35
12. Fort. Düsseldorf	34	52:54	31:37
13. 1. FC Kaisersl.	34	53:59	29:39
14. 1. FC Saarbrücken	34	43:55	29:39
15. VfL Bochum	34	47:62	29:39
16. Karlsruher SC	34	53:75	28:40
17. Tennis Bor. Berlin	34	47:85	22:46
18. Rot-Weiß Essen	34	49:103	22:46

Statistik

■ **1977/78 Bundesliga**
1. 1. FC Köln 34 86:41 48:20
2. Bor. M'gladbach 34 86:44 48:20
3. Hertha BSC Berlin 34 59:48 40:28
4. VfB Stuttgart 34 58:40 39:29
5. Fort. Düsseldorf 34 49:36 39:29
6. MSV Duisburg 34 62:59 37:31
7. Eintr. Frankfurt 34 59:52 36:32
8. 1. FC Kaisersl. 34 64:63 36:32
9. FC Schalke 04 34 47:52 34:34
10. Hamburger SV 34 61:67 34:34
11. **Bor. Dortmund** **34** **57:71** **33:35**
12. Bayern München 34 62:64 32:36
13. Eintr. Braunschw. 34 43:53 32:36
14. VfL Bochum 34 49:51 31:37
15. Werder Bremen 34 48:57 31:37
16. TSV Münch. 1860 34 41:60 22:46
17. 1. FC Saarbrücken 34 39:70 22:46
18. FC St. Pauli 34 44:86 18:50

■ **1978/79 Bundesliga**
1. Hamburger SV 34 78:32 49:19
2. VfB Stuttgart 34 73:34 48:20
3. 1. FC Kaisersl. 34 62:47 43:25
4. Bayern München 34 69:46 40:28
5. Eintr. Frankfurt 34 50:49 39:29
6. 1. FC Köln 34 55:47 38:30
7. Fort. Düsseldorf 34 70:59 37:31
8. VfL Bochum 34 47:46 33:35
9. Eintr. Braunschw. 34 50:55 33:35
10. Bor. M'gladbach 34 50:53 32:36
11. Werder Bremen 34 48:60 31:37
12. **Bor. Dortmund** **34** **54:70** **31:37**
13. MSV Duisburg 34 43:56 30:38
14. Hertha BSC Berlin 34 40:50 29:39
15. FC Schalke 04 34 55:61 28:40
16. Arminia Bielefeld 34 43:56 26:42
17. 1. FC Nürnberg 34 36:67 24:44
18. SV Darmstadt 98 34 40:75 21:47

■ **1979/80 Bundesliga**
1. Bayern München 34 84:33 50:18
2. Hamburger SV 34 86:35 48:20
3. VfB Stuttgart 34 75:53 41:27
4. 1. FC Kaisersl. 34 75:53 41:27
5. 1. FC Köln 34 72:55 37:21
6. **Bor. Dortmund** **34** **64:56** **36:32**
7. Bor. M'gladbach 34 61:60 36:32
8. FC Schalke 04 34 40:51 33:35
9. Eintr. Frankfurt 34 65:61 32:36
10. VfL Bochum 34 41:44 32:36
11. Fort. Düsseldorf 34 62:72 32:36
12. Bayer Leverkusen 34 45:61 32:36
13. TSV Münch. 1860 34 42:53 30:38
14. MSV Duisburg 34 43:57 29:39
15. Bayer Uerdingen 34 43:61 29:39
16. Hertha BSC Berlin 34 41:61 29:39
17. Werder Bremen 34 52:93 25:43
18. Eintr. Braunschw. 34 32:64 20:48

■ **1980/81 Bundesliga**
1. Bayern München 34 89:41 53:15
2. Hamburger SV 34 73:43 49:19
3. VfB Stuttgart 34 70:44 46:22
4. 1. FC Kaisersl. 34 60:37 44:24
5. Eintr. Frankfurt 34 61:57 38:30
6. Bor. M'gladbach 34 68:64 37:31
7. **Bor. Dortmund** **34** **69:59** **35:33**
8. 1. FC Köln 34 54:55 34:34
9. VfL Bochum 34 53:45 33:35
10. Karlsruher SC 34 56:63 32:36
11. Bayer Leverkusen 34 52:53 30:38
12. MSV Duisburg 34 45:58 29:39
13. Fort. Düsseldorf 34 57:64 28:40
14. 1. FC Nürnberg 34 47:57 28:40
15. Arminia Bielefeld 34 46:65 26:42
16. TSV Münch. 1860 34 49:67 25:43
17. FC Schalke 04 34 43:88 23:45
18. Bayer Uerdingen 34 47:79 22:46

■ **1981/82 Bundesliga**
1. Hamburger SV 34 95:45 48:20
2. 1. FC Köln 34 72:38 45:23
3. Bayern München 34 77:56 43:25
4. 1. FC Kaisersl. 34 70:61 42:26
5. Werder Bremen 34 61:52 42:26
6. **Bor. Dortmund** **34** **59:40** **41:27**
7. Bor. M'gladbach 34 61:51 40:28
8. Eintr. Frankfurt 34 83:72 37:31
9. VfB Stuttgart 34 62:55 35:33
10. VfL Bochum 34 52:51 32:36
11. Eintr. Braunschw. 34 61:66 32:36
12. Arminia Bielefeld 34 46:50 30:38
13. 1. FC Nürnberg 34 53:72 28:40
14. Karlsruher SC 34 50:68 27:41
15. Fort. Düsseldorf 34 48:73 25:43
16. Bayer Leverkusen 34 45:72 25:43
17. SV Darmstadt 98 34 46:82 21:47
18. MSV Duisburg 34 40:77 19:49

Statistik

■ 1982/83 Bundesliga
1. Hamburger SV 34 79:33 52:16
2. Werder Bremen 34 76:38 52:16
3. VfB Stuttgart 34 80:47 48:20
4. Bayern München 34 74:33 44:24
5. 1. FC Köln 34 69:42 43:25
6. 1. FC Kaisersl. 34 57:44 41:27
7. Bor. Dortmund 34 78:62 39:29
8. Arminia Bielefeld 34 46:71 31:37
9. Fort. Düsseldorf 34 63:75 30:38
10. Eintr. Frankfurt 34 48:57 29:39
11. Bayer Leverkusen 34 43:66 29:39
12. Bor. M'gladbach 34 64:63 28:40
13. VfL Bochum 34 43:49 28:40
14. 1. FC Nürnberg 34 44:70 28:40
15. Eintr. Braunschw. 34 42:65 27:41
16. FC Schalke 04 34 48:68 22:46
17. Karlsruher SC 34 39:86 21:47
18. Hertha BSC Berlin 34 43:67 20:48

■ 1983/84 Bundesliga
1. VfB Stuttgart 34 79:33 48:20
2. Hamburger SV 34 75:36 48:20
3. Bor. M'gladbach 34 81:48 48:20
4. Bayern München 34 84:41 47:21
5. Werder Bremen 34 79:46 45:23
6. 1. FC Köln 34 70:57 38:30
7. Bayer Leverkusen 34 50:50 34:34
8. Arminia Bielefeld 34 40:49 33:35
9. Eintr. Braunschw. 34 54:69 32:36
10. Bayer Uerdingen 34 66:79 31:37
11. SV Waldh. Mannh. 34 45:58 31:37
12. 1. FC Kaisersl. 34 68:69 30:38
13. Bor. Dortmund 34 54:65 30:38
14. Fort. Düsseldorf 34 63:75 29:39
15. VfL Bochum 34 58:70 28:40
16. Eintr. Frankfurt 34 45:61 27:41
17. Kickers Offenbach 34 48:106 19:49
18. 1. FC Nürnberg 34 38:85 14:54

■ 1984/85 Bundesliga
1. Bayern München 34 79:38 50:18
2. Werder Bremen 34 87:51 46:22
3. 1. FC Köln 34 69:66 40:28
4. Bor. M'gladbach 34 77:53 39:29
5. Hamburger SV 34 58:49 37:31
6. SV Waldh. Mannh. 34 47:50 37:31
7. Bayer Uerdingen 34 57:52 36:32
8. FC Schalke 04 34 63:62 34:34
9. VfL Bochum 34 52:54 34:34
10. VfB Stuttgart 34 79:59 33:35
11. 1. FC Kaisersl. 34 56:60 33:35
12. Eintr. Frankfurt 34 62:67 32:36
13. Bayer Leverkusen 34 52:54 31:37
14. Bor. Dortmund 34 51:65 30:38
15. Fort. Düsseldorf 34 53:66 29:39
16. Arminia Bielefeld 34 46:61 29:39
17. Karlsruher SC 34 47:88 22:46
18. Eintr. Braunschw. 34 39:79 20:48

■ 1985/86 Bundesliga
1. Bayern München 34 82:31 49:19
2. Werder Bremen 34 83:41 49:19
3. Bayer Uerdingen 34 63:60 45:23
4. Bor. M'gladbach 34 65:51 42:26
5. VfB Stuttgart 34 69:45 41:27
6. Bayer Leverkusen 34 63:51 40:28
7. Hamburger SV 34 52:35 39:29
8. SV Waldh. Mannh. 34 41:44 33:35
9. VfL Bochum 34 55:57 32:36
10. FC Schalke 04 34 53:58 30:38
11. 1. FC Kaisersl. 34 49:54 30:38
12. 1. FC Nürnberg 34 51:54 29:39
13. 1. FC Köln 34 46:59 29:39
14. Fort. Düsseldorf 34 54:78 29:39
15. Eintr. Frankfurt 34 35:49 28:40
16. Bor. Dortmund 34 49:65 28:40
17. 1. FC Saarbrücken 34 39:68 21:47
18. Hannover 96 34 43:92 18:50

■ 1986/87 Bundesliga
1. Bayern München 34 67:31 53:15
2. Hamburger SV 34 69:37 47:21
3. Bor. M'gladbach 34 74:44 43:25
4. Bor. Dortmund 34 70:50 40:28
5. Werder Bremen 34 65:54 40:28
6. Bayer Leverkusen 34 56:38 39:29
7. 1. FC Kaisersl. 34 64:51 37:31
8. Bayer Uerdingen 34 51:49 35:33
9. 1. FC Nürnberg 34 62:62 35:33
10. 1. FC Köln 34 50:53 35:33
11. VfL Bochum 34 52:44 32:36
12. VfB Stuttgart 34 55:49 32:36
13. FC Schalke 04 34 50:58 32:36
14. SV Waldh. Mannh. 34 52:71 28:40
15. Eintr. Frankfurt 34 33:79 25:43
16. FC Homburg 34 33:79 21:47
17. Fort. Düsseldorf 34 42:91 20:48
18. Blau-W. 90 Berlin 34 36:76 18:50

159

Statistik

■ 1987/88 Bundesliga

1. Werder Bremen 34 61:22 52:16
2. Bayern München 34 83:45 48:20
3. 1. FC Köln 34 57:28 48:20
4. VfB Stuttgart 34 69:49 40:28
5. 1. FC Nürnberg 34 44:40 37:31
6. Hamburger SV 34 63:68 37:31
7. Bor. M'gladbach 34 55:53 33:35
8. Bayer Leverkusen 34 53:60 32:36
9. Eintr. Frankfurt 34 51:50 31:37
10. Hannover 96 34 59:60 31:37
11. Bayer Uerdingen 34 59:61 31:37
12. VfL Bochum 34 47:51 30:38
13. Bor. Dortmund 34 51:54 29:39
14. 1. FC Kaisersl. 34 53:62 29:39
15. Karlsruher SC 34 37:55 29:39
16. SV Waldh.Mannh. 34 35:50 28:40
17. FC Homburg 34 37:70 24:44
18. FC Schalke 04 34 48:84 23:45

■ 1988/89 Bundesliga

1. Bayern München 34 67:26 50:18
2. 1. FC Köln 34 58:30 45:23
3. Werder Bremen 34 55:32 44:24
4. Hamburger SV 34 60:36 43:25
5. VfB Stuttgart 34 58:49 39:29
6. Bor. M'gladbach 34 44:43 38:30
7. Bor. Dortmund 34 56:40 37:31
8. Bayer Leverkusen 34 45:44 34:34
9. 1. FC Kaisersl. 34 47:44 33:35
10. FC St. Pauli 34 41:42 32:36
11. Karlsruher SC 34 48:51 32:36
12. SV Waldh. Mannh. 34 43:52 31:37
13. Bayer Uerdingen 34 50:60 31:37
14. 1. FC Nürnberg 34 36:54 26:42
15. VfL Bochum 34 37:57 26:42
16. Eintr. Frankfurt 34 30:53 26:42
17. Stuttgarter Kickers 34 41:68 26:42
18. Hannover 96 34 36:71 19:49

■ 1989/90 Bundesliga

1. Bayern München 34 64:28 49:19
2. 1. FC Köln 34 54:44 43:25
3. Eintr. Frankfurt 34 61:40 41:27
4. Bor. Dortmund 34 51:35 41:27
5. Bayer Leverkusen 34 40:32 39:29
6. VfB Stuttgart 34 53:47 36:32
7. Werder Bremen 34 49:41 34:34
8. 1. FC Nürnberg 34 42:46 33:35
9. Fort. Düsseldorf 34 41:41 32:36
10. Karlsruher SC 34 32:39 32:36
11. Hamburger SV 34 39:46 31:37
12. 1. FC Kaisersl. 34 42:55 31:37
13. FC St. Pauli 34 31:46 31:37
14. Bayer Uerdingen 34 41:48 30:38
15. Bor. M'gladbach 34 37:45 30:38
16. VfL Bochum 34 44:53 29:39
17. SV Waldh. Mannh. 34 36:53 26:42
18. FC Homburg 34 33:51 24:44

■ 1990/91 Bundesliga

1. 1. FC Kaisersl. 34 72:45 48:20
2. Bayern München 34 74:41 45:23
3. Werder Bremen 34 46:29 42:26
4. Eintr. Frankfurt 34 63:40 40:28
5. Hamburger SV 34 60:38 40:28
6. VfB Stuttgart 34 47:44 38:30
7. 1. FC Köln 34 50:43 37:31
8. Bayer Leverkusen 34 47:46 35:33
9. Bor. M'gladbach 34 49:54 35:33
10. Bor. Dortmund 34 46:57 34:34
11. SG Wattenscheid 34 42:51 33:35
12. Fort. Düsseldorf 34 40:49 32:36
13. Karlsruher SC 34 46:52 31:37
14. VfL Bochum 34 50:52 29:39
15. 1. FC Nürnberg 34 40:54 29:39
16. FC St. Pauli 34 33:53 27:41
17. Bayer Uerdingen 34 34:54 23:45
18. Hertha BSC Berlin 34 37:84 14:54

■ 1991/92 Bundesliga

1. VfB Stuttgart 38 62:32 52:24
2. Bor. Dortmund 38 66:47 52:24
3. Eintr. Frankfurt 38 76:41 50:26
4. 1. FC Köln 38 58:41 44:32
5. 1. FC Kaisersl. 38 58:42 44:32
6. Bayer Leverkusen 38 53:39 43:33
7. 1. FC Nürnberg 38 54:51 43:33
8. Karlsruher SC 38 48:50 41:35
9. Werder Bremen 38 44:45 38:38
10. Bayern München 38 59:61 36:40
11. FC Schalke 04 38 45:45 34:42
12. Hamburger SV 38 32:43 34:42
13. Bor. M'gladbach 38 37:49 34:42
14. Dynamo Dresden 38 34:50 34:42
15. VfL Bochum 38 38:55 33:43
16. SG Wattenscheid 38 50:60 32:44
17. Stuttgarter Kickers 38 53:64 31:45
18. Hansa Rostock 38 43:55 31:45
19. MSV Duisburg 38 43:55 30:46
20. Fort. Düsseldorf 38 41:69 24:52

Statistik

1992/93 Bundesliga
1. Werder Bremen 34 63:30 48:20
2. Bayern München 34 74:45 47:21
3. Eintr. Frankfurt 34 56:39 42:26
4. **Bor. Dortmund** **34** **61:43** **41:27**
5. Bayer Leverkusen 34 64:45 40:28
6. Karlsruher SC 34 60:54 39:29
7. VfB Stuttgart 34 56:50 36:32
8. 1. FC Kaisersl. 34 50:40 35:33
9. Bor. M'gladbach 34 59:59 35:33
10. FC Schalke 04 34 42:43 34:34
11. Hamburger SV 34 42:44 31:37
12. 1. FC Köln 34 41:51 28:40
13. 1. FC Nürnberg 34 30:47 28:40
14. SG Wattenscheid 34 46:67 28:40
15. Dynamo Dresden 34 32:59 27:41
16. VfL Bochum 34 45:52 26:42
17. Bayer Uerdingen 34 35:64 24:44
18. 1. FC Saarbrücken 34 37:71 23:45

1993/94 Bundesliga
1. Bayern München 34 68:37 44:24
2. 1. FC Kaisersl. 34 64:36 43:25
3. Bayer Leverkusen 34 60:47 39:29
4. **Bor. Dortmund** **34** **49:45** **39:29**
5. Eintr. Frankfurt 34 57:41 38:30
6. Karlsruher SC 34 46:43 38:30
7. VfB Stuttgart 34 51:43 37:31
8. Werder Bremen 34 51:44 36:32
9. MSV Duisburg 34 41:52 36:32
10. Bor. M'gladbach 34 65:59 35:33
11. 1. FC Köln 34 49:51 34:34
12. Hamburger SV 34 48:52 34:34
13. Dynamo Dresden 34 34:44 30:34
14. FC Schalke 04 34 38:50 29:39
15. SC Freiburg 34 54:57 28:40
16. 1. FC Nürnberg 34 41:55 28:40
17. SG Wattenscheid 34 48:70 23:45
18. VfB Leipzig 34 32:69 17:51

1994/95 Bundesliga
1. **Bor. Dortmund** **34** **67:33** **49:19**
2. Werder Bremen 34 70:39 48:20
3. SC Freiburg 34 66:44 46:22
4. 1. FC Kaisersl. 34 58:41 46:22
5. Bor. M'gladbach 34 66:41 43:25
6. Bayern München 34 55:41 43:25
7. Bayer Leverkusen 34 62:51 36:32
8. Karlsruher SC 34 51:47 36:32
9. Eintr. Frankfurt 34 41:49 33:35
10. 1. FC Köln 34 54:54 32:36
11. FC Schalke 04 34 48:54 31:37
12. VfB Stuttgart 34 52:66 30:38
13. Hamburger SV 34 43:50 29:39
14. TSV Münch. 1860 34 41:57 27:41
15. Bayer Uerdingen 34 37:52 25:43
16. VfL Bochum 34 43:67 22:46
17. MSV Duisburg 34 31:64 20:48
18. Dynamo Dresden 34 33:68 16:52

1995/96 Bundesliga
Ab dieser Saison gibt es drei Punkte für einen Sieg.
1. **Bor. Dortmund** **34** **76:38** **68**
2. Bayern München 34 66:46 62
3. FC Schalke 04 34 45:36 56
4. Bor. M'gladbach 34 52:51 53
5. Hamburger SV 34 52:47 50
6. Hansa Rostock 34 47:43 49
7. Karlsruher SC 34 53:47 48
8. TSV Münch. 1860 34 52:46 45
9. Werder Bremen 34 39:42 44
10. VfB Stuttgart 34 59:62 43
11. SC Freiburg 34 30:41 42
12. 1. FC Köln 34 33:35 40
13. Fort. Düsseldorf 34 40:47 40
14. Bayer Leverkusen 34 37:38 38
15. FC St. Pauli 34 43:51 38
16. 1. FC Kaisersl. 34 31:37 36
17. Eintr. Frankfurt 34 43:68 32
18. KFC Uerdingen 05 34 33:56 26

1996/97 Bundesliga
1. Bayern München 34 68:34 71
2. Bayer Leverkusen 34 69:41 69
3. **Bor. Dortmund** **34** **63:41** **63**
4. VfB Stuttgart 34 78:40 61
5. VfL Bochum 34 54:51 53
6. Karlsruher SC 34 55:44 49
7. TSV 1860 Münch. 34 56:56 49
8. Werder Bremen 34 53:52 48
9. MSV Duisburg 34 44:49 45
10. 1. FC Köln 34 62:62 44
11. B.M'gladbach 34 46:48 43
12. FC Schalke 04 34 35:40 43
13. Hamburger SV 34 46:60 41
14. Arminia Bielefeld 34 46:54 40
15. FC Hansa Rostock 34 35:46 40
16. Fort. Düsseldorf 34 26:57 33
17. SC Freiburg 34 43:67 29
18. FC St. Pauli 34 32:69 27

Statistik

1997/98 Bundesliga
1. 1. FC Kaisersl. 34 63:39 68
2. Bayern München 34 69:37 66
3. Bayer Leverkusen 34 66:39 55
4. VfB Stuttgart 34 55:49 52
5. FC Schalke 04 34 38:32 52
6. Hansa Rostock 34 54:46 51
7. Werder Bremen 34 43:47 50
8. MSV Duisburg 34 43:44 44
9. Hamburger SV 34 38:46 44
10. **Bor. Dortmund 34 57:55 43**
11. Hertha BSC Berlin 34 41:53 43
12. VfL Bochum 34 41:49 41
13. TSV München 1860 34 43:54 41
14. VfL Wolfsburg 34 38:54 39
15. Bor. M'gladbach 34 54:59 38
16. Karlsruher SC 34 48:60 38
17. 1. FC Köln 34 49:64 36
18. Arminia Bielefeld 34 43:56 32

1998/99 Bundesliga
1. Bayern München 34 76:28 78
2. Bayer Leverkusen 34 61:30 63
3. Hertha BSC Berlin 34 59:32 62
4. **Bor. Dortmund 34 48:34 57**
5. 1. FC Kaisersl. 34 51:47 57
6. VfL Wolfsburg 34 54:49 55
7. Hamburger SV 34 47:46 50
8. MSV Duisburg 34 48:45 49
9. 1860 München 34 49:56 41
10. FC Schalke 04 34 41:54 41
11. VfB Stuttgart 34 41:48 39
12. SC Freiburg 34 36:44 39
13. Werder Bremen 34 41:47 38
14. Hansa Rostock 34 49:58 38
15. Eintr. Frankfurt 34 44:54 37
16. 1. FC Nürnberg 34 40:50 37
17. VfL Bochum 34 40:65 29
18. Bor. M'gladbach 34 41:79 21

1999/2000 Bundesliga
1. Bayern München 34 73:28 73
2. Bayer Leverkusen 34 74:36 73
3. Hamburger SV 34 63:39 59
4. 1860 München 34 55:48 53
5. 1. FC Kaiserslaut. 34 54:59 50
6. Hertha BSC 34 39:46 50
7. VfL Wolfsburg 34 51:58 49
8. VfB Stuttgart 34 44:47 48
9. Werder Bremen 34 65:52 47
10. SpVgg Unterhach. 34 40:42 44
11. **Bor. Dortmund 34 41:38 40**
12. SC Freiburg 34 45:50 40
13. FC Schalke 04 34 42:44 39
14. Eintracht Frankfurt 34 42:44 39
15. Hansa Rostock 34 44:60 38
16. SSV Ulm 34 36:62 35
17. Arminia Bielefeld 34 40:61 30
18. MSV Duisburg 34 37:71 22

2000/01 Bundesliga
1. Bayern München 34 62:37 63
2. FC Schalke 04 34 65:35 62
3. **Bor. Dortmund 34 62:42 58**
4. Bayer Leverkusen 34 54:40 57
5. Hertha BSC 34 58:52 56
6. SC Freiburg 34 54:37 55
7. Werder Bremen 34 53:48 53
8. 1. FC Kaiserslaut. 34 49:54 50
9. VfL Wolfsburg 34 60:45 47
10. 1. FC Köln 34 59:52 46
11. 1860 München 34 43:55 44
12. Hansa Rostock 34 34:47 43
13. Hamburger SV 34 58:58 41
14. Energie Cottbus 34 38:52 39
15. VfB Stuttgart 34 42:49 38
16. SpVgg Unterhach. 34 35:59 35
17. Eintr. Frankfurt 34 41:68 35
18. VfL Bochum 34 30:67 27

2001/02 Bundesliga
1. **Bor. Dortmund 34 62:33 70**
2. Bayer Leverkusen 34 77:38 69
3. Bayern München 34 65:25 68
4. Hertha BSC Berlin 34 61:38 61
5. FC Schalke 04 34 52:36 61
6. Werder Bremen 34 54:43 56
7. 1. FC Kaiserslaut. 34 62:53 56
8. VfB Stuttgart 34 47:43 50
9. 1860 München 34 59:59 50
10. VfL Wolfsburg 34 57:49 46
11. Hamburger SV 34 51:57 40
12. Bor. M'gladbach 34 41:53 39
13. Energie Cottbus 34 36:60 35
14. FC Hansa Rostock 34 35:54 34
15. 1. FC Nürnberg 34 34:57 34
16. SC Freiburg 34 37:64 30
17. 1. FC Köln 34 26:61 29
18. FC St. Pauli 34 37:70 22

Bundesligabilanz (bis 2001/2002)

Verein	Spiele	Siege	Uentsch.	Niederl.	Tore
Hamburger SV	70	22	23	25	126:134
Werder Bremen	68	23	14	31	100:125
1. FC Kaiserslautern	68	27	18	23	111:104
VfB Stuttgart	68	22	16	30	109:124
1. FC Köln	66	24	18	24	102:107
Bayern München	66	15	22	29	84:122
Eintracht Frankfurt	64	30	10	24	120:94
Borussia Mönchengladbach	62	17	24	21	103:120
Schalke 04	60	24	17	19	98:85
Bayer Leverkusen	46	15	13	18	68:77
MSV Duisburg	44	23	11	10	88:57
1. FC Nürnberg	44	20	12	12	71:53
Karlsruher SC	42	20	12	10	80:59
1860 München	36	16	8	12	68:56
Fortuna Düsseldorf	36	15	7	14	68:54
Eintracht Braunschweig	34	11	16	13	44:45
Hertha BSC Berlin	34	16	8	10	69:53
KFC Uerdingen	26	18	2	6	57:28
Arminia Bielefeld	22	11	2	9	47:29
Hannover 96	22	10	7	5	47:33
SC Freiburg	16	8	6	2	29:22
Hansa Rostock	16	10	0	6	28:20
Waldhof Mannheim	14	5	3	6	21:14
FC St. Pauli	14	9	3	2	28:13
1. FC Saarbrücken	10	5	3	2	19:14
VfL Wolfsburg	10	6	3	1	18:8
Rot-Weiß Essen	8	5	3	0	25:10
SG Wattenscheid 09	8	5	3	0	18:6
Dynamo Dresden	8	5	1	2	44:45
Rot-Weiß Oberhausen	6	4	1	1	10:6
Borussia Neunkirchen	6	5	0	1	19:6
Kickers Offenbach	6	2	2	2	11:9
FC Homburg	6	4	2	0	16:5
SpVgg Unterhaching	4	2	0	2	8:5
Darmstadt 98	4	2	1	1	9:4
Stuttgarter Kickers	4	3	1	0	7:3
Energie Cottbus	4	4	0	0	11:1
Blau-Weiß Berlin	2	1	1	0	8:1
Tasmania Berlin	2	2	0	0	5:1
Tennis Borussia Berlin	2	2	0	0	7:2
VfB Leipzig	2	1	0	1	3:3
SSV Ulm	2	1	1	0	2:1
Preußen Münster	2	1	1	0	2:1

Statistik

DFB-Pokal (bis 1944 „Tschammer-Pokal")

Saison 1932/33
Ruhrbezirkspokal
BVB - Westfalia Herne 0:2

Saison 1935/36
Vorrunden
SV Heeren - BVB 2:4
Westfalia Bochum - BVB 4:2

Saison 1936/37
1. Vorrunde
Paderborn 08 - BVB 0:2
2. Vorrunde
BVB - SpVg. Herten 1:0
3. Vorrunde
BVB - VfL Geseke 3:2 n.V.
1. Hauptrunde
BVB - Hamburger SV 3:1
2. Hauptrunde
Werder Bremen - BVB 3:4
3. Hauptrunde
BVB - Duisburg 08 1:1 n.V.
Duisburg 08 - BVB 1:3
Viertelfinale
SV Waldhof Mannheim - BVB 4:3

Saison 1937/38
1. Vorrunde
BVB - BV Altenessen 4:0
2. Vorrunde
SF Siegen - BVB 2:4
3. Vorrunde
BVB - RW Oberhausen 2:0
1. Hauptrunde
Phönix Lübeck - BVB 2:1

Saison 1938/39
1. Vorrunde
BVB - VfL Altenbögge 4:0
2. Vorrunde
SW Essen - BVB 1:2 n.V.
3. Vorrunde
BVB - Alem. Aachen 4:2
1. Hauptrunde
TV Eimsbüttel - BVB 2:3
2. Hauptrunde
BVB - VfL Köln 99 1:6

Saison 1939/40
1. Vorrunde
Gelsenguß Gelsenkirchen - BVB 2:0

Saison 1940/41
1. Vorrunde
Sportring Gevelsb. - BVB 2:7
2. Vorrunde
SF Paderborn - BVB 3:2

Saison 1941/42
1. Vorrunde
BVB - Arminia Marten 4:1
2. Vorrunde
BVB - Phönix Lindenhorst 3:1
3. Vorrunde
LSV Gütersloh - BVB 4:1

Saison 1942/43
Lüdenscheid 08 - BVB 5:4

Saison 1943/44
1. Vorrunde
HSC/VfL Hörde - BVB 1:4
2. Vorrunde
BVB - Bövinghausen 04 2:0
3. Vorrunde
SpVg. Röhlinghaus. - BVB 1:0

Saison 1952/53
1. Vorrunde WFV-Pokal
SF Siegen - BVB 1:1 n.V.
BVB - SF Siegen 10:1
2. Vorrunde
SF Neheim - BVB 0:7
3. Vorrunde
Arminia Bielefeld - BVB 0:3
4. Vorrunde
BVB - RW Oberhausen 6:0
1. Hauptrunde
Concord. Hamburg - BVB 4:3

Saison 1953/54
1. Vorrunde WFV-Pokal
Rhen. Würselen - BVB 0:3
Halbfinale
1. FC Köln - BVB 2:1

Saison 1954/55
1. Vorrunde WFV-Pokal
Menden 09 - BVB 1:1
BVB- Menden 09 2:0
2. Vorrunde
Hamborn 07 - BVB 3:1

Saison 1955/56
1. Vorrunde WFV-Pokal
STV Horst-Emscher - BVB 0:1
2. Vorrunde
BVB - SC Dortmund 95 4:2
3. Vorrunde
BVB - Bergisch-Gladbach 9:2
4. Vorrunde
BVB - Rot-Weiß Essen 0:1

Saison 1956/57
1. Vorrunde WFV-Pokal
Westf. Herne - BVB 4:2

Saison 1957/58
1. Vorrunde WFV-Pokal
Langendreer 04 - BVB 4:1

Saison 1958/59
1. Vorrunde WFV-Pokal
SpVg. Olpe - BVB 1:6
2. Vorrunde
Bergisch-Gladbach - BVB 3:2

Saison 1959/60
1. Vorrunde WFV-Pokal
VfL Schwerte - BVB 1:10
2. Vorrunde
VfB Bottrop - BVB 2:5
3. Vorrunde
BVB - Hamborn 07 3:2
Halbfinale WFV-Pokal
BVB - Borussia Mönchengladbach 3:4

Saison 1960/61
1. Vorrunde WFV-Pokal
SF Neheim - BVB 2:1

Saison 1961/62
1. Vorrunde WFV-Pokal
VfB Bielefeld - BVB 1:3
2. Vorrunde
BVB - SpVg. Marl 3:2
3. Vorrunde
Fortuna Düsseldorf - BVB 2:1

Saison 1962/63
1. Vorrunde WFV-Pokal
Teutonia Lippstadt - BVB 1:5
2. Vorrunde
Eintracht Gelsenkirchen - BVB 2:2 n.V.
BVB - Eintracht Gelsenkirchen 3:0
3. Vorrunde
BVB - Fortuna Düsseldorf 4:3

Statistik

4. Vorrunde
RW Oberhausen - BVB 1:2
1. Hauptrunde
BVB - Sportfreunde Saarbrücken 4:2
Viertelfinale
BVB - 1860 München 3:1
Halbfinale
BVB - Werder Bremen 2:0
Endspiel
BVB - Hamburger SV 0:3

Saison 1963/64
1. Hauptrunde
BVB - 1860 München 0:2

Saison 1964/65
1. HR: Preußen Münster - BVB 0:1
2. HR: Tennis Borussia Berlin - BVB 1:2
Viertelfinale
Eintracht Braunschweig - BVB 0:2
Halbfinale
BVB - 1. FC Nürnberg 4:2
Endspiel
BVB - Alemannia Aachen 2:0

Saison 1965/66
Qualifikation
Bayern München - BVB 2:0

Saison 1966/67
1. HR: BVB-1.FC Köln 2:2 n.V.
1. FC Köln - BVB 1:0

Saison 1967/68
1. HR: VfB Oldenb. - BVB 2:3
2. HR: SSV Reutling. - BVB 1:3
Viertelfinale
BVB - Hertha BSC Berlin 2:1
Halbfinale
1. FC Köln - BVB 3:0

Saison 1968/69
1. HR: Eintracht Frankfurt - BVB 6:2

Saison 1969/70
1. HR: Schwarz-Weiß Essen - BVB 1:2
2. HR: Kickers Offenbach - BVB 2:1 n.V.

Saison 1970/71
1. HR: TSV Westerl. - BVB 0:4
2. HR: Hamb. SV - BVB 3:1 n.V.

Saison 1971/72
1. HR: BVB - Kickers Offenbach 1:1
Kickers Offenbach - BVB 3:0

Saison 1972/73
BVB nicht für die Hauptrunde qualifiziert

Saison 1973/74
1. HR: BVB - Hannover 96 1:4

Saison 1974/75
1. HR: BVB - VfR Heilbronn 3:0
2. HR: SpVg. Fürth - BVB 1:1
BVB - SpVg. Fürth 1:0
3. HR: BVB - Sportfreunde Siegen 2:1
Achtelfinale
Viktoria Köln - BVB 0:0
BVB - Viktoria Köln 3:0
Viertelfinale
VfB Stuttgart (A) - BVB 0:4
Halbfinale
MSV Duisburg - BVB 2:1 n.V.

Saison 1975/76
1. HR: SpVg. Ludwigsburg - BVB 0:6
2. HR: Schalke 04 - BVB 2:1

Saison 1976/77
1. HR: BVB - Conc. Haaren 10:0
2. HR: Alem. Aachen - BVB 0:0
BVB - Alemannia Aachen 2:0
3. HR: VfL Osnabrück - BVB 3:1 n.V.

Saison 1977/78
1. HR: TSV Ottobr. - BVB 0:9
2. HR: Fortuna Düsseldorf - BVB 3:1

Saison 1978/79
1. HR: BVB - BSV Schwenningen 14:1
2. HR: Borussia Neunkirchen - BVB 0:0
BVB - Borus. Neunkirchen 2:0
3. HR: BVB - Kickers Offenbach 6:1
Achtelfinale
BVB - Eintracht Frankfurt 1:3

Saison 1979/80
1. HR: BVB - Bremer SV 7:0
2. HR: FSV Frankfurt - BVB 1:3 n.V.
3. HR: BVB - Arminia Bielefeld 3:1 n.V.
Achtelfinale
BVB - Bayer Uerdingen 2:1
Viertelfinale
BVB - VfB Stuttgart 3:1
Halbfinale
Fortuna Düsseldorf - BVB 3:1

Saison 1980/81
1. HR: VfB Stuttgart (A) - BVB 2:5 n.V.
2. HR: BVB - 1860 Münch. 3:1
3. HR: Fortuna Düsseldorf - BVB 3:0

Saison 1981/82
1. HR: FC Grone - BVB 0:4
2. HR: SpVg. Elversberg - BVB 1:4
3. HR: Bayern München - BVB 4:0

Saison 1982/83
1. HR: RW Essen - BVB 1:3
2. HR: RW Oberhaus. - BVB 0:1
Achtelfinale
BVB - Darmstadt 98 4:2
Viertelfinale
BVB - VfL Bochum 3:1 n.V.
Halbfinale
Fortuna Köln - BVB 5:0

Saison 1983/84
1. HR: Hamb. SV - BVB 4:1

Saison 1984/85
1. HR: ASC Dudweil. - BVB 1:5
2. HR: BVB - Schalke 04 1:1 n.V.
Schalke 04 - BVB 3:2

Saison 1985/86
1. HR: SC Neunkir. - BVB 2:9
2. HR: TuS Paderb.-Neuhaus - BVB 2:4
Achtelfinale
FC Homburg - BVB 1:3 n.V.
Viertelfinale
SV Sandhausen - BVB 1:3
Halbfinale
VfB Stuttgart - BVB 4:1

Saison 1986/87
1. HR: Rot-Weiß Oberhausen - BVB 1:3
2. HR: Borussia M'gladbach - BVB 6:1

165

Statistik

Saison 1987/88
1. HR: FV Offenb. - BVB 3:3 n.V.
BVB - FV Offenburg 5:0
2. HR: FSV Salmr. - BVB 0:1
Achtelfinale
Bayer Uerding. - BVB 3:3 n.V.
BVB - Bayer Uerdingen 1:2

Saison 1988/89
1. HR: BVB - Eintracht Braunschweig 6:0
2. HR: BVB - FC Homburg 2:1
Achtelfinale
Schalke 04 - BVB 2:3
Viertelfinale
BVB - Karlsruher SC 1:0
Halbfinale
BVB - VfB Stuttgart 2:0
Finale
BVB - Werder Bremen 4:1

Saison 1989/90
1. HR: BVB - Fortuna Köln 3:0
2. HR: BVB - Eintr. Braunschweig 2:3

Saison 1990/91
1. HR: SpVg. Fürth - BVB 3:1

Saison 1991/92
1. HR: Arminia Bielefeld - BVB 0:2
2. HR: BVB - Hannover 96 2:3

Saison 1992/93
1. HR: Hallesch. FC - BVB 1:4
2. HR: BVB - Bayern München 2:2 (7:6 n. Elfmetersch.)
Achtelfinale
SSV Ulm 46 - BVB 1:3
Viertelfinale
Werder Bremen - BVB 2:0

Saison 1993/94
1. HR: SpVgg. Erkenschwick - BVB 0:2
2. HR: BVB - Carl Zeiss Jena 0:1

Saison 1994/95
1. HR: Altona 93 - BVB 0:2
2. HR: 1. FC Kaiserslautern - BVB 6:3 n.V.

Saison 1995/96
1. HR: TSG Pfeddersheim - BVB 1:1 (3:4 n. Elfmetersch.)
2. HR: BVB - KFC Uerding. 3:0
Viertelfinale
BVB - Karlsruher SC 1:3

Saison 1996/97
1. HR: SG Wattenscheid - BVB 4:3 n.V.

Saison 1997/98
1. HR: SV Warnemünde - BVB 0:8

2. HR: SpVgg. Greuther Fürth - BVB 2:4
Achtelfinale
Eintracht Trier - BVB 2:1

Saison 1998/99
1. HR: 1. FC Saarbrücken - BVB 1:1 n.V. (1:3 nach Elfmeterschießen)
2. HR: BVB - Schalke 04 1:0 n.V.
3. HR: VfB Stuttgart - BVB 3:1

Saison 1999/2000
1. HR: Freilos
2. HR: Freilos
3. HR: Stuttgarter Kickers - BVB 3:1

Saison 2000/01
1. HR: Freilos
2. HR: Ismaning - BVB 0:4
3. HR: SV Wehen - BVB 0:1 n.V.
Achtelfinale
FC Schalke 04 - BVB 2:1

Saison 2001/02
1. HR: VfL Wolfsburg Amateure - BVB 1:0

Der BVB in Europa

Landesmeister 1956/57
1. Runde:
BVB - Spora Luxemburg 4:3
    Bracht, Niepieklo, Preißler (2)
Spora Luxemburg - BVB 2:1
    Preißler
BVB - Spora Luxemburg 7:0
    Preißler (2), Kelbassa (3), Simmer, Peters
2. Runde:
Manchester United - BVB 3:2
    Kapitulski, Preißler
BVB - Manchester United 0:0

Landesmeister 1957/58
1. Runde:
BVB - Armeekl. Bukarest 4:2
    Peters (3), Niepieklo
Armeekl. Bukarest - BVB 3:1
    Niepieklo
BVB - Armeekl. Bukarest 3:1
    Dulz, Kelbassa, Preißler
2. Runde:
BVB - AC Mailand 1:1
    Bergamaschi (Eigentor)
AC Mailand - BVB 4:1
    Preißler

Landesmeister 1963/64
1. Runde:
Lyn Oslo - BVB 2:4
    Emmerich, Schmidt, Wosab (2)
BVB - Lyn Oslo 3:1
    Konietzka (2), Cyliax
2. Runde:
Benfica Lissabon - BVB 2:1
    Wosab
BVB - Benfica Lissabon 5:0
    Brungs (3), Konietzka, Wosab
3. Runde:

Dukla Prag - BVB 0:4
Brungs, Konietzka,
Wosab (2)
BVB - Dukla Prag 1:3
Rylewicz
4. Runde:
BVB - Inter Mailand 2:2
Brungs (2)
Inter Mailand - BVB 2:0

Messepokal 1964/65
1. Runde:
BVB - Girond. Bordeaux 4:1
Straschitz, Konietzka,
Brungs (2)
Girond. Bordeaux - BVB 2:0
2. Runde:
BVB - Manchester United 1:6
Kurrat
Manchester United - BVB 4:0

Pokalsieger 1965/66
1. Runde:
Floriana La Valetta - BVB 1:5
Emmerich, Held, Weber,
Wosab (2)
BVB - Floriana La Valetta 8:0
Emmerich (6), Schmidt (2)
2. Runde:
BVB - CSKA Sofia 3:0
Sturm, Held, Libuda
CSKA Sofia - BVB 4:2
Held, Emmerich
3. Runde:
Atletico Madrid - BVB 1:1
Emmerich
BVB - Atletico Madrid 1:0
Emmerich
4. Runde:
West Ham United - BVB 1:2
Emmerich (2)
BVB - West Ham United 3:1
Emmerich (2), Cyliax
Finale:
BVB - FC Liverpool 2:1 n.V.
Held, Libuda

Pokalsieger 1966/67
1. Runde:
Glasgow Rangers - BVB 2:1
Trimhold
BVB - Glasgow Rangers 0:0

UEFA-Pokal 1982/83
BVB - Glasgow Rangers 0:0
Glasgow Rangers - BVB 2:0

UEFA-Pokal 1987/88
1. Runde:
Glasgow Celtic - BVB 2:1
Mill
BVB - Glasgow Celtic 2:0
Dickel (2)
2. Runde:
BVB - Velez Mostar 2:0
Hupe, Dickel
Velez Mostar - BVB 2:1
Mill
3. Runde:
BVB - FC Brügge 3:0
Mill (2), Anderbrügge
FC Brügge - BVB 5:0 n.V.

Pokalsieger 1989/90
1. Runde:
Besiktas Istanbul - BVB 0:1
Mill
BVB - Besiktas Istanbul 2:1
Driller, Wegmann
2. Runde:
BVB - Sampdoria Genua 1:1
Wegmann
Sampdoria Genua - BVB 2:0

UEFA-Pokal 1990/91
1. Runde:
BVB - Chemnitzer FC 2:0
Helmer, Mill
Chemnitzer FC - BVB 0:2
Helmer, Rummenigge
2. Runde:
Universitat. Craiova - BVB 0:3
Zorc, Mill (2)
BVB - Universitat. Craiova 1:0
Zorc
3. Runde:
RSC Anderlecht - BVB 1:0
BVB - RSC Anderlecht 2:1
Gorlukowitsch, Schulz

UEFA-Pokal 1992/93
1. Runde:
FC Floria. La Valetta - BVB 0:1
Rummenigge
BVB - FC Floriana La Val. 7:2
Zorc, Franck, Rummenig-
ge, Mill (3), Delia (Eigent.)
2. Runde:
BVB - Glasgow Celtic 1:0
Chapuisat
Glasgow Celtic - BVB 1:2
Chapuisat, Zorc
3. Runde:
BVB - Real Saragossa 3:1
Chapuisat, Zorc, Povlsen

Real Saragossa - BVB 2:1
Chapuisat
4. Runde:
AS Rom - BVB 1:0
BVB - AS Rom 2:0
Schulz, Sippel
5. Runde:
BVB - AJ Auxerre 2:0
Karl, Zorc
AJ Auxerre - BVB 2:0 n.V.
(Elfmeterschießen 6:5 für
BVB. Elfmeterschützen: Karl,
Chapuisat, Reinhardt,
Schulz, Zorc, Rummenigge)
Finale:
BVB - Juventus Turin 1:3
Rummenigge
Juventus Turin - BVB 3:0

UEFA-Pokal 1993/94
1. Runde:
BVB - Spart. Wladikawkas 0:0
Spart. Wladikawkas - BVB 0:1
Chapuisat
2. Runde:
Branik Maribor - BVB 0:0
BVB - Branik Maribor 2:1
Chapuisat (2)
3. Runde:
Bröndby Kopenhag. - BVB 1:1
Chapuisat
BVB - Bröndby Kopenhag. 1:0
Zorc
4. Runde:
BVB - Inter Mailand 1:3
Schulz
Inter Mailand - BVB 1:2
Zorc, Ricken

UEFA-Pokal 1994/95
1. Runde:
BVB - FC Motherwell 1:0
Möller
FC Motherwell - BVB 0:2
Riedle (2)
2. Runde:
Slovan Bratislava - BVB 2:1
Tomaschek (Eigentor)
BVB - Slovan Bratislava 3:0
Möller, Riedle (2)
Achtelfinale:
Deport. La Coruna - BVB 1:0
BVB - Dep. La Coruna 3:1 n.V.
Zorc, Riedle, Ricken
Viertelfinale:
Lazio Rom - BVB 1:0
BVB - Lazio Rom 2:0
Chapuisat, Riedle

Statistik

Halbfinale:
Juventus Turin - BVB 2:2
  Reuter, Möller
BVB - Juventus Turin 1:2
  Cesar

Champions League 1995/96 (ehem. Europapokal der Landesmeister)
Gruppenspiele:
BVB - Juventus Turin 1:3
  Möller
Glasgow Rangers - BVB 2:2
  Herrlich, Kree
BVB - Steaua Bukarest 1:0
  Ricken
Steaua Bukarest - BVB 0:0
Juventus Turin - BVB 1:2
  Zorc, Ricken
BVB - Glasgow Rangers 2:2
  Möller, Riedle
Der BVB wird m. 8:8 Toren u. 9 Punkten Gruppenzweiter
Viertelfinale:
BVB - Ajax Amsterdam 0:2
Ajax Amsterdam - BVB 1:0

Champions League 1996/97
Gruppenspiele:
BVB - Widzew Lodz 2:1
  Herrlich (2)
Steaua Bukarest - BVB 0:3
  Ricken, Heinrich, Chapuisat
Atletico Madrid - BVB 0:1
  Reuter
BVB - Atletico Madrid 1:2
  Herrlich
Widzew Lodz - BVB 2:2
  Lambert, Kohler
BVB - Steaua Bukarest 5:3
  Chapuisat (2), Tretschok, Riedle, Zorc
Der BVB wird m. 14:8 Toren u. 13 Punkten Gruppenzweiter
Viertelfinale:
BVB - AJ Auxerre 3:1
  Riedle, Schneider, Möller
AJ Auxerre - BVB 0:1
  Ricken
Halbfinale:
BVB - Manchester United 1:0
  Tretschok
Manchester United - BVB 0:1
  Ricken
Finale (München):
BVB - Juventus Turin 3:1
  Riedle (2), Ricken

Finale Weltpokal (Tokio):
BVB - Cruz. Belo Horizonte 2:0
  Zorc, Herrlich

Champions League 1997/98
Gruppenspiele:
Galatasar. Istanbul - BVB 0:1
  Chapuisat
BVB - Sparta Prag 4:1
  Herrlich, Chapuisat (2), Heinrich
AC Parma - BVB 1:0
BVB - AC Parma 2:0
  Möller (2)
BVB - Galatasar. Istanbul 4:1
  But, Herrlich, Zorc (2)
Sparta Prag - BVB 0:3
  Möller, Kirovski, Booth
Der BVB wird mit 14:3 Toren u. 15 Punkten Gruppenerster
Viertelfinale:
Bayern München - BVB 0:0
BVB - Bay. München 1:0 n.V.
  Chapuisat
Halbfinale:
Real Madrid - BVB 2:0
BVB - Real Madrid 0:0

Champions League 1999/00
Qualifikation
FK Teplitz - BVB 0:1
  Nerlinger
BVB - FK Teplitz 1:0
  Herrlich
Vorrunde Gruppe C
Fejeno. Rotterdam - BVB 1:1
  Bobic
BVB - Boavista Porto 3:1
  Möller, Bobic (2)
Rosenb. Trondheim - BVB 2:2
  Barbarez, Kohler
BVB - Rosenb. Trondheim 0:3
BVB - Fejen. Rotterdam 1:1
  Addo
Boavista Porto - BVB 1:0

1. Trondheim	6	12:5	11
2. Rotterdam	6	7:6	8
3. BVB	6	7:9	6
4. Boav. Porto	6	4:10	5

UEFA-Cup 3. Runde
Glasgow Rangers - BVB 2:0
BVB - Glasg. Rangers 2:0 n.V.
  Ikpeba, Bobic
  (Elfmeterschießen 3:1)
Achtelfinale
BVB - Galatasar. Istanbul 0:2
Galatasar. Istanbul - BVB 0:0

Champions League/ UEFA-Pokal 2001/02
Qualifikation:
Schachtjar Donezk - BVB 0 :2
  Ricken, Oliseh
BVB - Schachtjar Donezk 3:1
  Koller (2), Amoroso
Gruppenspiele:
Dynamo Kiew - BVB 2:2
  Koller, Amoroso
BVB - FC Liverpool 0:0
Boavista Porto - BVB 2:1
  Amoroso
BVB - Boavista Porto 2:1
  Ricken, Koller
BVB - Dynamo Kiew 1:0
  Rosicky
FC Liverpool - BVB 2:0

UEFA-Cup
FC Kopenhagen - BVB 0:1
  Herrlich
BVB - FC Kopenhagen 1:0
  Sörensen
Achtelfinale:
OSC Lille - BVB 1:1
  Ewerthon
BVB - OSC Lille 0 :0
Viertelfinale:
Slovan Liberec - BVB 0 :0
BVB - Slovan Liberec 4:0
  Amoroso, Koller, Rosicky, Ewerthon
Halbfinale:
BVB - AC Mailand 4:0
  Amoroso (3), Heinrich
AC Mailand - BVB 3:1
  Ricken
Finale:
BVB - Feyen. Rotterdam 2:3
  Amoroso, Koller